普通高等学校车辆工程专业卓越特色系列教材

轨道车辆运用与维修

王斌杰　焦风川　主编

科学出版社

北京

内 容 简 介

　　本书主要介绍动车组及城市轨道车辆运用与维修的相关基础知识及原理。全书分为两篇：第一篇为轨道车辆运用，介绍轨道车辆运用的基础知识、运用管理、行车组织、线路设施，在介绍动车组特点和城市轨道车辆系统的基础上，阐述了轨道车辆运行方法、运行图、运用组织与管理、车辆周转、城轨系统线路设施、行车组织；第二篇轨道车辆维修以可靠性维修为基本点，内容涵盖动车组维修基本理论、动车组检修制度、制订检修制度的基本原理、动车组维修的组织及实施，以及城市轨道车辆的维修。

　　本书可作为培训轨道车辆各类人才的教材，也可作为普通高等院校机车车辆专业的教材，以及函授大学相关专业的教材或参考书。

图书在版编目（CIP）数据

轨道车辆运用与维修 / 王斌杰，焦风川主编. —北京：科学出版社，2016.1
普通高等学校车辆工程专业卓越特色系列教材
ISBN 978-7-03-044547-6

Ⅰ. ①轨… Ⅱ. ①王… ②焦… Ⅲ. ①轨道车辆–车辆运行–高等学校–教材 ②轨道车辆–车辆修理–高等学校–教材 Ⅳ. ①U279

中国版本图书馆 CIP 数据核字（2015）第 122363 号

责任编辑：毛　莹　朱晓颖 / 责任校对：桂伟利
责任印制：赵　博 / 封面设计：迷底书装

斜 学 出 版 社 出版
北京东黄城根北街 16 号
邮政编码：100717
http://www.sciencep.com
天津市新科印刷有限公司印刷
科学出版社发行　各地新华书店经销
*
2016 年 1 月第 一 版　　开本：787×1092　1/16
2025 年 7 月第二次印刷　　印张：15
字数：394 000
定价：59.00 元
（如有印装质量问题，我社负责调换）

前　言

构筑从城市轨道交通、城际轨道交通到跨区域的高速铁路这一不同层次、结构完善的轨道交通体系，不仅有利于城市化进程和经济规模增长，而且有利于全国性地区之间的优势互补、缩小发展差距，并为广大人民群众的生活、工作等提供快捷、舒适、准时的服务，为国家经济建设提供基础保证。未来，轨道交通将在我国城市建设中发挥举足轻重的作用。轨道车辆作为交通体系中不可或缺的组成部分，其良好的运输组织、科学合理的维修对交通体系的发展具有重要的意义。

我国轨道车辆在引进、消化、吸收再创新的过程中，已经达到了国际先进水平。同时，现代轨道车辆运营系统也已经成为结构复杂、技术含量高、集成度高的智能化大型复杂系统，其运用可靠性直接关系到交通体系的安全与效益。因此，轨道交通需要具有高效的运用组织、管理，并采用现代维修理论与方法，指导维修实践，建立完整的维修保障体系，对车辆实行高效、完备的运用维护，保证其运用可靠性。打造高素质、高水平的运用维修技术队伍和管理队伍是轨道交通领域发展的重要任务。

本书着眼于轨道车辆技术领域的需求和未来轨道交通领域卓越人才的培养。全书分为两篇：第 1 篇为轨道车辆运用知识，介绍了动车组运用管理所涉及的基础业务知识、动车组专项管理规定、城市轨道交通系统及其设施、城市轨道车辆的行车组织与应急处理；第 2 篇介绍轨道车辆维修系统理论，详细阐述科学的以"可靠性"为中心的维修制度和我国轨道车辆的维修体系。本书面向轨道车辆运用、维修领域，可作为本科教学、专升本的教材及参考书。可根据教学对象先修知识、层次，选择不同的内容进行讲授，使学员通过学习能够成为适合轨道车辆工程领域的技术人员和管理人员。

本书由王斌杰、焦凤川主编，李长虹主审。王斌杰编写第 1 章、第 2 章、第 4～7 章、第 8 章及第 11 章；焦凤川编写第 3 章、第 9 章、第 10 章。在编写过程中，编者参考了大量业界前辈及同行所编著的文献和论著，在此向这些文献和论著的编著者表示衷心的敬意和感谢！随着我国高速、重载铁路网络的不断发展、完善，新的管理体制、新的运用方式、新的维修模式将会不断涌现，我们将紧随发展，不断完善教材内容。感谢为本书出版付出劳动、提供资料、提出建议的所有朋友和同事！

由于轨道交通是一个快速发展的领域，知识和技术更新很快，书中难免有诸多欠缺和不足；另受编者水平的限制，时间仓促，还有很多疏漏，望读者批评指正。

编　者

2015 年 6 月

目 录

第1篇 轨道车辆运用

第1章 动车组运用概述 2
1.1 动车组运用特点 2
1.2 国外动车组运用简介 14
1.3 我国高速动车组概况 15
习题 25
第2章 动车组运用基础 26
2.1 列车运行 26
2.2 列车运行图 30
习题 41
第3章 动车组运用与专业管理 42
3.1 运用管理组织及内容 42
3.2 动车组运用方式及制度 45
3.3 周转图 49
3.4 运用指标 52
3.5 动车组专业管理 54
3.6 动车组运行 59
3.7 动车组停放防冻管理办法 62
3.8 动车组运用的基本管理制度 63
习题 65
第4章 城市轨道交通系统简介 66
4.1 城市轨道交通系统的概念 66
4.2 城市轨道交通的类型 66
第5章 城市轨道交通线路及设施 70
5.1 城市轨道交通线路的平面和纵断面 70
5.2 城市轨道交通限界 72
5.3 城市轨道交通线路的类型 73
5.4 城市轨道交通建筑物 78
5.5 城市轨道交通车辆 81
5.6 城市轨道交通信号系统 86
第6章 日常行车组织 91
6.1 组织原则和架构 91
6.2 行车组织方式 91
6.3 调度命令 97
6.4 车站行车工作组织 104

6.5 运营调度调整的原则和手段 ·· 106
6.6 正常情况下的列车运行控制 ··· 108
6.7 非正常情况下的运营调度处置 ·· 109
第 7 章 应急处理 ··· 119
7.1 运营事故原因分析及对策 ··· 119
7.2 控制中心突发事件应急处理 ··· 121

第 2 篇　轨道车辆维修

第 8 章 维修概述 ··· 126
8.1 维修的定义及基本范畴 ·· 126
8.2 维修理论概述 ··· 128
8.3 动车组维修的分类 ··· 132
习题 ·· 135
第 9 章 车辆寿命及维修制度 ··· 136
9.1 寿命的定义及分类 ··· 136
9.2 车辆及其零部件延寿措施 ··· 138
9.3 维修制度的基本概念 ··· 140
9.4 维修间隔期的确定 ··· 143
9.5 维修级别的分析 ·· 147
9.6 以可靠性为中心的维修制度 ··· 149
习题 ·· 155
第 10 章 动车组维修的组织与管理 ·· 156
10.1 高速动车组维修概述 ·· 156
10.2 维修机构 ··· 161
10.3 主要检修设备 ··· 169
10.4 检修流程 ··· 177
10.5 动车组检修管理与人员培训 ·· 195
习题 ·· 202
第 11 章 地铁车辆的计划维修 ·· 203
11.1 日检 ··· 203
11.2 月检 ··· 207
11.3 定修 ··· 214
11.4 架修 ··· 220

参考文献 ··· 231

第 1 篇　轨道车辆运用

第1章 动车组运用概述

1.1 动车组运用特点

从 1964 年日本东海道新干线开始投入商业运营，高速铁路在世界发达国家崛起，百年铁路重振雄风，铁路发展进入了一个崭新的阶段。自日本之后，法国、德国、意大利、西班牙、瑞典等国家也相继发展了不同类型的高速铁路。我国的高速动车组从 2007 年 4 月 18 日投入运营，现已成为世界上拥有高速动车组数量最多、运营里程最长的国家。

1.1.1 世界主要动车组分布

时速 200km 及以上动车组主要分布于日本、法国、德国、西班牙、瑞典等高速铁路传统国家，以及韩国、中国台湾等新兴国家和地区，见表 1-1。

表 1-1 时速 200km 及以上动车组主要分布（2014 年）

国家和地区	动车组型号	最高运行速度/（km/h）	动车组数量	动车组制造商	营业里程/km
日本	500 系	300	500 列	川崎重工、日立、日本车辆、东急车辆、近畿车辆	2616
	700 系	285			
	800 系	260			
	N700 系	300			
	E2、E3	300			
	E4	240			
	E5/H5、E6	300			
	E7/W7	260			
法国	TGV-A	300	520 列	阿尔斯通	1800
	TGV-R	320			
	TGV-TMST	300			
	TGV-2N	320			
	TGV-POS	320			
	TGV-postal	270			
德国	ICE-1	280	220 列	西门子	4800
	ICE-2	280			
	ICE-3	330			
	ICE-T	230			
	ICE-TD	200			
西班牙	AVE	300	133 列	阿尔斯通、西门子、庞巴迪	3100
	Talgo350	330			

续表

国家和地区	动车组型号	最高运行速度/（km/h）	动车组数量	动车组制造商	营业里程/km
西班牙	Velaro	300			
	Avant	270			
	Alvia	250			
	Talgo250	250			
意大利	ETR450	250	140 列	菲亚特、阿尔斯通	566
	ETR460	250			
	ETR470	250			
	ETR500	300			
	ETR600	250			
	AGV	350			
瑞典	SJ2000	210		ABB	
	Regina	250			
韩国	KTX	305	70 列	阿尔斯通、现代	793
	KTX 山川	305			
中国台湾	700T	300	34 列	川崎重工、日立、日本车辆	345

1.1.2　高速动车组特点

1. 高速度

速度是高速铁路技术水平最主要的标志，各国都不断提高高速列车的运营速度。世界各主要国家和地区动车组速度见表 1-1。最高运营速度就是指最高商业运行速度。除最高运行速度外，旅客更关心的是决定旅客全程旅行时间的旅行速度。而旅行速度则是一个国家运用管理(尤其是行车组织)水平的具体体现。

2. 高密度

列车间的间隔越小，运行密度越大，为旅客提供的服务频率越高，旅客等待乘车的时间就越短，就能吸引越多的客流。高速铁路一般都采用"小编组，高密度"的组织方式，最小追踪列车间隔时间技术设备可以达到 3min。以日本东海道新干线为例，最小追踪列车间隔时间为 4min，每日运行 18h，日行车量达到了 142.5 对。

3. 高正点率

正点率是高速铁路整个系统设备可靠性和运输组织水平的综合反映，也是运输服务质量的核心，不仅在与其他交通运输方式竞争中赢得了旅客，同时也强化了自身的管理工作，是赢得客流的重要手段。西班牙规定高速列车晚点超过 5min 要退还旅客的全额车票费，自投入运营以来，其列车正点率达 99.6%以上；日本规定到发超过 1min 就算晚点，晚点超过 2h 就要退还旅客的加快费，日本东海道新干线列车平均误点时间只有 0.3min。

4. 高可靠性

安全是高速铁路永远的主题，各国高速铁路都拥有其完善的安全保障体系，高速铁路被认为是最安全的现代交通运输方式。

5. 高度统一的综合管理

各国都根据自己国家的运营特点建立了综合运营管理系统，综合考虑动车组的运用计划、控制、维修，最大限度地提高动车组的运用效率。如日本的 COSMOS 系统、法国的 CTC 系统、庞巴迪的 MAXIMO 等。

1.1.3 动车组特点

1. 动车组的动力配置形式

动车组的动力配置形式是指在动车组编组中动力车(用"M"表示)和拖车(用"T"表示)的数量及编组的位置。目前，动车组的动力配置形式有两种，即动力集中型配置和动力分散型配置。

(1)在动车组编组中两端为动力车(或一端为动力车、另一端为控制车)、中间为拖车，即为动力集中型动力配置。如法国东南线 TGV 高速列车，10 辆编组中两端是动力车，中间是拖车，即 2 动+8 拖(简称 2M+8T)。

(2)在动车组编组中全部为动力车或大部分为动力车、小部分为拖车，即为动力分散型动力配置。如日本 700 系高速列车，16 辆编组中有 12 辆是动力车，4 辆是拖车，即 12M+4T。

两种类型的动车组都具有自身的特点和发展过程。从动车组产生和发展历史来看，某个国家或某条高速铁路采用什么类型的动车组，可能与它们的运用条件、运用经验和传统技术有关。因此在选择和比较它们的优劣时不能一概而论。只有详细分析它们的技术特性，结合具体的运用要求和使用条件才能得出比较明确的结论和选型方案。这里就动力集中型动力配置与动力分散型动力配置的动车组的优缺点进行分析，见表 1-2 和表 1-3。

表 1-2　两种类型的动车组优缺点比较(1)

动力集中型优点	动力分散型缺点
与传统的列车相似，便于按习惯进行运行管理和维修管理	与传统运营、维修管理体制和习惯不适应，必须建立一套新的维修保养体系
故障相对较高的电器、机械设备集中在头车，运用中便于监测和进行技术保养，这些设备的工作环境也较清洁	动力设备安装在车下，要求体积小，工作环境差。分散的动力设备故障率相对较高
机械、电气设备与载客车厢相隔离，车厢内噪声、振动较小	车辆下部吊装动力设备，其产生的振动和噪声会影响车厢内的舒适度，增加了隔振降噪的技术难度
动力头车可以摘挂使列车进入既有线，甚至可更换内燃机车，使列车直接进入非电气化铁路运行	列车只能分单元编组，不能驶入非电气化铁路运行

表 1-3　两种类型的动车组优缺点比较(2)

动力分散型优点	动力集中型缺点
动力车不但能够提供列车牵引力，同时可以容纳旅客，增加了动车组的载客量	动力头车不能载客，相对减少了载客量
将牵引动力设备和牵引电机的功率和质量分散到各个车辆负担，较易实现高速列车减轻轴重的要求	动力头车集中了全部动力设备，减轻设备质量比较困难，而高速列车要求列车的轴重尽量轻
牵引力分散在各个动力车轮上，可解决动车组大牵引力与轴重限制之间的矛盾	高速动车组需要动力头车产生足够大的黏着牵引力，这与减轻轴重的要求形成矛盾
可以充分利用动力制动功率，列车具有较好的制动性能	动力头车的制动能力受到黏着的限制，需要拖车分担部分制动功率，因此列车的制动性能欠佳

2. 高速铁路客运特点

高速铁路之所以受到各国政府的普遍重视，是由于高速铁路与高速公路和中长途航空运输相比有以下特点。

(1) 旅客旅行时间。中长途旅客选择乘坐交通工具首先考虑耗费的旅行总时间，即旅客从出发地到达目的地的"门到门"时间。耗时越少，被选择的可能性就越大。

(2) 安全性和舒适度。安全和舒适也是旅客最为关心的因素。高速公路车祸频繁，美国每年因车祸死亡的人数约为 5.5 万，死伤人数达 200 多万，德国、法国和日本每年死亡人数也在万人以上，并有近 10 万人因伤致残；民航失事也时有发生；而铁路因行车事故造成的旅客伤亡人数则大大低于公路和民航运输。1985 年联邦德国铁路、公路和民航运输的事故率(每百万人公里的伤亡人数)之比大致为 1∶24∶0.8。公路大轿车的事故率为铁路的 2.5 倍。日本对 20 世纪 70 年代以来所发生的旅客生命财产事故分析表明，汽车事故是铁路事故的 1570 倍，飞机事故是铁路事故的 63 倍。我国 1987～1988 年统计，完成的换算周转量铁路为公路的 3 倍，而发生的事故件数仅为公路的 1/4，死亡人数为公路的 1/282，受伤人数为公路的 1/1500。就高速铁路而言，日本近 40 年、法国 10 多年从未发生过列车颠覆和旅客死亡事故。

(3) 准时性。航空运输受气候影响，航班很难做到准点，有时还会停航。国外高速公路经常发生堵塞，行车延误在所难免。高速铁路则是全天候行车，线路为全封闭，设有先进的列车运行与调度指挥自动化控制系统 ss，能确保列车运行正点，较其他交通运输方式准确可靠。

(4) 能源消耗。根据日本近年来的统计，各种交通运输工具平均每人公里的能耗，高速铁路 571.2J，高速公路公共汽车 583.8J，是高速铁路的 1.02 倍；小轿车 3309.6J，是高速铁路的 5.79 倍；飞机 2998.8J，是高速铁路的 5.25 倍。

(5) 占用土地。4 车道高速公路的占地宽度为 26m，复线铁路占地宽度为 20m；如以单位运能占地相比较，高速铁路仅为高速公路的 1/3 左右。飞机航道虽不占用土地，但一个大型机场需用地 20km^2，相当于 1km 复线铁路的占地面积，而 1000km 航线内至少要有 2～3 个大型机场，总用地为铁路的 2～3 倍。

(6) 综合造价。普通复线电气化铁路每公里造价约为 1000 万元，高速铁路标准高些，为 1300～2500 万元。每个座席摊到的机车车辆购置费，普通铁路约为 1.2 万元，高速铁路约为 5 万元。高速公路每公里造价为 1100 万～2600 万元。豪华大客车每个座席摊到的购置费约为 1 万元，小轿车则达 10 万元左右。大型机场至少有一条宽 60m 长 4km 左右的跑道，路面标准高于高速公路，其他通道和停机坪也需硬面化，而配置的各种现代化导航设备，造价都是相当昂贵的。现代化大型客机每个座席的购置费约为 150 万元。

(7) 运输能力。根据国外资料，高速铁路客运专线每天开行的旅客列车为 192～240 对，如每列车平均乘坐 800 人，年均单向输送能力将达 5600 万～7000 万人。4 车道高速公路客运专线，单向每小时可通过小轿车 1250 辆，全天工作 20h，可通过 25000 辆。如果大轿车占 20%，每辆车平均乘坐 40 人，小轿车占 80%，每辆车乘坐 2 人，则年均单向输送能力为 8760 万人。航空运输主要受机场容量限制，如一条专用跑道的年起降能力为 12 万架次，采用大型客机的单向输送能力只能达到 1500 万～1800 万人。可见，高速铁路的运能远大于航空运输，而且一般也大于高速公路。

(8) 环境保护。在旅客运输中，各种交通工具有害物质的换算排放量，铁路每人公里一氧化碳为 0.109kg，公路为 0.902kg，约是铁路的 8 倍。在噪声污染方面，日本以航空运输每千人公里产生的噪声为 1，则小轿车为 1，大轿车为 0.2，高速铁路为 0.1。

(9)经济效益和社会效益。高速公路的交通堵塞和事故给国民经济带来了巨大损失。欧盟国家用于解决公路堵塞的费用占国民生产总值的 2.6%～3.1%，总金额为 900～1100 美元，相当于整个欧洲高速铁路网的全部投资，用于处理公路事故的费用也占国民生产总值的 2.5%。

修建高速铁路的直接经济效益也是很显著的。日本和法国的实践证明，其直接投资收益都在 12%以上，一般在 10 年之内即可还清全部贷款，其社会收益率也在 20%以上。据日本资料，旅客由于从既有线改乘新干线高速列车，每年可节约旅行时间 3 亿小时，即每年节省的时间效益相当于当时修建东海道新干线所需的全部费用。法国一条高速铁路的效益是一条 6 车道高速公路的 3 倍多。同时，高速铁路对促进国民经济发展、提高国家综合科技水平也起着巨大的推动作用。

3. 高速铁路线路特点

高速铁路的线路平面和纵断面的设计必须满足行车安全平顺、保证乘客舒适性和便于线路维修等要求。线路的平面是由直线和曲线组成的，曲线包括圆曲线与缓和曲线。

1）超高与曲线半径

列车在曲线上运行时，车辆和旅客都要经受离心力的作用。离心力不但增加了列车与线路之间的轮轨相互作用力，而且影响旅客的乘车舒适度。为了减少列车通过曲线线路时旅客经受的离心力和轮轨之间的相互作用力，通常采用在曲线线路外侧钢轨设置超高的办法，而内轨保持原来的高度不变。

曲线线路外轨超高与曲线半径和列车平均速度有关。最大超高的选择应保证在曲线上停车而又遇到大风时，不致使列车倾覆，并考虑不同速度的列车所产生的未平衡离心加速度不致过大。

目前，除日本东海道新干线规定最大超高为 200mm 外，其余各线及各国高速铁路干线最大超高均为 180mm。日本东海道新干线曲线半径只有 2500m。法国大西洋线曲线半径为 6000m。我国武广客运专线最小曲线半径一般 9000m，困难区域 7000m。

2）缓和曲线

缓和曲线是指平面线形中，在直线与圆曲线、圆曲线与圆曲线之间设置的曲率连续变化的曲线。当列车由直线(或圆曲线)驶向圆曲线(或直线)时，使离心力逐渐增加(或逐渐减小)，以减缓轮对对外轨的冲击。当正线上曲线半径不大于 2000m 时，要在圆曲线与直线间加设缓和曲线，以减少列车在突变点处的轮轨冲击。

列车从直线经由缓和曲线进入圆曲线过程中，应满足行车安全和旅客舒适度的要求。随着列车运行速度的提高，缓和曲线将由三次抛物线改为半波正弦曲线。在半波正弦曲线缓和曲线范围内，与曲率相适应的超高也按曲线变化，并规定适当的变化率。

缓和曲线的长度对行车的安全平顺性有直接影响。缓和曲线的长度应考虑以下因素：

(1)外轨超高递增坡度不致使轮对内侧车轮轮缘脱轨；

(2)轮对外侧车轮升高速度不致影响旅客的舒适度；

(3)未平衡离心加速度的增长率不致影响旅客的舒适度。

3）夹直线

列车通过同向或反向曲线时，受力情况极为复杂，除因外轨超高使列车绕线路纵轴转动外，还有缓和曲线起点和终点处的冲击以及未平衡离心加速度变化的影响等。因此，必须在同向曲线或反向曲线之间加入一段直线段(即夹直线)。夹直线应尽量长些，特别是反向曲线时的夹直线更应长些，这对运营安全是有利的。

4）线间距

相邻两线路中心线间的距离，简称线间距。在高速复线铁路上，两列车交会时将产生巨大的会车压力波引起列车横向摇晃，直接影响列车运行性能。因此，需要根据具体情况选择适当的线间距。

日本规定线间距至少为 4.2m，站内线路间距定位 4.6m。法国规定为 4.2m。德国则规定为 4.5m。我国《铁路主要技术政策》中规定：

200km/h 时，线间距≥4.4m；

250km/h 时，线间距≥4.6m；

300km/h 时，线间距≥4.8m；

350km/h 时，线间距≥5.0m。

5）最大坡度

限制坡度的大小对运营和工程两方面均有影响。高速线路的最大坡度除与地形条件有关外，还与高速列车的牵引功率、牵引特性和制动性能有直接关系。东海道新干线的正线最大坡度为 15‰。我国拟建高速铁路区间最大坡度一般不超过 12‰，困难条件下不超过 20‰。

6）竖曲线半径

在铁路线路的纵断面上，由于列车在经过相邻两坡段的变坡点时会产生附加应力和附加加速度，其值与坡度代数差成正比。因此，在设计纵断面时，相邻坡段的坡度代数差应尽量小些。

在线路纵断面上，以变坡点为交点连接两相邻坡段的曲线，称为竖曲线。竖曲线半径一般采用圆曲线形。竖曲线半径的大小，除应保证列车经过变坡点时车钩不脱钩、车轮不脱轨外，还应考虑在竖曲线上产生竖向离心加速度和离心力对旅客舒适度的影响。竖曲线半径与行车速度有关，行车速度越高，竖曲线半径应越大。

法国 TGV 东南线的竖曲线半径为 25000m。日本除东海道新干线外，其余各线的竖曲线半径均为 15000m。我国拟建高速铁路上的竖曲线半径标准：最高速度为 160～250km/h 时，竖曲线半径为 15000m；最高速度为 250～300km/h 时，竖曲线半径为 20000m。

1.1.4　动车组技术

1. 高速运行出现的主要问题

由于运行速度的提高，在动车组的设计与开发中会遇到普通列车不曾有过的技术问题。

（1）列车的牵引力是依靠轮轨之间的黏着产生的。增加列车的运行速度，需要提高牵引力。而轮轨牵引力是有一定限制的，超过这个限制值便可能因失去黏着而发生轮轨之间的滑动，并失去牵引力。另外，随着速度提高，轮轨之间的黏着系数会下降，这与需要提高牵引力存在一定矛盾。

（2）列车需要的功率随速度的三次方增加。因此，随着运行速度的提高，高速列车需要牵引功率将更大。因此，如何在一定的质量和体积的条件下实现大功率的牵引动力又是高速列车面临的一个重要技术课题。

（3）列车速度提高了，还必须能在一定距离和时间之内停车，又面临着大功率和安全的制动技术问题，依靠传统的制动方法则不能解决高速列车的制动问题。

（4）列车速度提高，轮轨之间的相互作用力增大，对列车和线路的破坏作用加大。噪声、振动对环境造成的影响增大，列车乘客舒适度下降，列车运行稳定性和脱轨安全性问题突出。

因此，高速列车轮轨系统动力学便自然成为高速列车区别于普通列车的新课题。

（5）列车空气动力学也是高速列车不可回避的重要课题。除列车运行阻力之外，高速列车周围的空气流场及其对周围物体和环境产生的影响、列车会车和通过隧道时短时内的气压波动对车体及对车内人员的强力作用、空气升力对列车运行的影响、车厢窗户的强度及密封性能等，都是必须注意并加以解决的空气动力学问题。

（6）列车在高速运行条件下，靠人工操作不可能保证安全，必须具备一套安全运行自动控制系统，它不但能监测和控制高速列车在预定的状态下安全运行，而且还具备智能化较强的诊断系统，保证操纵控制系统和操作人员能及时获知和及时处理可能发生的故障。

2. 动车组关键技术

由于运行速度的提高，在动车组的设计与开发中必须相应地解决一系列关键技术。如系统集成技术，具有新结构和参数的高速转向架，包括动力制动、空气制动、电磁涡流制动、制动防滑器和控制系统综合作用的复合制动系统，列车车体结构及材料的轻量化技术，以交—直—交变流技术为核心的大功率电力传动与驱动技术，列车外形设计与车厢密封技术，车内环境控制及卫生排污技术以及列车信息传输等，如图1-1所示。

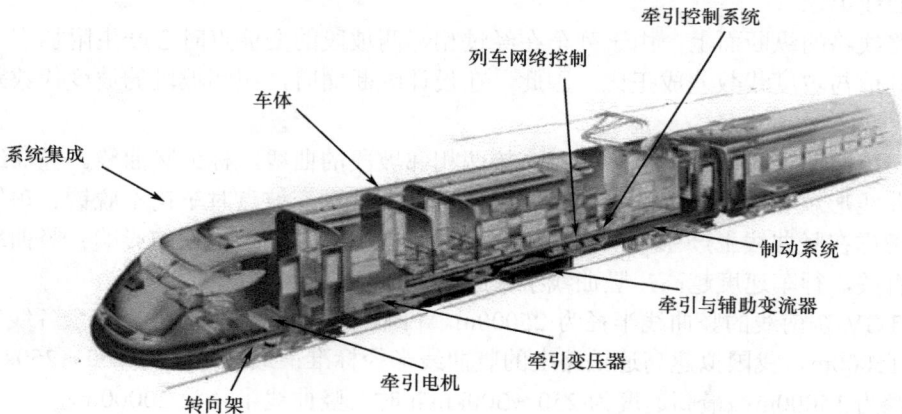

图1-1　动车组关键技术示意图

1）系统集成技术

系统集成技术是对动车组车体、转向架以及牵引变流、制动、网络控制、辅助供电、车辆连接等元素按有关参数进行合理选择设计，进而生产、组装、测试、试验的过程。通过集成使动车组达到牵引、制动、车辆动力学、列车空气动力学、舒适性、安全性等性能要求。

2）高速转向架技术

高速转向架是高速列车的核心之一。它具有承载、导向、减振、牵引及制动等功能。高速列车首先遇到的是高性能的转向架设计问题。高性能的转向架就好像高速列车的两条腿，它对列车运行的安全和舒适至关重要。对于高速转向架来讲，要求具有高速运行的稳定性、平稳性和良好的曲线通过性能。

（1）高速运行的稳定性。

转向架的稳定性意味着列车在高速运行时，不发生脱轨和倾覆等安全事故，即列车是稳定的。什么情况下能保证列车稳定呢？通常可用蛇行稳定性临界速度（简称临界速度）界定列车的稳定性。

列车沿轨道运行时，轮对在沿轨道向前滚动的同时，轮对中心将在轨道中心线附近出现横向振动，就会引起轮对或转向架的蛇行运动。蛇行运动稳定与列车运行速度直接相关。当列车在某一速度以下运行时，即使有一定的线路扰动使列车在横向偏离线路中心位置，当扰动消失后，列车在横向的振动会逐渐衰弱，最后回到线路中间位置，因此列车运动是稳定的。当列车在某一速度以上运行时，线路任何的微小干扰都会使列车在横向产生上述蛇行运动，而且振幅越来越大，直至车轮轮缘碰撞钢轨，损伤车辆及线路，甚至造成列车脱轨和倾覆等行车安全事故。这时列车运行就是不稳定的，这时的速度称为临界速度。

国外高速转向架的试验研究证明，当列车运行速度超过 200km/h 时，有可能出现这种不稳定的蛇行运动。为保证稳定和安全，高速列车必须在其临界速度以下运行。

例如，我国时速 350km 的高速列车转向架理论上的临界失稳速度是 490km/h。为了验证高速转向架的性能，在京—津城际对高速转向架做了大量的线路试验。试验结果表明，在时速 394km 时，脱轨系数只有 0.4（安全值在 1.0 以下）。

(2) 高速运行的平稳性。

转向架的平稳性是指列车在规定的线路条件下、在设计最高速度范围内运行时，设备能平稳工作、乘客感到舒适的基本性能。理论分析和实践经验表明，车辆的垂向和横向运行平稳性随速度提高而下降。在较低速度下平稳性满足要求的列车，在高速运行时就难以满足平稳性要求了。

就乘客而言，舒适度是反映乘客在旅途中疲劳程度的综合性生理指标。影响舒适度的因素很多，如车内设备、通风、照明、温度、湿度、噪声、瞭望和振动等。通常用平稳性指数（W）来表示列车的平稳性，对于高速动车组而言，其平稳性指数必须达到优级。我国动车组在时速 394km 时，平稳性指标小于 2.0（优级<2.5）。

(3) 良好的曲线通过性能。

列车通过曲线时，如果单独一个轮对在曲线上运行，由于左右轮轨接触点的半径发生变化，外侧车轮半径增大，内侧车轮半径减小，使轮对能够沿曲线自动转向，轮轨之间的侧向力相对较小。但是，一旦构成转向架，轮对就难以实现理想的转向。这时，在车轮和钢轨间将产生侧向压力，并造成车轮、钢轨的磨损。列车低速通过曲线时，轮轨间的磨损问题尚不突出。但列车高速通过曲线时，将产生过大的侧压力，造成轮轨的剧烈磨损，还容易引起列车脱轨和倾覆等安全事故。因此，要尽量减小轮轨之间过大的侧向力作用，使列车安全通过曲线。

一般来说，改善车辆的曲线通过性能与抗蛇行运动稳定性往往是矛盾的。因此在高速转向架设计时，要合理地兼顾两方面的性能要求。此外，在高速转向架设计时还需要控制噪声，尽可能减轻自重，尤其是减轻转向架簧下质量，以减少轮轨之间的动力作用。

3) 车体技术

车体技术主要包括车体结构轻量化设计、优良的空气动力学外形设计、密封性能和隔声性能等。车体结构轻量化是指车体结构在满足结构强度、刚度和安全的前提下，使车体质量最轻。为了节省牵引功率，降低高速所引起的动力作用对线路结构、机车车辆结构产生的损伤，以及提高旅客乘坐舒适度，就必须最大限度地降低动车组车体的质量。国际铁路联盟（UIC）对高速列车的轴重规定不得大于 17t。

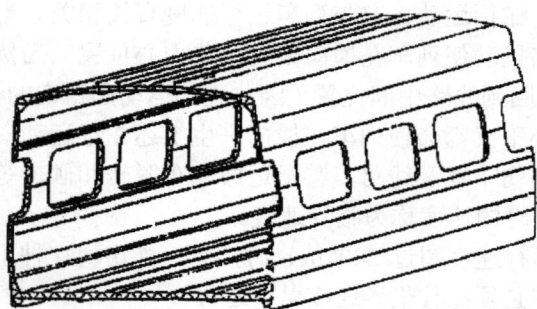

图 1-2　ETR460 型摆式列车车体结构断面图

目前，国内外高速列车车体轻量化有两种途径，一是采用新材料，二是合理的结构优化设计。新材料主要是铝合金和不锈钢，从发展趋势看，铝合金将成为动车组车体的主导材料。铝合金车体普遍采用大型中空挤压铝型材结构，挤压铝型材的长度与车体长度一致，每块型材的宽度为 600～800mm。图 1-2 是意大利 ETR460 型摆式列车车体的铝型材车体结构断面图，由 12 种共 22 块大型中空挤压铝型材组成，全车仅有 22 条纵向焊缝，车体质量只有 7.5t。

优良的空气动力学外形是指动车组头型和车身的流线化设计。随着动车组运行速度的提高，空气的动力作用一方面对动车组运行性能产生影响，同时，动车组高速运行引起的气动现象对周围环境也产生影响。其涉及的主要方面有动车组在不同情况下运行时的车体表面压力及其变化，动车组受到的空气动力学的力和力矩的作用等。其中，动车组运行时的阻力不可忽视。

动车组运行时所受到的基本阻力包括空气阻力和机械摩擦阻力。空气阻力随运行速度的不同而不同，并与动车组运行速度的平方成正比。低速运行时，动车组以机械摩擦阻力为主；运行速度达到 200km/h 左右时，空气阻力约占基本阻力的 70%，运行速度进一步提高，空气阻力所占的比例还将进一步增大。研究表明，空气阻力已成为动车组运行时的主要阻力。

对于动车组来说，头型和车身设计非常重要，好的头型和车身设计可以有效地减少动车组车体表面压力、降低动车组的空气阻力，节约牵引功率，提高动车组运行的稳定性等。图 1-3 所示为 CRH2 型动车组流线化外形。

图 1-3　CRH2 型动车组流线化外形

此外，列车在交会和过隧道的时候，在列车的周边会形成很大的负压，国外实行的气动强度指标是±4000Pa。通过在武广线不同速度下的单列车过隧道、列车隧道交会等试验，证明上述气动强度标准安全裕量已经不多了。为此，中国新一代的高速列车把气动强度的指标提高到±6000Pa。

车体要具有良好的密封性能和隔声性能，这也是高速列车必须要解决的一项关键技术。随着动车组运行速度的提高，特别是当两列动车组在隧道交会时，头、尾车外面的气流压力变化很大。如果车外压力的波动反映到车厢内，将使旅客感到不舒适，轻者压迫耳膜，重则头晕恶心，甚至造成耳膜破裂，参见表 1-4。另外，随着动车组运行速度的提高，所产生的噪声也将增大。车外噪声传到车内，将影响旅客的舒适度，同时，也将造成铁路沿线的环境噪声污染。因此，必须对车厢进行密封和隔声处理，并削弱噪声源以减小对周围环境的噪声污染。

表 1-4　压力波对旅客舒适性的影响

压力变化/kPa	生理学现象	压力变化/kPa	生理学现象
2	可忍受	8	很痛
3	开始不舒适的平均值	>9	强烈疼痛
4	非常不舒服	>13	耳膜可能有破裂
5	不舒服的上限，开始有耳痛	>23	几乎肯定耳膜有破裂

　　增加车体气密性主要在车体大断面挤压铝合金型材连续焊接工艺、车窗高性能密封材料、塞拉车门的气压密封及锁紧机构、排水水封装置的气密性能、空调通风连续供排气等方面实现了新的突破。

　　增加车厢密封性的有效措施之一，可以采用密闭式集便装置，实行污物集中处理，采用密封性能良好的给排水系统。密闭式集便装置在国外高速列车上已有很长的使用历史。其形式也各有不同，大致有四种形式：循环式厕所，使用经过化学剂杀菌、漂白及过滤的污水作为循环冲洗水，并依靠重力排放到便池下方的污物箱中。真空式厕所，由空气喷射器喷出高压空气，使污物箱产生真空，将污物吸入污物箱，一次用水量为 0.25～0.5L。以上两种密闭式厕所比较常用。而喷射式厕所和带有生物作用处理箱的净水冲刷厕所，由于普及率较低，尚不成熟而未加推广。

　　高速列车的振动和噪声必须控制得当，日本的 Fastech360 高速列车就是因为噪声超标而无法实现 360km/h 的运行速度。高速列车降噪措施主要在噪声源的控制、车轮采用降噪的涂料、车与车之间的连接使它更加平滑等。增加车体气密性、降低列车噪声是高速列车关键性的技术措施，也是高速列车技术水平的集中体现。

　　密接式车钩缓冲装置也是高速列车不可缺少的装置。密接式车钩缓冲装置是使动车组各车厢之间或动车组与动车组之间实现连挂，并且传递及缓和动车组在运行时所产生的牵引力或冲击力的牵引缓冲装置，是保证列车运行安全、提高旅客舒适度的重要部件。高速列车对牵引缓冲装置提出了更高的要求。

　　各国高速列车普遍采用密接式车钩连接装置，两密接式车钩连接面之间的纵向间隙一般都小于 2mm，上下、左右偏移也很小。对提高列车运行的平稳性和电气线路、风管的自动对接提供了保证。

　　密接式车钩缓冲装置可分为两类：第一类是用于动车组单元之间的自动密接式车钩缓冲装置，第二类是用于动车组内部各车厢之间的半永久式车钩缓冲装置。在自动密接式车钩缓冲装置中设置具有较大吸收冲击能量的压溃管，用作列车实际连挂速度超过规定连挂速度时的过载保护元件。目前，也将压溃管应用于半永久车钩缓冲装置中，以起到过载保护作用。

　　4) 牵引传动系统

　　牵引传动系统是高速列车性能竞争的核心之一，主要由牵引变压器、变流器、牵引控制、牵引电机几个不同的部分组成。我国高速列车采用交直交、动力分散牵引传动方式，其关键技术包括轻量化大容量变压器、大功率变流器、绝缘栅双极型晶体管 (IGBT) 控制模块、牵引电机、传动装置等。列车受电弓从接触网上取得的是一定频率和恒定电压 (我国为 25kV/50Hz) 的电源，通过主变压器降压，经整流器整流后输出至逆变器，由逆变器输出电压和频率均可以调节的三相交流电源来驱动牵引电机，使牵引电机在所要求的转速和转矩范围内工作，带动车轮高速运转，如图 1-4 所示。

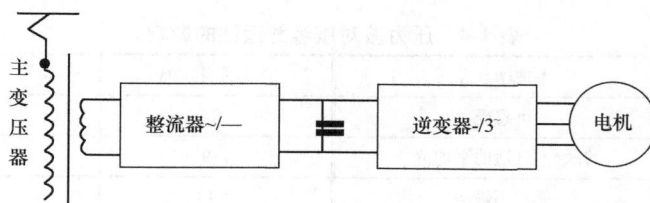

图 1-4　交流传动系统构成简图

列车制动时，强大的惯性由牵引传动系统将动能转变成电能反馈回电网，这时反转的电动机将像飞机发动机反推那样快速降低列车的速度，再生的交流电可以供其他列车使用。如果忽略空气的运行阻力和摩擦阻力，列车速度在 50km/h 以上的动能有 98%可以被利用。随着新型电力电子器件的不断发展，智能功率模块(IPM)等组成的变流机组已经能控制 1000kW以上的交流牵引电机正常运转，如此大功率、高频率的电能变换将产生大量热量，这些热量的处理对于牵引系统正常工作至关重要，目前自冷却的同步永磁交流牵引电机已经开发成功，空冷主变压器也将得到应用。

接触网-受电弓受流系统的受流过程是受电弓在接触网下，以列车行使的速度与接触网之间滑动完成的，是一个动态过程，这一动态过程包括了多种机械运动形式电气状态变化。与普通列车的电力牵引相比较，高速列车电力牵引的接触网-受电弓受流具有新的特点：

(1)高速列车的行驶速度较普通列车高得多，因而受电弓沿接触导线移动的速度大大加快，这就使接触网与受电弓的波动特性发生变化，从而对受电产生影响。

(2)高速列车所受的空气阻力较普通列车大得多，空气动态力也是高速受电的一个重要因素。

(3)高速列车所需的牵引功率较普通列车大得多，若采用多弓受电必然会增加阻力和加大噪声，并引起接触网的波动干扰，因而受电弓的数量不能太多，这就需要解决受电弓从接触网大功率受电问题。

接触网-受电弓系统的受流质量与接触网和受电弓的匹配性能有很大关系，单方面评价接触网的受流性能或受电弓的性能都是不全面的。在评价弓网受流质量方面，我国还没有一个通行评价标准。参考国外的经验和近几年来我国提速和高速试验的结果，评价弓网受流质量可以从以下几个方面进行。

(1)弓网间动态接触压力大小。弓网间接触力的大小受受电弓的静态抬升力、空气动力以及垂直方向上的质量惯性力等因素影响。当接触力过大时，会使弓网磨耗加剧，引起弓网位移增加。接触力过小，会造成离线产生电弧。

(2)接触导线最大垂直振幅。接触导线最大垂直振幅指受电弓滑板在一个跨距内的振动幅度。它反映了受电弓弓头垂直方向的振动情况。振幅越小，受电弓运动轨迹越平滑，受流质量就越好。

(3)接触导线的抬升量。接触导线的抬升量是指受电弓经过时，接触导线的最大升高量。一个好的受流系统，受电弓的振幅应均匀。

(4)离线。当受电弓与接触网失去接触就发生了离线。评价弓网离线参数有以下两个方面：一是每一次离线的最大离线时间小于 100ms；二是离线率，用运行时间内各次离线时间总和与运行时间的比率来表示，我国高速线路的离线率取 5%以下。

(5)硬点。评定接触导线对受电弓滑板的冲击主要是受电弓滑板受到的垂直方向和线路方向上加速度的最大值。受电弓滑板所受的纵向和垂向加速度，根据高速列车受电弓使用的滑板类型来确定硬点的评价标准。

(6) 接触网的静态弹性差异系数。用跨距内最大弹性与最小弹性之差与跨距内最大弹性与最小弹性之和的比率来表示，例如，弹性链形悬挂不大于 10%。

(7) 接触导线弯曲应力。弯曲应力的允许值为 500 微应变。

5) 制动系统

高速列车对制动技术提出了严峻的挑战，因为列车的动能与速度的平方成正比，而在一定的制动距离条件下，列车的制动功率是速度的三次函数。因此，传统的空气制动能力远远不能满足需要。

动车组制动系统具备的条件是：①尽可能缩短制动距离以保障列车安全；②保证高速制动时车轮不滑行；③司机操纵制动系统灵活可靠，能适应列车自动控制的要求。因此，高速列车需要采用复合制动方式，即空气盘形制动+电气动力制动。

电气动力制动是指利用某种能量转换装置，将运行中列车的动能转换为其他形式的能量，并予以消耗的制动方式。电气动力制动的基本原理是制动时将牵引电机转换为发电机，所产生的电能可以输出给制动电阻转变为热能发散(称为电阻制动)或反馈至接触电网(称为再生制动)产生制动效果。我国动车组中两种电气动力方式均采用，以后者应用为多。其特点是制动力与列车速度有很大关系，列车速度越高，制动力越大，随着列车速度的降低，制动力也随之下降。为实现按速度控制制动力的大小以充分利用黏着，采用高性能的防滑装置以及采用微机控制等。

6) 列车网络控制系统

列车网络控制系统是车载分布式的计算机网络系统，承担动车组牵引、制动控制等指令以及列车信息的传输，同时对列车上的主要设备进行状态监测，并具有故障诊断及故障记录功能。信息通过车载网络进行传输，减少了控制线的数量，从而减轻了列车质量并提高了系统可靠性。该系统能够给驾乘人员提供操作指导，并给维修人员提供技术支持。

列车自动控制系统对保证高速列车安全运行有十分重要的作用，世界各国在发展高速铁路时都十分重视列车自动控制系统的研究和开发，研制了多种基础技术设备，如列车超速防护系统、卫星定位系统、车载智能控制系统、车载微机自动监测和诊断系统等。

目前在世界高速铁路上的自动控制方式主要分为两类：一类是以设备为主、人控为辅的控制方式，以日本新干线采用的 ATC(列车自动控制)方式为代表；另一类是人机共用、人控为主的方式，以法国高速列车 TGV 为代表，主要采用 TVM300 型安全防护系统及改进的 TVM430 型安全防护系统，还有德国 ICE 高速列车采用的 FRS 速差式机车信号和 LZB 型双轨条交叉电缆传输式列车控制设备等。

高速度、高密度行车要求行车设备经常处于不间断运用状态，故障诊断系统可对列车运行状态进行实时监测。作为高速铁路重要行车设备的列车、牵引供电和通信信号等，应具有高度的可靠性，保证总处于良好状态；一旦设备存在危及行车安全隐患时，能及时地在未然状态下发现，并发出警告，强制列车减速甚至停车。这就要求对高速列车、供电和通信信号等运用中的设备，特别是关键的零部件，实行实时诊断，检查出设备故障后，能够自愈或将信息实时传输至综合调度中心，实行统一控制。

1.2　国外动车组运用简介

动车组的运用方式各国因国情不同而有着较大的区别。各国高速铁路建设管理模式大致有四种类型：一是新建高速铁路双线，专门用于旅客快速运输，如日本新干线和法国高速铁路，均为客运专线形式，白天行车，夜间维修；二是新建高速铁路双线，实行客货共线运行，如意大利罗马—佛罗伦萨高速铁路，客运速度225km/h，货运速度120km/h；三是部分新建高速线与部分既有线混合运行，如德国柏林—汉诺威线，承担着客运、货运任务；四是在既有线上使用摆式列车运行，这在欧洲国家多见，在美国"东北走廊"摆式列车速度也达到了240km/h。

建设管理模式的不同，使得动车组的运用管理模式不尽相同。

1.2.1　日本新干线动车组运用

日本新干线经过多年的实践，逐步总结、研究出一套具有日本特色的列车运用组织方法。其基本过程是：首先从分析旅客运输需求开始制定列车运行的种类及列车开行方案，在考虑车站、线路及其他设备及人员的条件下，形成基本列车运行图，充分考虑旅客季节性、临时性运输需求，在基本列车运行图基础上形成实际列车运行图（预先制定列车运行时刻，根据需求投入使用的列车），当发生列车运行波动时，采用必要的办法尽量快速恢复列车的稳定运行。为了保证列车运行可靠，在编制列车运行图的同时，完成动车组的运用计划、乘务员的运用计划。

日本新干线动车组具备以下运用特点：

（1）列车密度大，运行组织灵活多变。日本新干线上运行的列车种类、运行速度各不相同，每小时最多可发车12列，日均发车285列，日均客运量已高达37万人次。还采用各种列车的60种不同的停车站方式，以吸引各方面的旅客。新干线的列车运行图中各种类型的列车相互配合十分巧妙，在不等速列车之间进行待避、越行时，使列车发车时刻和沿途停站时间以及站间距离不均衡性得到了协调，这是日本新干线运营多年实践的结晶。

（2）安全、准时。新干线的安全性、准时性使新干线信誉日益提高。

（3）实行一体化管理。为保证列车运行质量，新干线的管理是实行一体化指令业务方式管理。成功地开发、运用了新干线行车管理系统COSMOS（Computerized Safety Maintenance and Operation Systems of Shinkansen），对于列车运行计划、列车运行管理、列车运行调整、动车组运用计划等进行全面的控制，使得列车运行非常稳定。

1.2.2　德国ICE动车组运用

德国从20世纪70年代开始逐渐形成了四通八达的城市间特快列车系统（ICE系统），连接着30多个重要城市和交通中心。德国高速铁路部分区段由既有线改造而来，全部高速线路均按客货列车混合运行，货物列车的最高时速为120km。德国高速铁路的基本组织方式为白天不同速度的客运列车混合运行，夜间客运列车、货运列车混合运行。德国之所以采用这种方式，主要是德国的区间通过能力比较富裕，而且既有铁路列车技术水平与高速列车的差别不是很大。

在动车组使用方面，通过优化列车运行图、优化车底周转来提高动车组的使用效率，使动车组年平均运行50万km以上。

　　ICE 动车组从早晨 6 点开始发车，最晚 24 点到达，实行节拍运输，即按固定相等的运行间隔开行，运行间隔大多是 1h，根据运量需要有的区段采用 30min 的节拍运输，在一些运量小的区段采用 2h 间隔的节拍运输。这种运输方式能为大多数旅客全天提供均衡的列车，可实现优化的维修程序，节拍时间容易记忆，便于旅客对车次的选择。

1.2.3　法国 TGV 动车组运用

　　法国高速铁路在建设模式上，采用部分修建新线、部分旧线改造的方式，以巴黎为中心向各个方向辐射，为客车专用铁路。每条高速线上只运行同一种类的高速列车，列车运行组织相对简单。整个列车运行图为平行运行图，列车运行线平行，只有停站地点和次数不同。为适应客流需要，在高速线上运行的高速列车可以下到既有线上运行。

　　列车运行图根据市场需求编制，充分考虑新线、既有线列车速度差，换乘等问题，使高速列车和其他普通列车在班次上互相协调，在各大铁路枢纽站制订出完整的转车方案；充分利用 TGV 高速列车可双向运行的特性，按照折返时间要求尽量把某一方向的列车时刻表和反方向的列车时刻表衔接起来；利用 TGV 高速列车可联挂的特性，在一天、一周及例外的高峰时刻，实行两组列车重联编组运行。根据运营要求合理安排线路维修天窗。

　　在编制动车组使用计划时，一般采用动车组长、短途结合，多次循环开行的方式，一些列车的整备工作在车站的侧线进行，大大提高动车组的使用效率。列车日平均行程超过 1000km，最高纪录达到每日 2500km，列车的年平均运程达到 5×10^5 km。

1.2.4　瑞典高速铁路

　　瑞典铁路总长度目前约为 1.2×10^4 km，主要干线均为电气化线路。瑞典有电动车组 289 列，其中 X2000 有 43 列，内燃动车组 9 列，客车 900 多辆，行李邮政车 176 辆，货车 22000 多辆。

　　运输组织利用区间设置的交叉过渡线，采用了交叉渡线处反向越行的办法，保证 X2000 型列车以最高速度正常运行。在实际的调度指挥中，当高速列车越行低速列车（特别是货车）时，可以采用不停车越行的办法，此时短时间内同一地点开行着相同方向的列车。同时信号系统也按双向设计。

　　旅客列车的开行随季节波动变化较大，尽管所有的运行线均在运行图中给予体现，但均注明了开行日期，就一天列车的开行量而言，每天几乎都不一样。

1.3　我国高速动车组概况

1.3.1　简介

　　我国高速动车组为 200km/h、300km/h 速度级的动力分散交流传动电动车组，共有 CRH1、CRH2、CRH3、CRH5、CRH6、CRH380 六大系列 17 种型号。动车组在既有线指定区段及新建的客运专线上以 200km/h、300km/h 速度级正常运行，在既有线其他区段以最高速度 160km/h 速度运行。主要技术参数如下。

　　（1）车种：坐车、餐车或坐车与餐车的合造车。

　　（2）牵引方式：动车组采用电力牵引交流传动方式，前后两端设有司机室。列车正常运行时，由前端司机室操纵。

(3)定员：长编组约 1200 人，短编组约 600 人。

(4)轴重：动车≤17t，拖车≤16t。

(5)平直道上紧急制动时的制动距离或减速度应满足列车追踪间隔要求，其中制动距离按下述指标执行：制动初速 200km/h 时≤2000m，制动初速 160km/h 时≤1400m。

(6)运营速度：200km/h。

(7)最高试验速度：250km/h。

(8)两端过渡车钩中心高度：880^{+10}_{-5} mm。

(9)通过最小曲线半径：联挂运行时 145m，单车调车时 100m。

(10)运行时受流方式：尽可能采用单弓受流、其他备用，如需采用双弓受流时，两弓之间距离不得影响动车组正常运用。

(11)车体宽度：约 3300mm。

(12)车体长度：约 25000mm。

(13)车顶距轨面高度：约 4000mm。

(14)车体地板面距轨面高度：约 1250mm。

(15)牵引功率＞5%的额定功率时网侧总功率因数(λ)：≥0.98。

(16)等效干扰电流(一个基本动力单元)：＜1.5A。

(17)主变压器原边电流畸变率(THD)：＜5%。

(18)牵引传动系统效率(额定工况)：≥0.85。

1.3.2 动车组编号

1. 动车组型号和车组号

动车组的型号和车组号构成如下：

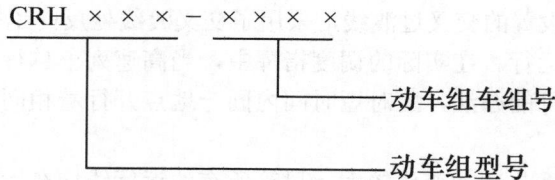

CRH ×××－×××× 动车组车组号 动车组型号

动车组型号分为技术序列代码命名方式和速度目标值命名方式两种。

1)技术序列代码命名方式

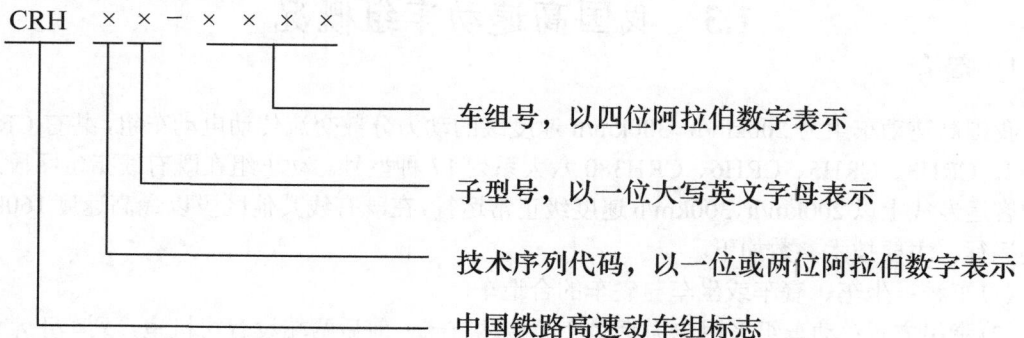

CRH ××－×××× 车组号，以四位阿拉伯数字表示；子型号，以一位大写英文字母表示；技术序列代码，以一位或两位阿拉伯数字表示；中国铁路高速动车组标志

(1)技术序列代码。以阿拉伯数字表示，由 1 开始顺序排列。

1——四方庞巴迪公司研制生产的动车组；

2——四方股份研制生产的动车组；

3——唐车公司研制生产的动车组；

5——长客股份研制生产的动车组；

6——四方股份/浦镇公司研制生产的城际动车组；

7 及后续数字——预留的动车组技术序列代码。

(2)子型号。以一位大写英文字母表示，由 A 开始顺序排列。

A——时速 200～250km、8 辆编组、座车；

B——时速 200～250km、16 辆编组、座车；

C——时速 300～350km、8 辆编组、座车；

D——时速 300～350km、16 辆编组、座车；

E——时速 200～250km、16 辆编组、卧车；

F——时速 160km、8 辆编组、城际动车组；

G——时速 200～250km、8 辆编组、耐高寒座车动车组；

H——时速 200～250km、8 辆编组、耐风沙及高寒座车动车组；

I——预留；

J——综合检测动车组；

K 及后续字母——预留的动车组子型号。

2)速度目标值命名方式

CRH ×××× － ××××

车组号，以四位阿拉伯数字表示

子型号，以一位大写英文字母表示

技术平台代码，以一位大写英文字母表示

速度目标值，以三位阿拉伯数字表示

中国铁路高速动车组标志

(1)速度目标值。动车组设计的最高运行速度目标值的三位阿拉伯数字表示。如，380 代表设计最高运行速度目标值为 380km/h。

(2)技术平台代码。以一位大写英文字母表示，由 A 开始顺序排列。

A——四方股份研制生产的动车组、8 辆编组、座车；

B——长客股份/唐车公司研制生产的动车组、8 辆编组、座车；

C——长客股份研制生产的动车组（与 B 采用不同的牵引及控制系统）、8 辆编组、座车；

D——四方庞巴迪研制生产的动车组、8 辆编组、座车；

E——预留；

F——预留。

（3）子型号。以一位大写英文字母表示，由 G 开始顺序排列。缺省时为基本型。

G——耐高寒动车组；

H——耐风沙及高寒动车组；

I——预留；

J——综合检测动车组；

K——预留；

L——基本型的 16 辆编组动车组；

M——更高速度等级试验列车改为综合检测动车组；

N 及后续字母——预留的动车组子型号。

动车组车组号以四位阿拉伯数字表示，按照动车组的制造工厂，具体号段分配如下：

（1）青岛 BST 公司。

时速 250km 及以下动车组由 1001～1499 顺序排列；

时速 350km 及以上动车组由 1501～1999 顺序排列；

检测、试验等特殊用途动车组及非总公司控股企业采购的动车组由 0101～0199 顺序排列。

（2）四方股份。

时速 250km 及以下动车组（CRH2C 保持不变，仍包含在其中）由 2001～2499 顺序排列；

时速 350km 及以上动车组由 2501～2999 顺序排列；

检测、试验等特殊用途动车组及非总公司控股企业采购的动车组由 0201～0299 顺序排列。

（3）唐车公司。

时速 250km 及以下动车组（CRH3C 保持不变，仍包含在其中）由 3001～3499 顺序排列；

时速 350km 及以上动车组由 3501～3999 顺序排列；

检测、试验等特殊用途动车组及非总公司控股企业采购的动车组由 0301～0399 顺序排列。

（4）四方股份/浦镇公司。

四方股份城际动车组由 4001～4499 顺序排列；

浦镇公司城际动车组由 4501～4999 顺序排列。

四方股份检测、试验等特殊用途城际动车组由 0401～0449 顺序排列；

浦镇公司检测、试验等特殊用途城际动车组由 0451～0499 顺序排列。

（5）长客股份。

时速 250km 及以下动车组由 5001～5499 顺序排列；

时速 350km 及以上动车组由 5501～5999 顺序排列；

检测、试验等特殊用途动车组及非总公司控股企业采购的动车组由 0501～0599 顺序排列。

2. 动车组中车辆的车种及车辆号

动车组中车辆的车种和编号构成如下：

动车组中的车辆车种代码是车种名称的汉语拼音缩写。

车种代号车种名称及英文见表 1-5。

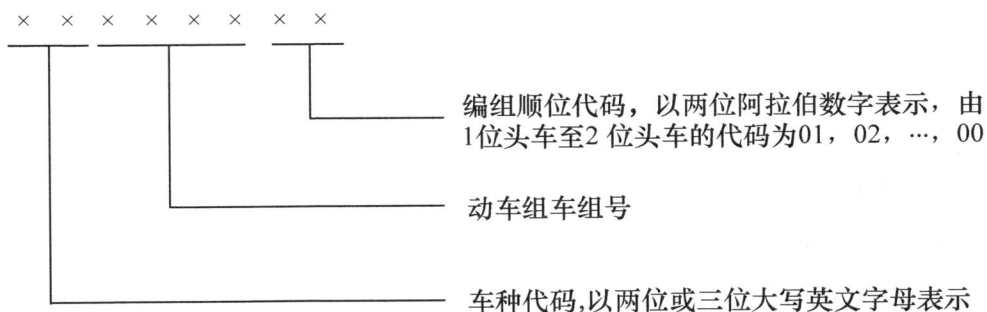

编组顺位代码，以两位阿拉伯数字表示，由1位头车至2位头车的代码为01，02，…，00

动车组车组号

车种代码,以两位或三位大写英文字母表示

表 1-5　车种代号、车种名称及英文

车种代号	车种名称	英文
ZY	一等座车	First Class Coach
ZE	二等座车	Second Class Coach
WR	软卧车	Soft Sleeper Coach
WY	硬卧车	Hard Sleeper Coach
CA	餐车	Dining Coach
SW	商务车	Business Coach
ZEC	二等座车/餐车	Second Class/Dining Coach
ZYS	一等/商务座车	First Class/Business Coach
ZES	二等/商务座车	Second Class/Business Coach
ZYT	一等/特等座车	First Class/Premier Coach
ZET	二等/特等座车	Second Class / Premier Coach
JC	检测车	Detection Car

3. 动车组编号示例

1）动车组的型号和车号示例

CRH3C-3080

CRH——中国高速动车组标志；

3——技术序列代码，唐车公司研制生产的动车组；

C——子型号，时速 300～350 千米、8 辆编组、座车；

3080——车组号，对应原 CRH3-080C 动车组。

CRH380AL-2640

CRH——中国高速动车组标志；

380——速度目标值为 380km/h；

A——技术平台代码，四方股份研制生产的动车组、8 辆编组、座车；

L——子型号，基本型的 16 辆编组动车组；

2640——车组号，对应原 CRH380A-6140 动车组。

2）动车组中车辆的车种和编号示例

ZYS 264201

ZYS——车辆车种代码，一等/商务座车；

2642——动车组车组号；

01——车辆编组顺序号。

1.3.3　CRH1 动车组

CRH1 动车组是一种全面采用先进技术、现代化的动力分散型电动车组，由青岛四方庞巴迪鲍尔铁路运输设备有限公司（BSP 公司）生产制造。该列车以在丹麦、瑞典已经运营了五年的 Regina 动车组为原型，并融合了庞巴迪、Adtranz 和 ABB 几十年来的技术经验，因此保证了该动车组技术先进，运营可靠。

（1）编组结构。CRH1 电动车组由 4 种形式的车辆组成：车端带司机室的动车（Mc1，Mc2）；带受电弓的中间拖车（Tp1，Tp2）；不带受电弓的中间拖车（带吧台拖车）（Tb）；中间动车（M1，M2，M3）。8 辆车构成一个基本编组，如图 1-5 所示。

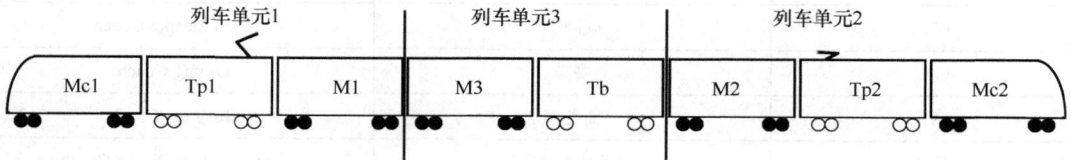

图 1-5　CRH1 动车组

Mc-动力车；Tp、Tb-拖车

（2）主要外形尺寸。Mc 车厢长度为 26033mm；Tp、Tb 和 M 车厢长度为 25910mm，车体承载结构截面宽度 3331mm，高度 4040mm，内部地板高度为距轨面距离 1250mm，转向架中心间距离为 19000mm。

（3）列车定员。一等车座席 144 人，二等车座席 510 人，二等座车/餐车座席 16 人，全列车定员共 670 人。

（4）编组质量为 420.4t。

（5）轴重为≤16t。

（6）速度。运行速度≤200km/h，无火回送限速 120km/h，空气弹簧破裂限速 120km/h。

（7）适应站台高度为 500～1200mm。

（8）辅助电源供电：3 相，AC380V，50Hz，DC110V。

1.3.4　CRH2 动车组

CRH2 动车组以日本的 E2-1000 型动车组为原型车，通过全面引进设计制造技术，由四方股份公司在国内制造生产。

（1）编组结构。CRH2 采用动力分散交流传动方式，动车组采用 8 辆编组，4 动 4 拖，由两个动力单元组成。每个动力单元由 2 个动车和 2 个拖车（T-M-M-T）组成；首尾车辆设有司机室，可双向驾驶，编成后结构如图 1-6 所示。

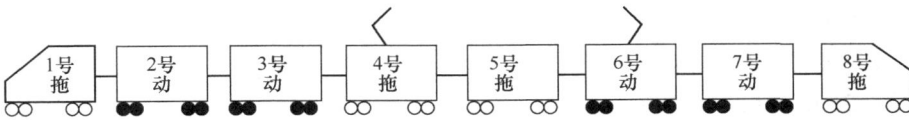

图 1-6　CRH2 动车组

(2)列车外形尺寸(长×宽×高：单位 mm)：

全长：201400×3380×3700；

头车：25700×3380×3700。

(3)列车定员。一等车座席 51 人，二等车座席 504 人，二等座车/餐车座席 55 人，全列车共 610 人。

(4)编组质量为 345t。

(5)轴重为≤14t。

(6)速度。运行速度≤200km/h，无火回送限速 120km/h，空气弹簧破裂限速 120km/h。

(7)适应站台高度为 1100～1200mm。

(8)辅助电源供电：DC100V、单相 AC100V、AC220V、AC400V。

1.3.5　CRH3 动车组

(1)编组结构。CRH3 型动车组为 8 节编组，采用 4M＋4T 动力分散式配置，最高运行速度达 350km/h。CRH3 型动车组采用交流传动系统，两端为带司机室的动力车，列车正常运行时由前端司机室操纵。CRH3 动车组包括 5 种不同的车，即端车(头车和尾车)、变压器车、变流器车、餐座合造车和一等车。动车组的配置如图 1-7 所示。

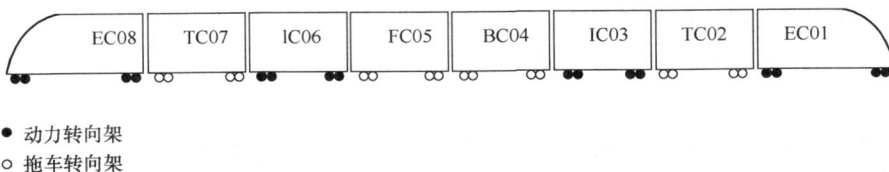

- 动力转向架
○ 拖车转向架

图 1-7　CRH3 型动车组的动力配置图

(2)主要外形尺寸。CRH3 型动车组头车长度为 25.860m，中间车长度为 24.825m，总长约 200m，车体宽度为 3.265m，车体高为 3.890m。

1.3.6　CRH5 动车组

CRH5 型电动车组是以 ALSTOM 公司的 SM3 型动车组为原型车，通过全面引进设计制造技术，由长客股份公司在国内制造生产。

(1)编组结构。动车组由 8 辆车组成，其中 5 辆动车 3 辆拖车；首尾车辆设有司机室，可双向驾驶，编组后结构示意图如图 1-8 所示。

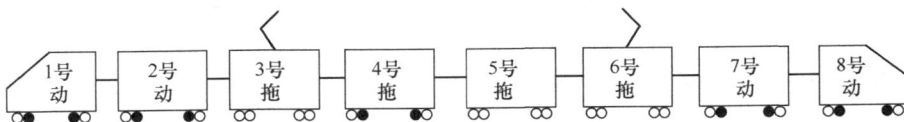

图 1-8　长客／阿尔斯通动车组

（2）列车外形尺寸（长×宽×高：单位 mm）：

头车：27600×3200×4270；

中间车：25000×3200×4270；

全列车：211500×3200×4270。

（3）列车定员。一等车座席 60 人，二等车座席 420 人，二等座车/餐车座席 42 人，全列车共 622 人。

（4）编组质量为 451t。

（5）轴重≤17t（动）/16t（拖）。

（6）速度。运行速度≤200km/h，无火回送限速 120km/h，空气弹簧破裂限速 120km/h。

（7）适应站台高度为 500～1200mm。

（8）辅助电源供电：DC24V，3 相，AC380V，50Hz。

1.3.7　CRH380 动车组

1. CRH380A 动车组编组及平面布置

1）编组结构

CRH380A 动车组采用 8 辆编组，6 动 2 拖，设有二等座车/观光车、一等座车、二等座车、二等座车/酒吧车。CRH380AL 动车组采用 16 辆编组，14 动 2 拖，设有观光车、一等座车、二等座车、酒吧车。

2）平面布置

CRH380A 动车组的平面布置如图 1-9 所示。

全车定员为 494 人。其中一等座车座椅呈 2+2 式布置，中间为通道，定员 107 人。二等座车座椅呈 2+3 式布置，中间为通道，定员 373 人。3 号车为带包间的一等座车，包间定员为 6 人，中间有桌子，可以开小型会议。观光车座位呈 2+2 式布置，能看到司机室。餐车定员 14 人。

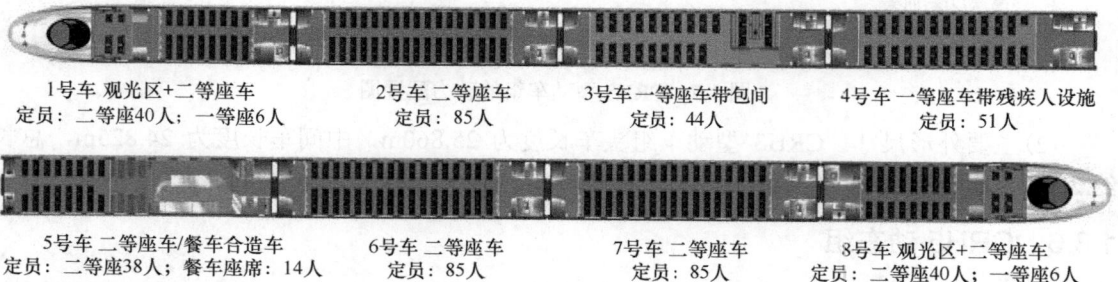

1号车 观光区+二等座车　　2号车 二等座车　　3号车 一等座车带包间　　4号车 一等座车带残疾人设施
定员：二等座40人；一等座6人　　定员：85人　　定员：44人　　定员：51人

5号车 二等座车/餐车合造车　　6号车 二等座车　　7号车 二等座车　　8号车 观光区+二等座车
定员：二等座38人；餐车座席：14人　　定员：85人　　定员：85人　　定员：二等座40人；一等座6人

图 1-9　CRH380A 动车组平面布置图

CRH380AL 动车组的平面布置如图 1-10 所示，全车定员为 1027 人。其中一等座车座椅呈 2+2 式布置，中间为通道。二等座车座椅呈 2+3 式布置，中间为通道。1 号车为带包间的一等座车，包间定员为 4 人，中间有桌子，可以开小型会议。观光车座位呈 1+2 式布置，能看到司机室。

2. CRH380B 动车组编组及平面布置

1）动车组编组

CRH380B 动车组采用 8 辆编组，4 动 4 拖，设有二等座车/观光车、一等座车/包间车、

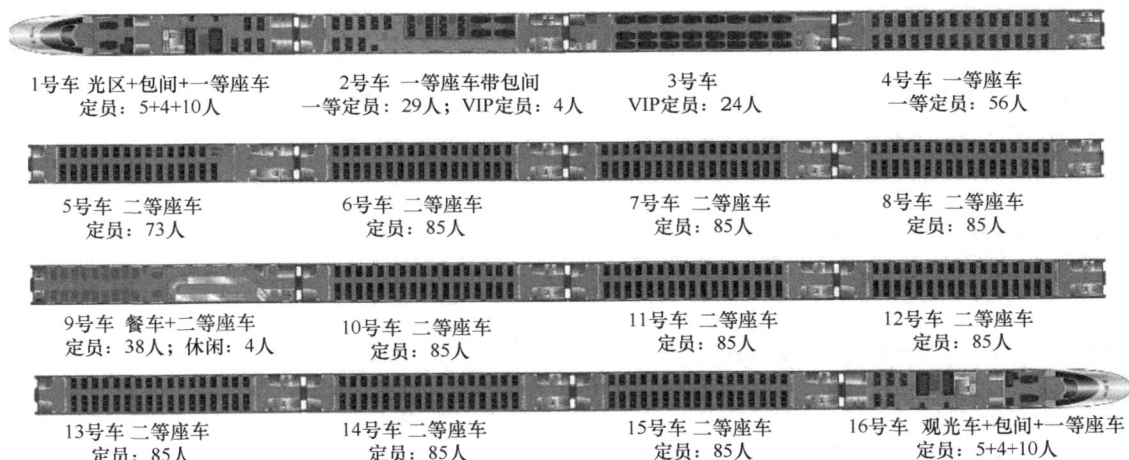

1号车　光区+包间+一等座车
定员：5+4+10人

2号车　一等座车带包间
一等定员：29人；VIP定员：4人

3号车
VIP定员：24人

4号车　一等座车
一等定员：56人

5号车　二等座车
定员：73人

6号车　二等座车
定员：85人

7号车　二等座车
定员：85人

8号车　二等座车
定员：85人

9号车　餐车+二等座车
定员：38人；休闲：4人

10号车　二等座车
定员：85人

11号车　二等座车
定员：85人

12号车　二等座车
定员：85人

13号车　二等座车
定员：85人

14号车　二等座车
定员：85人

15号车　二等座车
定员：85人

16号车　观光车+包间+一等座车
定员：5+4+10人

图 1-10　CRH380AL 动车组平面布置图

一等座车、二等座车、二等座车/餐车。CRH380BL 动车组采用 16 辆编组，8 动 8 拖，设有观光车、一等座车、VIP 车、二等座车、餐车。

2）动车组平面布置

CRH380B 动车组的平面布置如图 1-11 所示，全车定员为 490 人。其中一等座车座椅呈 2+2 式布置，中间为通道。二等座车座椅呈 2+3 式布置，中间为通道。3 号车为带包间的一等座车，包间定员为 6 人，中间有桌子，可以开小型会议。观光车座位呈 1+2 式布置，能看到司机室。

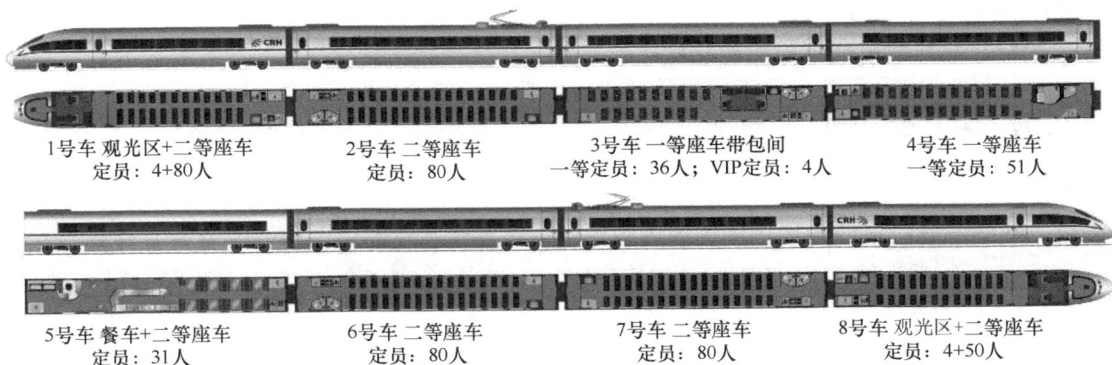

1号车　观光区+二等座车
定员：4+80人

2号车　二等座车
定员：80人

3号车　一等座车带包间
一等定员：36人；VIP定员：4人

4号车　一等座车
一等定员：51人

5号车　餐车+二等座车
定员：31人

6号车　二等座车
定员：80人

7号车　二等座车
定员：80人

8号车　观光区+二等座车
定员：4+50人

图 1-11　CRH380B 动车组平面布置图

3. CRH380C 动车组编组及平面布置

1）动车组编组

CRH380C 动车组采用 16 辆编组，8 动 8 拖，设有一等座车/观光车/包间车、一等座车/包间车、VIP 车、一等座车、二等座车、二等座车/餐车。

2）动车组平面布置

CRH380C 动车组的平面布置如图 1-12 所示，全车定员为 1004 人。其中一等座车座椅呈 2+2 式布置，中间为通道。二等座车座椅呈 2+3 式布置，中间为通道。2 号车为带包间的一等座车，包间定员为 4 人，中间有桌子，可以开小型会议。观光车座位呈 1+2 式布置，能看到司机室。

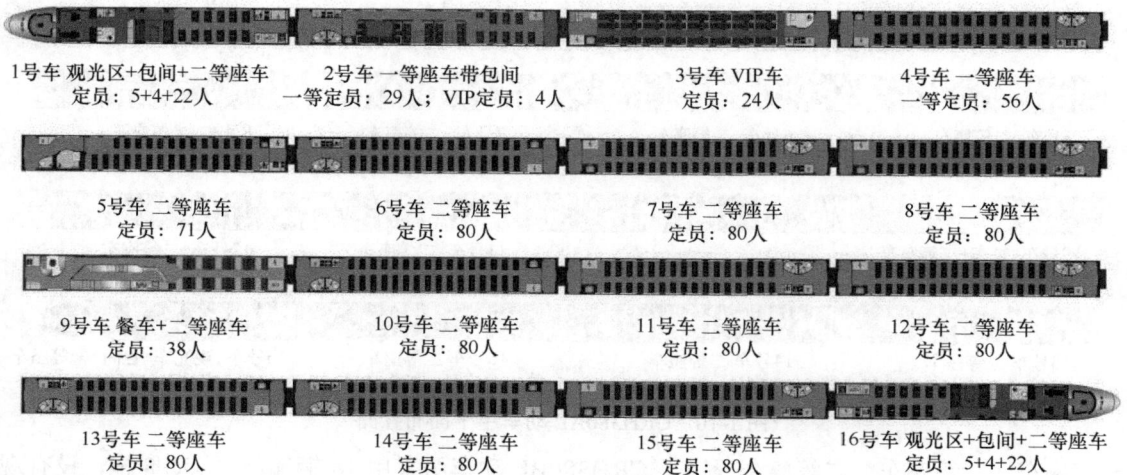

1号车 观光区+包间+二等座车
定员：5+4+22人

2号车 一等座车带包间
一等定员：29人；VIP定员：4人

3号车 VIP车
定员：24人

4号车 一等座车
一等定员：56人

5号车 二等座车
定员：71人

6号车 二等座车
定员：80人

7号车 二等座车
定员：80人

8号车 二等座车
定员：80人

9号车 餐车+二等座车
定员：38人

10号车 二等座车
定员：80人

11号车 二等座车
定员：80人

12号车 二等座车
定员：80人

13号车 二等座车
定员：80人

14号车 二等座车
定员：80人

15号车 二等座车
定员：80人

16号车 观光区+包间+二等座车
定员：5+4+22人

图 1-12　CRH380C 动车组平面布置图

4. CRH380D 动车组编组及平面布置

1）动车组编组

CRH380D 动车组采用 8 辆编组，4 动 4 拖，设有二等座车/观光车、一等座车/包间车、一等座车、二等座车、二等座车/餐车。CRH380LD 动车组采用 16 辆编组，8 动 8 拖，设有一等座车/包间车/观光车、一等座车、一等座车/包间车、二等座车、餐车。

2）动车组平面布置

CRH380D 动车组的平面布置如图 1-13 所示。

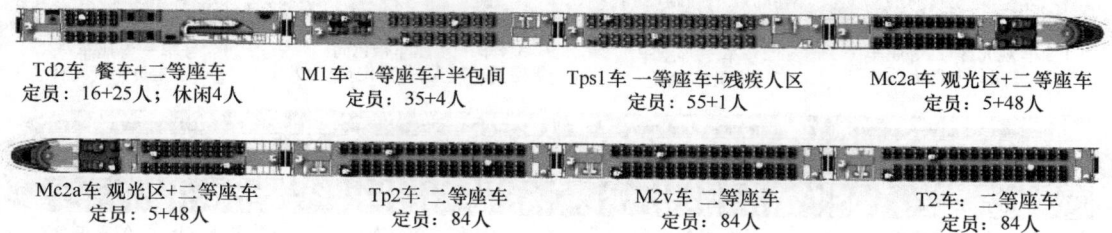

Td2车 餐车+二等座车
定员：16+25人；休闲4人

M1车 一等座车+半包间
定员：35+4人

Tps1车 一等座车+残疾人区
定员：55+1人

Mc2a车 观光区+二等座车
定员：5+48人

Mc2a车 观光区+二等座车
定员：5+48人

Tp2车 二等座车
定员：84人

M2v车 二等座车
定员：84人

T2车：二等座车
定员：84人

图 1-13　CRH380D 动车组平面布置图

全车定员为 494 人。其中一等座车座椅呈 2+2 式布置，中间为通道。二等座车座椅呈 2+3 式布置，中间为通道。M1 车为带包间的一等座车，包间定员为 4 人，中间有桌子，可以开小型会议。观光车座位呈 1+2 式布置，能看到司机室。CRH380DL 动车组的平面布置如图 1-14 所示，全车定员为 1028 人。其中一等座车座椅呈 2+2 式布置，中间为通道。二等座车座椅呈 2+3 式布置，中间为通道。M1f 车为带包间的一等座车，包间定员为 4 人，中间有桌子，可以开小型会议。Tps1 车带有 1 个残障人士座位，Mc1t 车的观光车座位呈 1+2 式布置，能看到司机室。

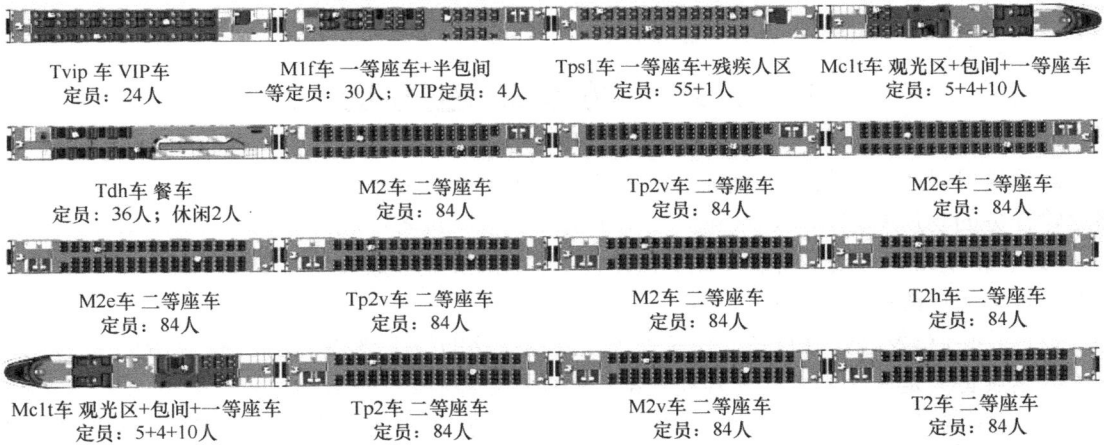

Tvip 车 VIP车
定员：24人

M1f车 一等座车+半包间
一等定员：30人；VIP定员：4人

Tps1车 一等座车+残疾人区
定员：55+1人

Mc1t车 观光区+包间+一等座车
定员：5+4+10人

Tdh车 餐车
定员：36人；休闲2人

M2车 二等座车
定员：84人

Tp2v车 二等座车
定员：84人

M2e车 二等座车
定员：84人

M2e车 二等座车
定员：84人

Tp2v车 二等座车
定员：84人

M2车 二等座车
定员：84人

T2h车 二等座车
定员：84人

Mc1t车 观光区+包间+一等座车
定员：5+4+10人

Tp2车 二等座车
定员：84人

M2v车 二等座车
定员：84人

T2车 二等座车
定员：84人

图 1-14　CRH380DL 动车组平面布置图

习　　题

1. 简述 CRH1、CRH2、CHR5 三种车型的编组结构。

2. 举例说明我国动车组车种和车号编码规则。

第2章 动车组运用基础

高速铁路是当代新技术的集成，是一个庞大而复杂的系统工程。铁路运输设备是完成铁路运输任务的物质基础。高速铁路主要由下列几类技术设备组成：

(1)铁路线路和沿线的各种车站。铁路线路是列车运行的基础，而铁路沿线的各种车站则是办理客货运输的基地。

(2)高速列车及其维修设备。高速列车是高速铁路的技术核心，是高速铁路的主要技术设备；维修设备又是保障列车的完好和正常运用的必要条件。

(3)高速铁路安全运行管理系统。这是高速铁路的神经中枢，是保证行车安全和提高运输效率的有力工具。

本章简要介绍与动车组运用相关的列车运行、闭塞、运行图等基础知识。

2.1 列 车 运 行

2.1.1 列车的一般概念

凡已编成并连挂在一起的车列，挂有机车或动车；并具备应有的信号(即边灯或尾灯)、乘务组及车长者，叫做列车。发往区间的单机、动力车及重型轨道车，也都按列车办理。动车组是一种特殊编组形式的列车。

列车按照运输的性质和用途可分为：旅客列车、军用列车、混合列车、运输人员列车、快运货物列车、其他货物列车及路用列车等。旅客列车按其速度和用途又可分为直通旅客特快车、直通旅客快车、旅客快车、直通旅客列车、旅客列车及市郊旅客列车等。军用列车是专门运送部队及军用物资的列车。混合列车是客货车辆混合编组的列车。运输人员列车是在临时有大量人员需要运送时新组织的列车。快运货物列车用于需要快速运输的易腐货物及牲畜等。其他货物列车包括直达、直通、区段、摘挂及小运转列车等。路用列车是装运路用材料、事故救援以及为其他公务需要所开行的列车。

为便于组织列车运行，所有在铁路各区段运行的列车都必须编定列车号码，称为车次。车次编号的原则为：凡干线上的列车向铁道部所在地的方向行驶者称为上行，编成双数；反之为下行，编为单数。支线上的列车向连接干线的车站行驶者为上行，编为双数；反之为下行，编为单数。每一对往返列车，用一两个连续数字编号。同一昼夜、同一区段内车次编号不得重复。列车编组中，规定开行的列车种类有：

(1)始发直达列车。在一个车站装车后直接编组或在相邻几个车站装车后编组，通过一个及其以上编组站不进行改编作业的列车。

(2)技术直达列车。在技术站编组，通过一个及其以上编组站不进行改编作业的列车。

(3)直通列车。在技术站编组，通过一个及其以上区段站不进行改编作业的列车。

(4)区段列车。在技术站编组，开行距离为一个区段，在中间站不进行摘挂车作业的列车。

(5)沿零摘挂列车。在技术站(或中间站)编组，在区段内中间站进行零担货物装卸和车辆摘挂作业的列车。

（6）枢纽小运转列车。在枢纽内的几个车站之间开行的列车。

2.1.2　线路分界点

为了保证铁路行车安全和必要的通过能力，铁路上每隔一定距离需要设置一个车站。车站把每一条铁路线划分成若干个长度不等的段落，每一段线路叫做一个区间。车站成为相邻区间之间的分界点。

分界点是车站、线路所及自动闭塞区间的通过色灯信号机的通称，分为有配线和无配线两种：有配线的分界点叫车站，没有配线的分界点叫线路所或自动闭塞分区的通过信号机。如图 2-1 所示。区间和分界点是组成铁路线路的两个基本环节。

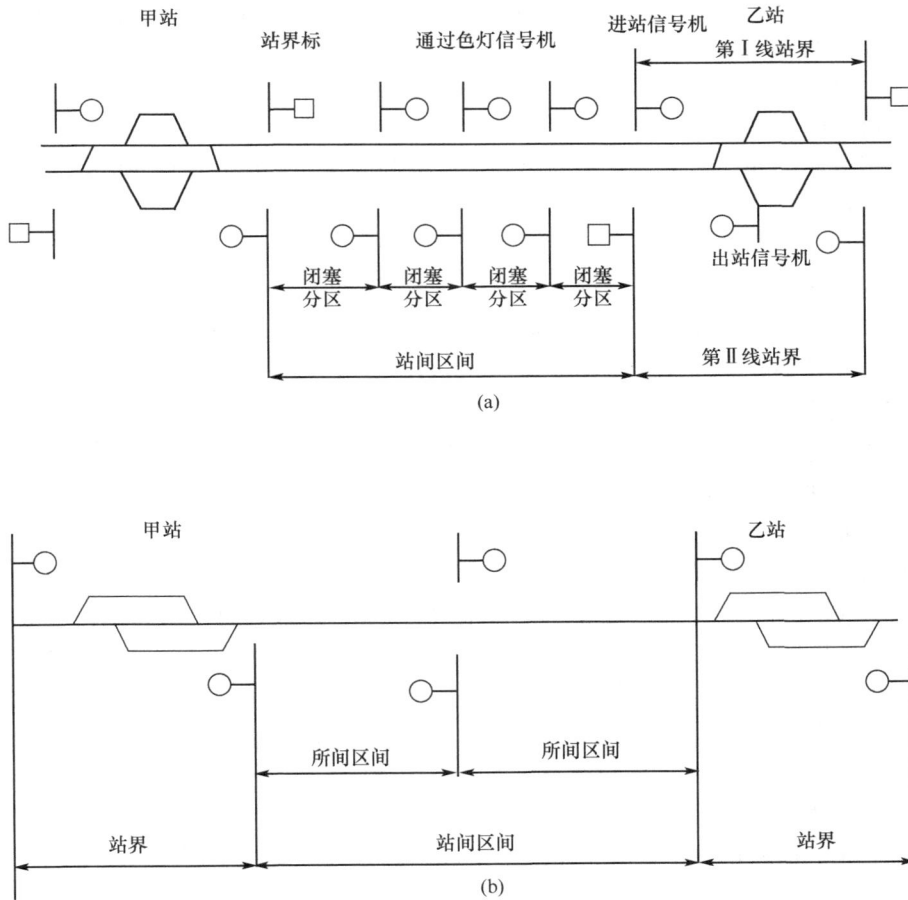

(a)

(b)

图 2-1　分界点

区间分为站间区间、所间区间及闭塞分区三类。

站间区间指两端的分界点均为车站的区间。

所间区间指两端的分界点为线路所或线路所与车站间的区间，是在非自动闭塞区段上为了提高铁路线的通过能力设置的最简单的分界点。在线路所设有通过信号机，用以划分区间，并有专人办理接发列车的工作。

通过色灯信号机是自动闭塞区段上的分界点，只设有色灯信号机，它将站间区间划分为几个闭塞分区，以提高通过能力并自动地指示列车的运行。

线路所及其通过信号机仅作调整列车运行之用，目的在于保证行车安全，以及必要的线路通过能力。

2.1.3　行车闭塞

1. 闭塞的基本概念

为保证铁路必要的通过能力和行车安全，铁路线路以车站为分界点划分成若干个区间。列车在区间内运行的时候，列车速度快、质量重、制动距离长，又不能避让。因此，必须采取技术措施确保列车在区间内运行安全，保证在同一时间内，在同一区间(站间、所间、闭塞分区间)只准许一列列车运行。我们把在规定区间，只准一列列车运行的方式称为闭塞，实现闭塞方式的设备叫做闭塞设备。

为了保证列车在区间内行车安全，列车由车站驶向区间运行的条件为：一要验证区间空闲；二要有进入区间的凭证；三要实行区间闭塞。

准许占用区间的凭证通常为车站的出站信号机和区间通过信号机的进行信号显示。当出站信号机或通过信号机的进行信号显示作为准许占用区间的凭证时，在列车进入区间后信号机应自动关闭。

在同一区间只准许一列列车运行，一旦列车占用区间，即实行闭塞。在闭塞解除之前，不许其他列车驶入。在单线区段还必须防止两个车站同时向一个区间发车，所以必须杜绝发生追尾或迎面冲突事故。

2. 闭塞的方法

行车闭塞法的作用是控制列车与列车之间保持一定距离，以保证列车安全运行。列车运行主要有两种方法：一种是时间间隔法，另一种是空间间隔法。

1)时间间隔法

时间间隔法是在一个区间里，用规定的时间将同方向运行的列车，彼此间隔开运行。即在同一区间内前次列车开出后，相隔一定时间再向同一方向开行第二趟列车。

由于用时间间隔列车，没有设备上的控制，容易发生人为的事故，安全性较差。采用这种间隔开行列车时，要求的条件也比较复杂，如区间内的坡道、瞭望条件都会影响和限制列车的运行速度。所以只有在特殊情况下(列车堵塞、事故起复后的车流疏散、战时行车、一切电话中断的行车)等采用。

2)空间间隔法

在铁路正线上每隔相当距离设立一个车站(或线路所)、自动闭塞色灯信号机，这样把铁路线路分成若干线段(区间或闭塞分区)，在同一时间，同一空间内只准许一个列车运行的方法，称为空间间隔法。这种行车方法也是我国目前所采用的闭塞法。空间间隔法的优点如下：

(1)铁路线划分很多的区间(或闭塞分区)，在一定时间内每一区间都可开行列车，可提高行车能力。

(2)在各个车站上都有为列车到、发、会让、越行而铺设的配线，可保证列车安全会让。

(3)在一个区间里只准许一个列车运行，列车可按规定的速度在区间内运行，既能提高列车行车速度，又能加速机车车辆(动车组)周转。

(4)在有的区段干线上设立线路所，对提高干线的通过能力，也起到一定作用。

在这种方式下，列车由车站驶向区间的条件：

(1)验证区间空闲。主要设备有轨道电路、计轴设备等。

(2)有进入区间的凭证。出站信号机，区间通过信号机；特殊情况下的凭证(路票、调度命令等)。

(3)实行区间闭塞。同一区间只准许一列列车运行，一旦列车占用区间，即实行闭塞，在闭塞解除之前，不准许其他列车驶入。

3. 实现区间闭塞的制度

(1)人工闭塞。采用电气路签或路牌(路票)作为列车占用区间的凭证，由接车站值班员检查区间是否空闲。因这种方法在交接凭证和检查区间状态时都是依靠人来完成的，所以称为人工闭塞。

(2)半自动闭塞。半自动闭塞利用装在区间两端车站行车室内的半自动闭塞机和两站相对出站信号机实现相互控制的一种闭塞设备。一部分由人工操作(办理闭塞及开放出站信号机)，另一部分靠列车自动完成(列车发车后，出站信号机自动关闭)。

(3)自动闭塞。将站间铁路线路划分为若干个闭塞分区，在每个闭塞分区的分界处，设立通过信号机，站内和区间均装设轨道电路。根据列车运行及闭塞分区状态，自动地变换通过信号机的显示，将闭塞分区占用情况自动地通知追踪列车，这种方法称为自动闭塞，是主要的闭塞制度。按轨道信息的编码方式，自动闭塞分为交流计数电码自动闭塞、极频自动闭塞、移频自动闭塞等；按信号显示方式，自动闭塞分为三显示、四显示自动闭塞。

三显示自动闭塞信号机颜色为红、黄、绿，分区长度1200～3000m(图2-2)。

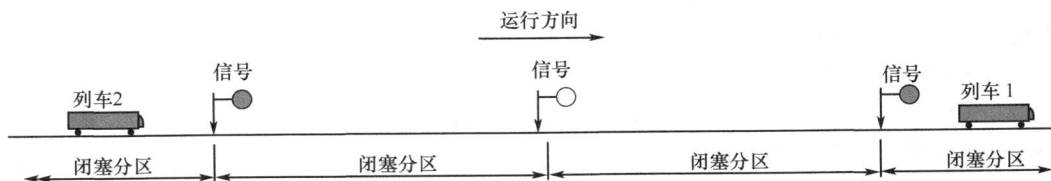

图 2-2　三显示自动闭塞方式示意图

四显示自动闭塞信号机颜色为红、黄、绿、绿黄，分区长度600～1000m(图2-3)。很显然，四显示方式区间距离短，同样长度站间区间容许更多列车驶入，运输效率高于三显示方式。

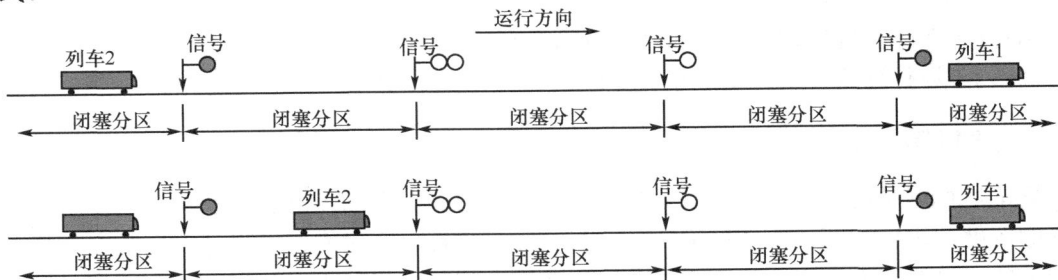

图 2-3　四显示自动闭塞方式示意图

(4)移动自动闭塞。移动自动闭塞基于先进的通信传输手段，实时地或定时地进行列车与地面间的双向通信联络，在两列车间自动地调整运行间隔，使之经常保持一定的安全距离。移动闭塞示意图如图2-4所示。

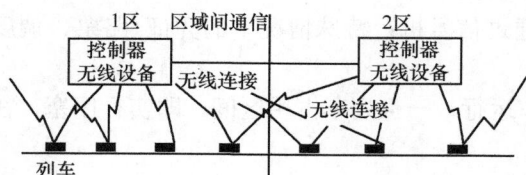

图 2-4　移动闭塞示意图

这种方法突破了固定闭塞的局限性，摆脱了利用地面轨道电路设备判别列车占用闭塞分区与否的束缚，不需要将区间划分成固定的若干闭塞分区，地面实时地向车载信号设备传递车辆运行前方线路限速情况，指导列车按线路限制条件运行，提高了列车运行安全性。这种方法的关键技术为列车的精确定位技术和车地间的双向通信问题技术。

2.2　列车运行图

2.2.1　列车运行图的概念与作用

在组织旅客和货物运输的生产过程中，列车运行是一个很复杂的环节，它要利用多种铁路技术设备，要求各个部门、各工种、各项作业之间互相协调配合，才能保证行车安全和提高运输效率。

列车运行图是铁路运输实现列车安全正点运行、经济有效地组织铁路工作的列车运行生产计划，是全路组织运行的基础。它规定了铁路线路、站场、机车、车辆等设备的运用，以及与行车有关的各个部门的工作，并通过列车运行图把整个铁路网的运输生产活动联系成为一个统一的整体，严格地按照一定的程序有条不紊地进行工作，保证行车安全。另一方面运行图是铁路向社会提供运输供应能力的一种有效形式，是组织运输生产和产品供应销售的综合计划，是铁路运输生产联结厂矿企业生产、生活的纽带。

列车运行图是运用坐标原理描述列车运行时间、空间关系，规定各次列车占用区间的程序，表示列车在铁路各区间运行时间及在各车站停车和通过时间的线条图。它主要包括以下几方面信息：

(1)根据客、货运量确定列车对数和列车车次；
(2)规定各次列车占用区间的程序；
(3)列车出发、到达和通过各分界点的时刻；
(4)列车在区间内的运行时分和站停时间标准；
(5)列车运行速度、牵引质量和长度标准。

2.2.2　运行图表示方法

列车运行图是运用坐标原理对列车运行时间、空间关系的图解表示，是对列车运行时空过程的图解，可以有两种不同的形式：一种是以横坐标表示时间，纵坐标表示距离，列车运行图上的水平线表示分界点的中心线，水平线间的间距表示分界点间的距离，垂直线表示时间；另外一种是横坐标表示距离，纵坐标表示时间，列车运行图上的水平线表示时间，垂直线表示分界点中心线，垂直线间的间距表示分界点间的距离。目前我国铁路列车运行图采用第一种图形表示形式。

在运行图上，用纵坐标表示车站中心线的位置有以下两种确定方法。
1)按区间实际里程的比例确定

即按整个区段内各车站间实际里程的比例确定横线位置。采用这种方法，运行图上的站间距离完全反映实际情况，能明确地表示出站间距离的大小。由于各区间线路平面的纵断面互不一样，列车运行速度有所不同，列车在整个区段的运行线往往是一条折线，既不整齐，也不易发现列车区间运行时分上的差错，所以一般不采用这种方法。

2）按区间运行时分的比例确定

即按整个区段内各车站间列车运行时分的比例来确定横线位置。采用这种方法时，可以使列车在整个区段的运行线基本上是一条斜直线。既整齐美观，也易于发现列车区间运行时分上的差错，所以一般采用这种方法。如图 2-5 所示，A—B 区段下行方向货物列车运行时分共计为 230min，确定横线位置时，首先确定技术站 A、B 的位置，在代表 B 站的横线上向右截取相等于 230min 的 BF 线段，得 F 点，同时按 Aa、ab、bc、cd 和 dB 区间的列车运行时，将 BF 线划分为 5 个间段，连接 A、F 两点，得一斜直线。过 5 个时间段站点作垂直线，在 AF 斜直线下可得交点，过各交点作水平线，即为代表 a、b、c、d 车站的横线。

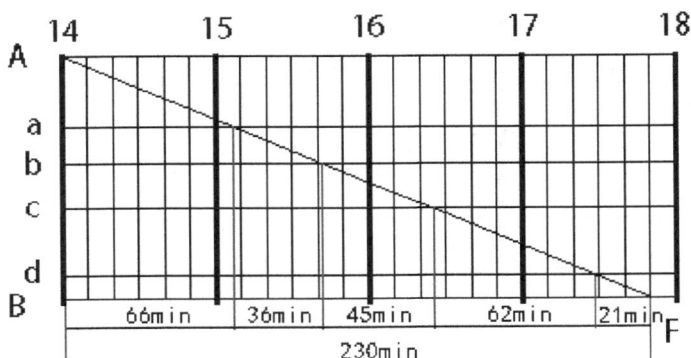

图 2-5　按区间运行时分确定车站位置示意图

为适应使用上的不同需要，列车运行图按时间划分方法的不同有如下三种格式：

（1）一分格运行图。它的横轴以 1min 为单位用细竖线加以划分，10 分格为小时格用较粗的竖线表示，如图 2-6 所示。一分格图主要在编制新运行图时使用。

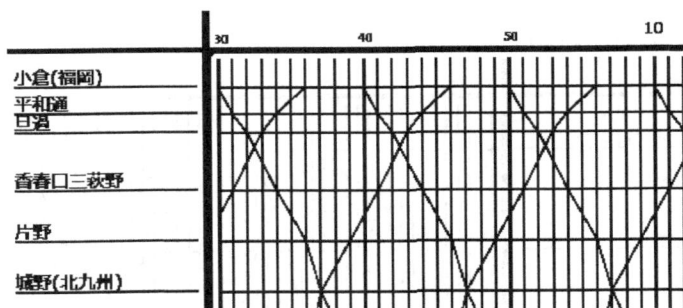

图 2-6　一分格运行图

（2）十分格运行图。它的横轴以 10min 为单位用竖线加以划分，半小时格用虚线表示，小时格用较粗的竖线表示，如图 2-7 所示。十分格图主要供列车调度员在日常调度指挥工作中编制调度调整计划和绘制实际运行图时使用。

（3）小时格运行图。它的横轴以 1h 为单位用细竖线加以划分，如图 2-8 所示。小时格图主要在编制旅客列车方案图和机车周转图时使用。

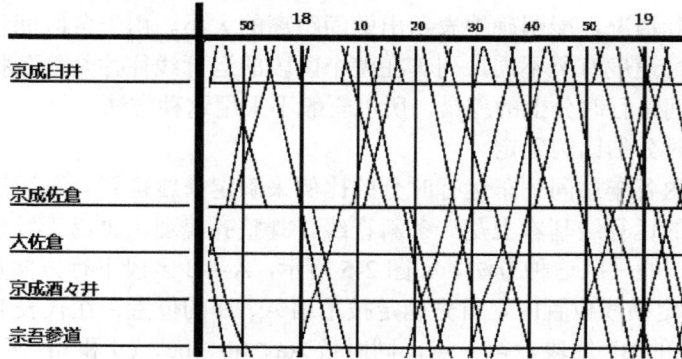

图 2-7　十分格运行图

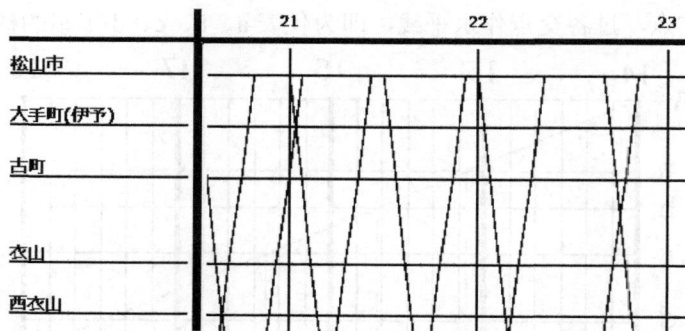

图 2-8　小时格运行图

2.2.3　列车运行图的分类

按使用范围以及铁路线路的技术设备(如单线、复线)和列车运行速度、上下行方向的列车数量、列车的运行方式等条件,列车运行图可分为多种类型。

1)按照区间正线数

(1)单线运行图。在单线区段,上下行方向列车都在同一正线上运行,两个方向列车必须在车站上进行交会,如图 2-9 所示。

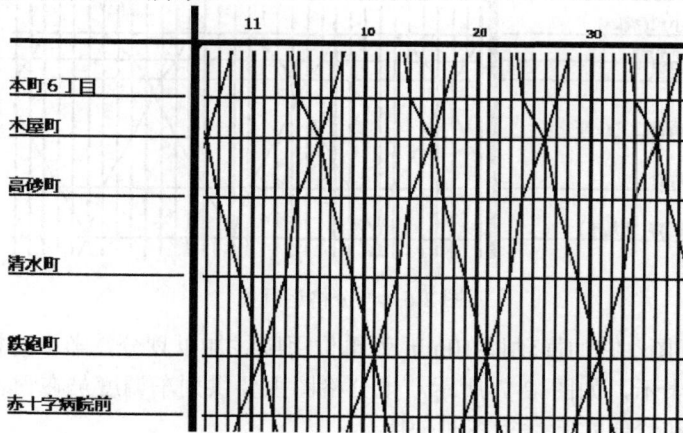

图 2-9　单线成对平行运行图

(2)双线运行图。在双线区段,上下行方向列车在各自的正线上运行,上下行方向列车的运行互不干扰，可以在区间内或车站上交会，但列车的越行必须在车站上进行，如图 2-10 所示。

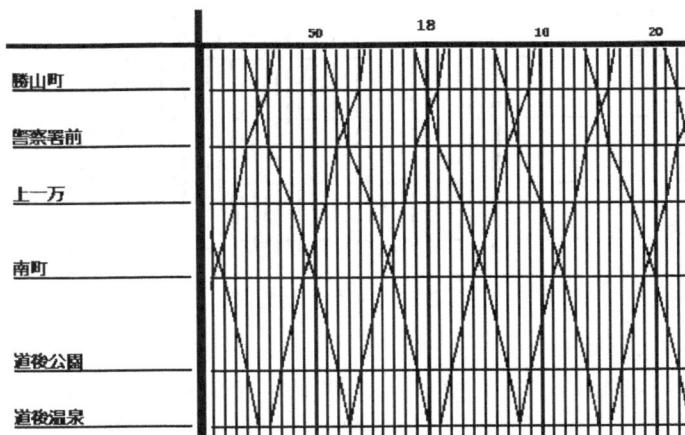

图 2-10 双线成对平行运行图

(3) 单双线运行图。在有部分双线的区段，单线区间和双线区间各按单线运行图和双线运行图的特点铺画运行线，如图 2-11 所示。

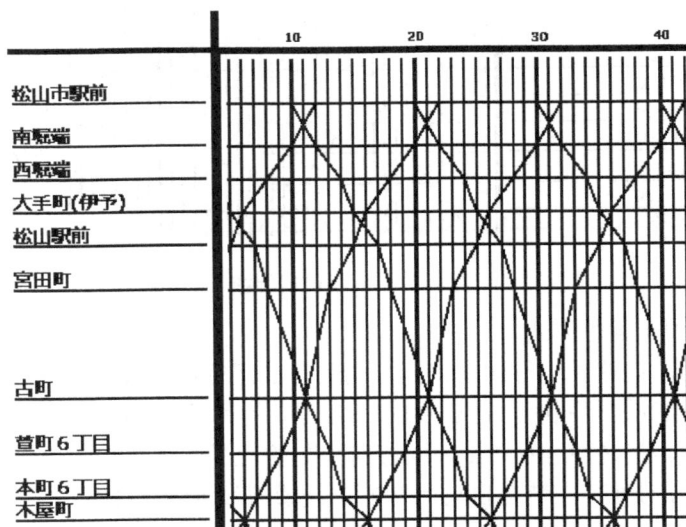

图 2-11 单双线运行图

2) 按照列车运行速度

(1) 平行运行图。在同一区间内，同一方向列车的运行速度相同，且列车在区间两端站的到、发或通过的运行方式也相同，因而列车运行线相互平行，如图 2-10 所示。

(2) 非平行运行图。在运行图上铺有各种不同速度的列车，且列车在区间两端站在到、发或通过的运行方式不同，因而列车运行线不相平行，如图 2-12 所示。

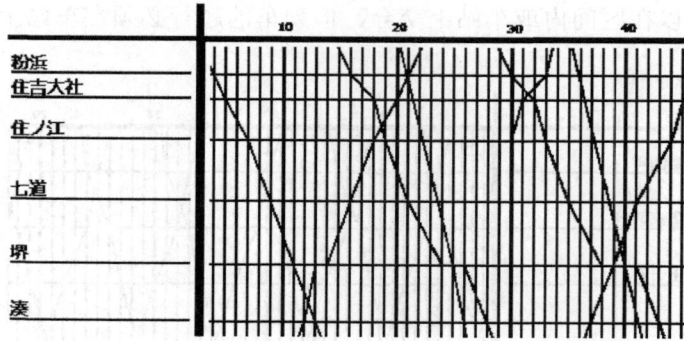

图 2-12　非平行运行图

3）按照上下行方向列车数

（1）成对运行图。这是上下行方向列车数相等的列车运行图，如图 2-9 和图 2-10 所示。

（2）不成对运行图。这是上下行方向列车数不相等的列车运行图，如图 2-13 所示。

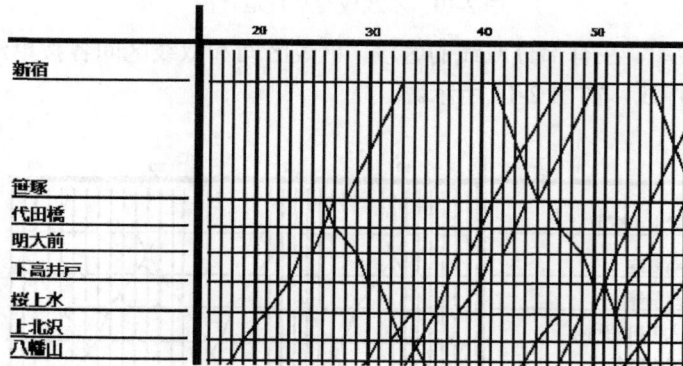

图 2-13　不成对运行图

4）按照同方向列车运行方式

（1）连发运行图。在这种运行图上，同方向列车的运行以站间区间为间隔，如图 2-14 所示。单线区段采用这种运行图时，在连发的一组列车之间不能铺画对向列车。

（2）追踪运行图。在这种运行图上，同方向列车的运行以闭塞分区为间隔，同一时刻在两个车站间有多个同方向列车在装有自动闭塞的单线或双线区段上采用。

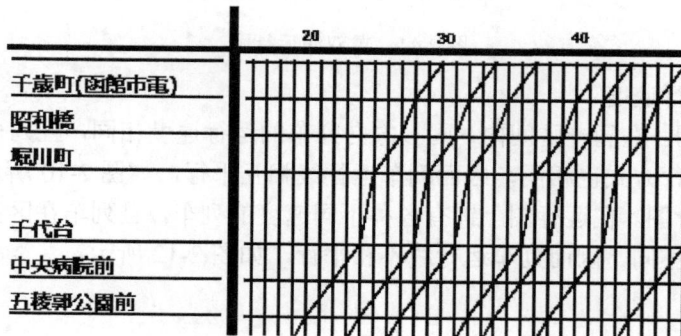

图 2-14　连发运行图

　　上述分类都是针对列车运行的某一特点而加以区别的。实际上，每张列车运行图都具有多方面的特征。例如，某一区段的列车运行图(图 2-10)，它既是双线的、平行的，又是成对的。

2.2.4　运行图的识别

　　(1)运行图横纵坐标如前所述。运行图中的斜线表示列车的运行，斜线和横轴的夹角的大小，表示列车的运行速度的高低，夹角越大，列车运行速度越高。

　　(2)运行图上的列车运行线(斜线)与车站中心线(横线)的交点，即列车到、发或通过车站的时刻，根据列车运行图的格式，到发时刻有不同的表示方法。在一分格图上，以规定的标记符号表示，不需填写数字；在十分格图上，填写 10min 以下数值；在小时格运行图上，填写 60min 以下数值，所有表示时刻的数字，都填写在列车运行线与横线相交的钝角内。列车通过车站的时刻，一般填写在出站一端的钝角内。

　　(3)在运行图上，铺画有许多不同种类列车的运行线，为了便于识别，对各种列车采用不同的表示方法，并对每一列车冠以规定的车次，标在区段的首末两端区间相应列车运行线的上方。上行列车的车次为双数，下行列车的车次为单数。我国铁路规定向铁道部所在地的方向为上行方向，反之为下行方向。

2.2.5　列车运行图要素

　　列车运行图虽有各种不同的类型，但它是由一些基本要素所组成的。列车运行图要素包括：列车区间运行时分；列车在中间站的停站时间；机车(动车)在基本段和折返段所在站的停留时间标准；列车在技术站、客运站和货运站的技术作业过程及其主要作用时间标准；车站间隔时间；追踪列车间隔时间。

1. 列车区间运行时分

　　列车区间运行时分是指列车在两相邻车站或线路所之间的运行时间标准，它由机务部门根据《牵引计算规程》，采用牵引计算和实际试验相结合的方法进行查定。

　　由于旅客列车和货物列车的运行速度各不相同，上下行方向的线路平面、纵断面条件和列车质量也不相同，所以列车区间运行时分应按各种列车和上下行方向分别查定。此外，列车区间运行时分还应根据列车在每一区间两个车站上不停车通过和停车两种情况分别查定。列车不停车通过两个相邻车站所需的区间运行时分称为纯运行时分。列车到站停车的停车附加时分和停站后出发的起运附加时分，应根据机车类型、列车质量以及进出站线路平面、纵断面条件查定。

2. 列车在中间站的停站时间

　　为办理列车的技术作业及客、货运作业等在车站上所需要的最小停站时间标准。如列车甩挂作业、摘、挂补机、更换机车、车辆技术检查、试风、旅客乘降、行李包裹装卸、零担货物装卸、快运货物列车加冰、旅客列车上水等。缩短列车停站时间，对提高列车旅行速度和铁路区间通过能力有重要作用，因此要最大限度地考虑平行作业的可能性，以求尽量缩短停站时间，提高列车的旅行速度。车站的停站时间标准，由各个车站用分析计算和实际查标相结合的办法确定。

3. 机车(动车)在基本段和折返段所在站停留时间标准

　　机车(动车)在折返段所在站应办理的作业有：在到发线上的到达作业，包括到达试风、摘机车、准备入段进路等；入段走行；在段内作业；出段走行；在到发线上的出发作业，包括挂车、出发试风等。该时间取决于动车组的周转方式、机务、车站设备条件、动车组经路和作业方式等，由车、机两部门在车站和机务段共同进行查定。

缩短动车组在自、外段、站的折返停留时间，有利于加速动车组的周转，提高其运用效率。

4. 列车在技术站和客货运站的技术作业时间标准

在编制列车运行图时，需具备技术站、客货运站技术作业过程的主要作业时间标准，必须编制与车站技术作业过程相配合的列车运行图。它包括：

(1)在到发车场内办理各种列车作业的时间标准；

(2)在驼峰或牵出线上解体和编组列车的时间标准；

(3)旅客列车车列在配属段、折返段所在站的停留时间标准；

(4)货物站办理整列或成组装卸作业时间标准。

上述标准，一般根据《车站行车工作细则》确定。

5. 车站间隔时间

车站间隔时间是在车站上办理两列车的到达、出发或通过作业所需要最小间隔时间。常用的车站间隔时间包括不同时到达间隔时间、会车间隔时间、同方向列车连发间隔时间、同方向列车不同时发到间隔时间和不同时到发间隔时间等几种，其值大小与车站信号、道岔操纵方法、车站邻接区间的行车闭塞方法，以及车站类型，接近车站线路的平、纵断面情况，动车组类型，列车质量和长度等因素有关。在查定车站间隔时间时，应遵守有关规章的规定及车站技术作业时间标准，以保证行车安全和最有效地利用区间通过能力。

6. 追踪列车间隔时间

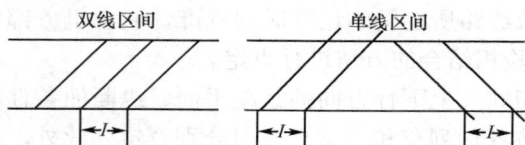

图 2-15　追踪列车间隔时间图

在自动闭塞区段，一个站间区间内同方向可有两列或两列以上列车，以闭塞分区间隔运行，称为追踪运行。追踪运行列车之间的最小间隔时间，称为追踪列车间隔时间，如图 2-15 所示。追踪列车间隔时间，取决于同方向列车间隔距离、列车运行速度及信联闭设备类型。

2.2.6　列车运行图编制

随着铁路客货运量的日益增长和运输市场的发展变化，铁路技术设备和运输组织工作的不断改进，以及列车牵引质量和运行速度的逐步提高，每经过一定时期，就有必要重新编制一次列车运行图。全路列车运行图的编制或调整工作，按铁道部统一规定进行。必要时，各局可在运行图实行期间对管内列车进行局部调整。

铁道部由运输、机务、车辆、工务、电务、计划等有关部门负责人组成领导小组，负责编图的组织领导工作，确定编图的原则、任务和步骤，组织有关铁路局协商拟定全路跨局旅客列车运行方案，解决局间列车交接的有关问题，审查各局提报的编图资料和各局编制的列车运行图。各铁路局也由运输、客运、机务、车辆、工务、电务等部门的有关人员组成编图小组，按照铁道部的统一部署，认真准备好编图资料，负责完成本局的运行图编制工作。

1. 铁路局应当向铁道部提供的材料

(1) 各区段客货列车行车量;

(2) 车站间隔时间和追踪列车间隔时间,以及必要的列车运行图缓冲时间;

(3) 各区段通过能力;

(4) 客货列车停车站名和停站时间标准;

(5) 各技术站主要技术作业时间标准;

(6) 客车车列在配属段、折返段停留时间标准;

(7) 客货列车区间运行时分和起停车附加时分;

(8) 各区段货物列车质量标准;

(9) 机车在基本段和折返段作业时间标准,机车运用方式和乘务组工作制度;

(10) 各区段线路允许速度;

(11) 施工计划以及慢行地段和慢行速度;

(12) 现行列车运行图完成情况的分析。

2. 编制运行图时需要满足的要求

(1) 保证列车运行的安全。

(2) 迅速、便利地运输旅客和货物,最大限度为旅客提供方便。针对不同旅客服务的列车其运行线的安排要符合其出行规律。上班、上学客流以及早出办事或旅游,傍晚回归的客流,在相应的车站应安排早(6:30~9:00)、晚(16:30~19:00)列车密集到发;白天办完事愿意夜间返回的旅客应安排相应的夕发朝至列车,这种列车的夜间运行时间一般应在 9 小时以上,以保证旅客有足够的睡眠时间。为便于旅客乘坐自己认为合适的车次,一些核心列车的到发点宜多年固定不变;列车运行图还必须保证各车站的旅客一天中有较多可乘坐的车次可选择,即必要的服务频率。由于必须保证旅客列车有较高的旅速,要限制列车的停站次数。

(3) 充分利用铁路通过能力,经济合理地运用机车车辆。在铺画列车运行线时,应消除各种不必要的停留时间;同时,要妥善安排工务部门的施工计划,保证线路大修施工和日常运输两不误。

(4) 应将区间通过能力利用率控制在一定的允许范围内,确保列车运行图具有一定的弹性。

(5) 列车运行图要与列车编组计划和车站技术作业过程相协调。

(6) 保证各站、各区段间工作的协调和均衡。

(7) 合理安排乘务人员的作息时间。

3. 旅客列车运行图编制方法

列车运行图的编制通常分两步进行:第一步编制列车运行方案图,着重解决运行图的全面布局问题;第二步根据方案图铺画详细的运行图,即详细规定出每一列车在各个车站上到、发或通过的时刻。

编制旅客列车运行方案时,需方便旅客旅行,在安排旅客列车运行线时,必须把方便旅客旅行作为一项基本要求;经济合理地使用机车车辆;保证旅客列车运行与客运站技术作业过程的协调;为货物列车运行创造良好条件。

根据旅客列车运行方案,按照上述各种列车的铺画顺序,可在一分格运行图上详细铺画各种列车运行线，即所谓铺画详图。在编制列车运行详图时，除国际联运的旅客列车在国境站的持续时刻不得变更外，其他列车的运行时刻尚可作小量必要的调整，以便创造更好的会让和运行条件，与货物列车运行取得较好的配合。

4. 电力牵引区段列车运行图的编制

在电气化线路上，牵引变电所的功率与分布、接触网的导线截面与运行图类型和铺画方式之间有着密切的关系。在编制运行图时，必须充分考虑供电设备的条件。区段内两变电所之间同时运行的列车数越多、列车离变电所的距离越远、线路坡度越陡，以及列车的质量越大，接触网的负荷和从接触网到机车受电弓的电压损失也就越大。编制时需注意以下方面：

（1）为了保证供电设备有最良好的工作状况，使列车达到最高的运行速度，首先要求运行线在时间和空间上尽可能均衡分布。

（2）线路断面为下坡道和上坡道相互交错的区段，应力求使一个馈电区范围内同时处于上坡位置的列车数少，尤其对位于两个牵引变电所之间中部地段的各区间更需如此。

（3）在采用再生制动的区段内，应注意上坡列车和下坡列车在时间上相互配合。这样可使上坡列车所需要的大量电流，有一部分可以利用下坡列车施行再生制动时向接触网反馈的电流来补偿。

（4）为了避免供电设备超过规定的负荷，应防止由牵引变电所间的同一地段内各分界点同时发出几个列车，各列车的启动和加速在时间上应彼此错开 2～3min。

（5）离牵引变电所较远的区间，因接触网上电压下降幅度较大，应选择合理的会车方案。

（6）在双线区段，应充分利用电力牵引条件下货物列车和旅客列车运行时分相差较小的特点，尽量组织列车无越行运行，可显著提高旅行速度。

（7）在列车运行图上，应为接触网的日常检查与维修留出必要的"空隙"时间。此时，接触网应分为几个分段分别进行遮断。单线线路在分段的电流被遮断后，行车即完全中断，而双线线路在一条正线被遮断的时间内，另一条正线仍可作单方向或双方向行车之用。

（8）在线路大修施工期间，施工"空隙"之后，往往要密集放行列车，此时应注意各列车之间保证有一定的间隔时间。

2.2.7 高速铁路的列车运行图

1. 高速铁路列车运行图的特点

1）高峰时段的密集性

为旅客旅行提供快捷、舒适的旅行条件是高速铁路运输组织工作的出发点，高速铁路的列车运行图其列车运行线的安排必须满足旅客出行规律的要求。我国铁路客流平均行程为 400 多公里，旅客的出行规律大体是早出晚归，早（6:30～9:30）晚（17:00～20:00）将形成列车密集发车、到达的高峰时间带。高速铁路（或客运专线）高峰时段的旅客列车，尤其是短途旅客列车几乎是按最小追踪列车间隔密集到发的。

2）与既有线的协调性

在高速铁路上运行时旅客列车都应有一定的旅行速度要求，以保证较短的旅途时间。在一定技术条件下，列车旅行速度与停站次数和停站时间有关。为提高服务频率，缩短旅客候车时间，中间站要求有较多的列车停站；为使旅客有充裕的时间上、下车，停站时间应长一点。高速铁路列车运行图的编制要妥善解决保证一定的旅行速度与提高服务频率之间的矛盾。必须尽可能减少高速列车越行中速列车的次数，且尽可能使客运停站与越行相结合。

3)运行线的高弹性

为保证列车的高正点率，列车运行图必须要有足够的应变能力，即具有高度的弹性；当列车运行紊乱时，要能尽快恢复正常，以保证能经常处于按图行车的状态。为此，列车运行线间要预留一定的冗余时间，以减少个别列车晚点的影响；或者预留一定数量的备用线，让晚点列车按就近的备用线运行。

4)有效时间带的出现

高速铁路一般 0～6 点都作为"天窗"时间，作为线路及牵引供电设备的养护维修时间。由于"天窗"多采用矩形，列车只能在 6 点钟及其以后出发，0 点钟及其以前到达，因此，对不同运行距离的列车就形成了有效时间带，见图 2-16。设列车运行在 A—B 间，平均旅行时间为 4 小时，则 6 点自 A 站发出的列车，10 点到 B 站，零点到 B 站的列车在 A 站必须在 20 点发出。

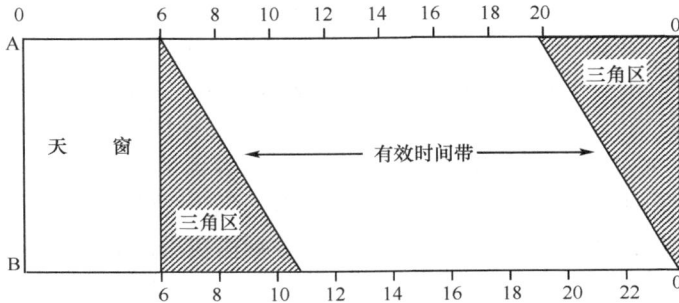

图 2-16　有效时间带示意图

该种列车只能铺画在 6～20 点间。图 2-16 中的三角区对该种列车是无效的，只能用于铺画运行时间较短的列车。高速铁路列车运行图的铺画必须遵守并充分运用这一规律，以充分利用其区间通过能力。

2. 列车运行图基本要素的确定

列车运行图基本要素在一定程度上影响区间和车站通过能力的充分利用、运输设备的效率及列车的旅行速度。高速铁路列车运行图基本要素的确定应在保证列车运行安全的前提下，按先进的作业组织和操作方法进行确定。

(1)追踪列车间隔时间。高速列车按 3min 设计，近期按 4min 使用；跨线中速列车按 4min 设计和使用。

(2)列车区间运行时间。高、中速列车运行时间应采用牵引计算确定。

(3)列车起停车附加时间。起停车附加时间采用牵引计算结果，但高速及中速的起车附加时分均应不大于 2min，停车附加时分均应不大于 1min。

(4)列车在站停车时间。高速列车在枢纽客运站 2～5min，在中间站 1～3min；中速列车在枢纽客运站 4～6min，在中间站 2～4min。

(5)动车组折返时间。在站立即折返 20～25min。入段作业 90～120min。

(6)天窗时间内按单线行车时的车站间隔时间。不同时到达时间 $\tau_{\text{不}}$=3min；会车间隔时间 $\tau_{\text{会}}$=1min；不同时通过连接双线和单线车站的时间 $\tau_{\text{不通}}$=4min。

3. 高速列车运行图的编制

1)编制原则

(1)充分保证列车运行安全、正点。编制列车运行图时必须严格遵守各种间隔时间标准及运行时分的限制。列车运行线的安排，应尽可能减少或避免敌对进路的出现。为提高列车运行正点率，列车运行线间要留一定的冗余时间，保留一定的应变弹性，一旦个别列车晚点，有调度调整的余地。在运行图上还应设置若干备用线，有的晚点列车可利用备用线运行。

（2）最大限度地为旅客提供方便。运行图的编制要为旅客提供极为方便的乘车条件，运行线的安排要符合不同旅客服务的出行规律，便于旅客乘坐自己认为合适的车次；一些核心列车的到发点宜多年固定不变；同类列车在运行图上应尽可能均衡排列、有规律，实行类似德国的节拍式运行；列车运行图还必须保证各车站必要的服务频率，限制列车的停站次数；相同发到站的列车可采取交替停站的办法。

（3）统筹协调高速线与既有线的衔接问题。我国高速铁路建设一般都与铁路扩能相结合，都要与既有线相连接，是铁路网的组成部分，而不是独立系统。为输送跨线客流，无论采取跨线列车上、下高速线还是高速列车下高速线的方式，都存在着高速线与既有线列车运行线的衔接问题。即使是采取换乘方式，接续车次也有衔接问题。

高速线与既有线相关的列车运行线必须统筹兼顾，高速线维修天窗的设置必须考虑这一因素。高速线与既有线列车运行线的衔接是一个复杂的统筹优化问题，是谋求两者最好的经济及社会效益问题，涉及两线运输资源的有效利用及对客流的吸引能力。

（4）合理利用运输能力。我国铁路客流量比较大，列车运行图的编制必须考虑合理利用运输能力问题。为合理利用运输能力，在满足旅客出行规律需求前提下，必须处理好以下问题：

①高中速列车运行线的排列。高速铁路区间长，而高、中速列车的速差又比较大，可组织两列中速列车追踪运行，但这要受到全路客车方案的约束；实际编制中，前后两列高、中速列车所造成的空费时间，可以被短途高速列车或空车底回送利用。凡可利用的空费时间应充分利用。

②长、短途高速列车运行线的排列。在非天窗时间内，不同运行距离的列车都有自己的有效时间带。在有效时间带内应优先安排长途列车。剩余的短途列车运行线可利用长途列车有效时间带以外的三角区。

③动车组的套用。动车组的套用可以节省投入运用的车组数量，也涉及运输能力的利用问题。列车运行图编制时要尽可能杜绝空车底的回送和调配。为此，动车底要灵活运用，可反向（折返）套用，也可顺向（同一方向的两列车）套用。非枢纽站夜间最后一班车应尽可能驻留该站，以供次日首发列车使用。

上述列车运行图的编制原则是互相制约的，编制列车运行图的技巧和艺术，就是如何协调处理好各种关系。

2）编制过程

（1）中速列车衔接点的确定。在旅客列车开行方案已确定的情况下，则可进行列车运行图的编制。首先应根据全路（全国）旅客列车的开行方案，确定中速列车（含高速线的高速列车，以下同）由既有线上高速线的时间，即在高速线上的首次发车时间；中速列车由高速线下既有线的时间，即在高速线上的最终消失时间。有了以上两种时间，结合高速列车的发车点，采取顺推和倒推的方式，则可铺画中速列车运行线。

（2）高速列车发车点的设定。首先安排核心列车（如北京至某地的直达列车等）、朝发夕至的列车和夕发朝至等列车的发车点。在此基础上，相对均衡地分布各种列车的发车点，但列车的发车点必须在各自的有效时间带之内。

（3）列车运行线的铺画。无论是人工铺画还是用计算机铺画，都允许在一定范围内，移动列车的始发点，但挪动高速线与既有线列车运行线的衔接点，要再次与全路客车开行方案协调。无论是高速列车还是中速列车，铺画的运行线都必须体现事先设定的停站方案。杜绝以减少停站(降低服务频率)来换取较高的旅速。

(4)备用运行线的铺画。客运专线，尤其是高速铁路，应根据运输能力的利用情况，铺画一定的备用运行线供运行调整用。备用运行线分别按高、中速列车均衡铺画在各个时间段；备用运行线一般应设较多的停站，以备灵活运用。备用运行线的设置应不影响正式运行线的铺画，尤其不能降低列车的旅行速度。计算区间通过能力利用率时，不应计入备用运行线。备用运行线的设置也可与季节性列车运行线相结合。

(5)列车运行图指标的计算。高速铁路列车运行图应计算以下指标：

①站间直达高速列车的旅行时间及其旅行速度(h；km/h)；

②高速列车平均旅行速度(km/h)；

③跨线列车平均旅行速度(km/h)；

④长编组和短编组高速动车底投入运用的数量(组/日)；

⑤高速和跨线列车公里(km/列、日)；

⑥长、短编组高速动车底平均每个车底的列车公里(km/列、日)等。

习　　题

1. 什么是闭塞？有哪几种闭塞方法？
2. 什么是列车运行图？它的作用是什么？如何识别运行图？
3. 简要说明列车运行图的要素。
4. 高速列车运行图有哪些特点？

第3章 动车组运用与专业管理

动车组特别是高速动车组在我国的运用时间不长，运用经验尚缺，运用管理、运行模式都基于既有线机车、车辆的管理经验，尚需不断进行尝试、探索，从而总结出我国高速动车组的运用模式。本章基于既有线运用管理简单介绍动车组运用管理相关知识内容。

3.1 运用管理组织及内容

3.1.1 运用管理部门的体制及职责

我国铁路运用管理工作贯彻"统一指挥、分级管理"的原则，以利于充分发挥各级机运用管理组织的职能作用。管理体制如图 3-1 所示。

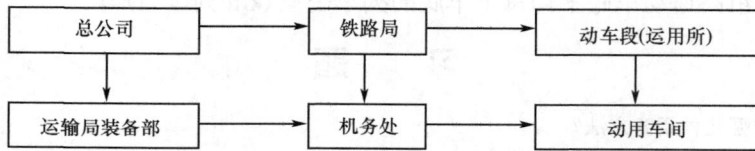

图 3-1 运用管理组织机构

各级运用组织的职责如下。

1. 总公司

(1)对全路机车运用工作统一规划，综合平衡。

(2)制定有关运用的规章制度及全路运用工作人员的培训规划和乘务员任职条件。

(3)确定、调整全路机型，审定各铁路局的年度配属，编制列车运行图，审批跨局动车周转图、交路、牵引定数，掌握乘务制度、运转制、乘务员换班方式。

(4)负责全路机车、动车及救援列车的调度指挥。

(5)审批乘务员驾驶证。

2. 铁路局

(1)执行铁道部的命令指示，根据铁道部有关规定，制定本局机车(动车组)运用的有关细则、办法和作业标准。

(2)审定动车组运用计划。

(3)确定动车段(机务段)的动车组(机车)配属。

(4)审批动车组、机车报废、出租，负责全局长期备用动车(机车)管理。

(5)审定各动车段(机务段)提报的列车运行图和动车组(机车)周转图资料。

(6)确定全局救援列车的配制，负责全局机车和救援列车的管理及调度指挥。

(7)审核上报机务部门报表资料。

(8)拟定本局动车组、机车乘务员配备计划，组织动车组、机车乘务员的培训、考核和晋升。

3. 动车段(运用所)

(1)贯彻执行上级的命令指示及有关规章、标准,认真执行列车运行图、周转图,按计划供应质量良好的动车组(机车),全面完成年、季、月度动车组(机车)运用计划。

(2)加强乘务员的管理,负责乘务员的任免、教育、培训、晋升考试及技术考核。

(3)运用现代科技手段,强化安全管理,不断加强安全基础工作,质量良好地完成运输生产任务。

3.1.2　动车组运用管理的内容

动车组的运用管理工作是高速铁路运输组织工作的重要组成部分,运用管理工作的内容丰富,范围广泛,主要有以下几个方面:

(1)运用组织。统一指挥、分级管理。

(2)动车组的运用。动车组交路和周转方式。

(3)乘务员的使用。乘务制度和换班方式。

(4)动车组能力。牵引定数、运行时分和技术作业时分。

(5)动车组生产活动组织。动车组周转图。

(6)动车组生产任务和指标。动车组运用指标计划。

(7)调查研究。动车组运用分析。

(8)行车安全。制度、措施和章程。

(9)行车组织指挥。内外勤和地勤工作管理。

(10)适应特殊情况下运输需要。专运动车组、机车(班)。

(11)救援列车的管理和出动。

(12)非值乘人员登乘动车组、机车的管理。

(13)动车组的配属、调拨、回送、备用及保养。

(14)乘务员的培养、教育、考试、提升和人事管理。

3.1.3　动车组的管理

1. 动车组配属与使用

动车组由铁道部统一管理,统一调配,实行配属制度。所谓配属制度,就是铁道部根据运输任务的需要和运输设备条件等因素将动车组配属给各铁路局、动车段使用和保管的制度,以完成运输生产任务。

配属原则:

(1)根据铁路建设的规划发展和客运量的变化趋势,远期、近期相结合,各地所配属的动车组要力求稳定,避免频繁调动。

(2)车型力争集中统一。有利于动车组的运用管理与检修的布局安排。

(3)要适应运输设备的基本条件。动车组的基本性能及构造条件要与该区段线路的限制坡道、钢轨质量、桥梁等级、最小曲线半径、允许速度、站线有效长度以及气候特点等具体条件相适应。

(4)车型配置应与修理工厂的专业化修车方案相吻合并力求缩短动车组检修时的回送距离。

2. 动车组的分类

此处所指的分类是指从管理角度进行的分类,而非技术角度。由于动车组车型不同,运用情况复杂，为了正确统计、考核与分析有关动车组运用状况等，必须对动车组进行分类。分类有以下几种：按动车组的配属关系，分为配属动车组与非配属动车组；按动车组的支配使用关系，分为支配动车组与非支配动车组；按动车组的工作状况，分为运用动车组与非运用动车组。

1）配属动车组和非配属动车组

配属动车组：根据铁道部配属命令，拨交铁路局、动车段保管、使用的动车组。配属动车组包括：在工作中、等待工作中和技术作业中的动车组；在检修和待修中的动车组；在长期备用和短期备用中的动车组；等待报废和交接过程中的动车组。

非配属动车组：是指原配属关系不变，由于工作需要，根据铁道部命令，由他局（段）派至本局（段）助勤的动车组。还包括某些临时加入支配的动车组（如跨段轮乘的动车组和未配给局（段），委托进行动力试验或运行考核的新造动车组）。

配属、非配属动车组的转变时分：

（1）凡新购置、新造或在段调拨的动车组，依据铁道部运用部门拍发的电报和机调命令，自实际交接完了共同签字时分起加入配属。

（2）在工厂或动车段修竣后调拨的动车组，自验收员签字时分起加入配属。

（3）报废动车组，自铁道部核备"动车组报废申请核准书"后并电复时起取消配属。

2）支配动车组和非支配动车组

支配动车组是指本局（段）有权支配使用的动车组。支配动车组不一定都是本局（段）的配属动车组；本局（段）的配属动车组也不是都有权支配。

非支配动车组是指在配属动车组中本局（段）无权支配使用的动车组，其中包括根据铁路局命令批准的长期备用、出助的动车组以及按租用合同办理的出租动车组。

3）运用动车组和非运用动车组

运用动车组为参加各种运用工作的动车组。包括担当工作以前必须进行必要的准备工作、等待工作的动车组，以及中间技术检查动车组和经铁道部命令批准的其他工作的动车组。

非运用动车组为未参加运用工作而处于停留或修理状态中的支配动车组。包括备用、检修及铁道部命令批准的其他动车组。

3. 动车组的调拨

动车组的调拨，由铁道部决定，以部运输局的电报和部调度命令为准；动车组状态应符合运用条件。原配属单位应做好交接准备工作，填写移交记录，办理移交手续。

4. 动车组的回送

动车组因新配属、调拨、出助、出租、检修等需要时要进行回送。动车组的回送一般采用专列方式进行。从动车组动力可使用状态划分，分为有动力回送和无动力回送两种，亦称为有火回送和无火回送。动车组回送的相关规定如下：

（1）动车组回送运行时，须安排动车组司机及随车机师执乘。

（2）动车组回送由动车组有关运用所、铁路局提出注意事项，列车调度员应根据所提事项，发布有关调度命令。

（3）动车组回送时不得通过驼峰。

（4）动车组在回送中不得实施紧急制动。发生紧急制动后，动车组随车机师应确认转换车钩的连接状态。

(5)动车组有火回送时按客运列车办理，过境局应按动车所属局请求指派带道司机。

(6)动车组无火回送时应办理专列回送，编组不得超过 16 辆。与机车连接用中间转换车钩，机车提供 DC110V 电源，限速 120km/h。

(7)动车组必须随车配备中间转换车钩及 DC110V 电源连接线。

动车组的无火回送采用回送车与动车组固定连接，由客运机车牵引回送。由于动车组两头车采用密接车钩，其高度为 1000mm，而回送车车钩距轨面高度为 880mm，为 15 号车钩，所以回送车与动车组需要通过过渡车钩连接，连接方式如图 3-2 所示。

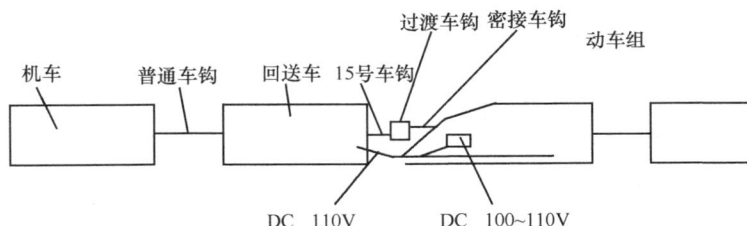

图 3-2　动车组回送连挂方式

3.2　动车组运用方式及制度

3.2.1　动车组的运用方式及分析

我国既有铁路的客车车底使用方式是车底有固定配属，车底在配属段和折返段之间运行车底运行区段固定。参照既有铁路客车车底运用方式，根据动车组可运行的区段形式，可将动车组的使用划分为固定方式、不固定方式和半固定方式。

1. 固定方式

与既有铁路车底运用方式一致，动车组只在固定的区段内往返运行，动车组的这种使用方式称为固定方式，如图 3-3 所示。

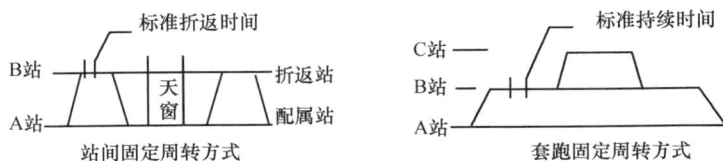

图 3-3　动车组的固定使用

固定方式又分为站间固定方式和两区段套跑方式。站间固定是指动车组只在车站 A、车站 B 之间接续周转运行；套跑方式是指动车组可以在 AB 及 BC 两个区段运行，根据运行图情况动车组终到 B 站之后，可以挂运行线到达 C 站，也可以挂线返回 A 站，终到 A 站的动车组只能挂线到 B 站。终到 C 站的动车组，只能挂线运行到 B 站。这是目前动车组运用的主要方式。

采用固定方式，动车组在固定的区段内运行，有利于动车组的管理；可以根据区段内特点采用不同的编组方案，动车组的运用组织相对比较容易。但固式方式也存在着一定的缺陷：

(1)不能很好地解决动车组的维修问题。动车组检修基地采用集中配置，即设置维修中心，负责某一区域或某一型号动车组的维修方式。那么，在不包含检修基地或距离检修基地较远的区段运行的动车组需要维修时，特别是高级别修程的维修时，不仅需要备用动车组替代其运行，而且需要专程回送。这样，对动车组的使用和运输组织实际上都会带来极大的不便。

（2）动车组非生产时间长，利用率较低，因而，需要使用较多数量的动车组。

2. 不固定方式

不固定方式以高速铁路全线为统一系统，充分考虑动车组的维修问题和动车组的使用效率问题，它的含义是，在假定各动车组之间没有差别的情况下，不固定各动车组运行区段，根据需要可以在任何高速区段之间运行，如图 3-4 所示。

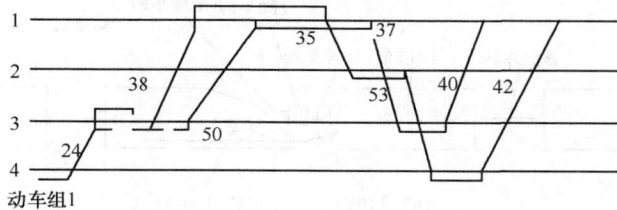

图 3-4　动车组的不固定使用

图中动车组可以根据需要运行 24、38、35、53、42 等五条运行线，也可根据需要运行 24、50、37、40 等其他运行线，可以运行的区段没有限制。动车组可以连续运行的基本原则是满足动车组转线、整备等接续时间要求。

与固定方式比较，在不固定方式下，动车组可在任何区段间运行。因此，在动车组使用过程可以根据其运行状态对其中必须在检修基地进行维修的动车组预先安排其运行交路，使其通过检修基地所在地，从而得到及时维修，这样就能实现运用计划和维修计划一体化的思想。另外，只要满足接续时间要求，动车组就可运行不同的运行线，从而有可能提高动车组的使用效率，减少动车组的使用数量。因此，不固定方式是动车组使用比较合理的方式。

但是这种方式也有一些不足，由于周转接续安排得较紧密，当出现一些大的随机干扰时，运用计划比固定方式更容易受到影响；由于假定各动车组之间无差别，动车组的编组不能根据区段客流特点改变。

3. 半固定方式

个别动车组采用固定运行方式，而另外的动车组采用不固定运行的方式。

3.2.2　动车组交路及运转制度

1. 动车组交路

目前动车组运用的主要方式是固定方式（包括站间固定和套跑）。动车组的交路是就指动车组担当运输任务的固定周转区段，即动车组从动车段或运用所所在站到折返段所在站之间往返运行的线路区段。动车组交路的确定是组织运用工作，确定运用所设施和配置、车型分配、运用指标的重要依据，担当的交路数多，交路长对减少铁路建设投资和铁路运输费用以及提高动车组的运用效率是非常有益的。确定交路是一个比较复杂的工作，必须同时考虑现有线路情况、动车组的类型、行车组织的特点及客流情况，沿线的自然条件和生活条件等因素。确定交路的基本原则为：

（1）适应铁路发展的需要，本着节约投资的方针，有利于提高线路通过能力。

（2）考虑运输组织的分工，合理发挥动车组长距离运行的优势。

(3)统筹安排乘务员劳动和休息时间，合理利用动车组性能，提高运用效率。

(4)近期与远期相结合，适应铁路发展的远期规划。

动车组的交路按区段长度不同分为一般交路和长交路。对于长交路，在乘务组采用换乘的乘务制度条件下，交路按方向又可分为直线形交路(或称双向交路)和多边形交路(或称多向交路)。

2. 运转制度

动车组在交路上从事列车运输作业的方式称为运转制度。它是组织动车组运用、确定动车组整备设备布置，决定动车组全周转时间并影响铁路运输工作效率的重要因素。动车组运转制可分为：循环、半循环、肩回、环形、循回运转制度。

(1)肩回运转制。动车组由本段(所)出发，从本段(所)所在站执行列车运输任务折返段(所)所在站，进入折返段(所)进行整备及检查作业，然后担当另一次运输任务回本段所在站，进入本段进行整备及检查作业。担当两个方向相反的机车交路的，称为双肩回运转制。在这种情况下，动车组在一个区段内往返一次，就要进入本段(所)一次，如图 3-5 所示。

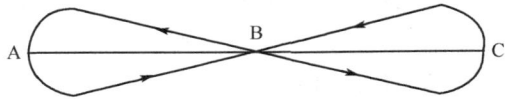

图 3-5　双肩回运转制示意图

(2)循环运转制。动车组从本段(所)所在站出发，在一个牵引区段(如甲和乙间)上往返担当列车运输任务后回到本段(所)所在站(甲站)，仍继续担当其他车次，运行到另一牵引区段(如甲和丙间)的折返段所在站(丙站)，再从丙站以某一车次返回乙站。这样，动车组在两个牵引区段上循环运行，平时不进本段(所)，直到需要进行检修时才入本段(所)，这种方式叫全循环运转制，如图 3-6(a)所示。图 3-6(b)是乘务员在折返段(所)进行调休的循环运转制度。

图 3-6　全循环运转制示意图

循环运转制的优点是：动车组运用效率较高，能够加速动车组的周转，并减轻车站咽喉的负担。缺点是：占用到发线时间较长，站内可能需要设整备设备，对动车组质量要求较高。

(3)半循环运转制。如果动车组在两个牵引区段上周转循环一次就入本段(所)进行整备、检查一次，就叫半循环运转制，如图 3-7 所示。

(4)环形运转制。动车组出段(所)后，在一个或几个方向担当若干次往返作业后，直到进入修程或需要整备作业时，机车才入本段(所)进行作业的，称为环形运转制，如图 3-8 所示。适合于距离短而运量大的交路(如广深线)。

图 3-7　半循环运转制示意图

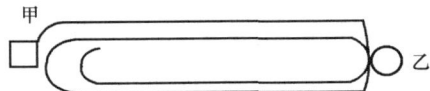

图 3-8　环形运转制示意图

3.2.3　乘务制度

动车组的乘务组由司机、随车机师、客运服务人员、车长组成。动车组司机担当列车驾驶工作，随车机师担当动车组设备维护及故障处理工作，客运服务人员负责车内客运服务。目前我国动车组实行单司机乘务制度，即由一个司机担当列车驾驶任务，在折返段(所)或本段(所)换班作业。

1. 乘务员的劳动和休息时间标准

为了保证行车安全，要求乘务员在工作时要精力充沛，注意力集中。为此，必须保证乘务员的充分休息。铁道部制定的《铁路动车组运用维修规程》中，规定了乘务员的劳动和休息时间标准。

1) 乘务员劳动时间

一次连续工作时间标准(包括出、退勤工作时间，以下同)，不得超过 8h。乘务员的便乘时间，不计入连续工作时间内(随货运列车或无卧铺客运列车便乘时除外)。

2) 乘务员休息时间

乘务员在本段休息时间不应少于 16h，外段调休时间不得少于 5h(其时间的计算为到达公寓签到休息至叫班时止，以下同)；在外段驻班休息时间不得少于 10h；轮乘制外段换班继乘休息时间不得少于 6h。

严格防止乘务员超劳。在编制列车运行图时不准出现超劳。各级调度要根据列车实际运行情况，准确掌握叫班时间。密切注意列车运行情况，遇特殊情况超劳时，要尽快采取措施。

实行轮乘制的乘务员每月应有 1～2 次 48～72h 的大休班时间。

2. 乘务制度

乘务制度是乘务员使用动车组的制度。分为包乘制、轮乘制和轮包结合制。

1) 包乘制

实行包乘制时，将一列动车分配给固定的几个乘务员，这几个乘务员包乘组，每组设司机长一人。包乘组负责所包动车组的运用、安全、保养、交接等工作，以保证质量良好地完成运输生产任务。

包乘制的优点是：

(1) 乘务员熟悉所包动车组的性能特点，有利于运行安全；

(2) 为动车组的运用管理工作提供了方便的条件。

包乘制的缺点：

(1) 受乘务员一次连续劳动时间限制，交路区段长度受一定限制；

(2) 动车组和人员固定使用，相互制约，不利于调度指挥。

2) 轮乘制

实行轮乘制度，将动车组全体乘务员和动车组统一组织，集中使用，按照歇人不歇车的循环轮乘管理体制，由乘务员轮流使用全部动车组。由于动车组和乘务员之间没有固定关系，动车组担当运输任务的工作时间不受乘务员牵制，所以能更合理和高效地使用人力和动车组。

实行轮包结合乘务制度是轮乘制的另一种形式，它综合了包乘制和轮乘制的优点，更有利于发挥长交路的优势。

轮乘制同包乘制比较有突出的优越性，具体表现为：

(1) 便于合理掌握机车乘务员的作息时间，提高乘务员的劳动生产率；

(2)加快了动车组的周转，减少了运用台数，提高了动车组的运用效率，也间接地提高了线路通过能力。

3. 乘务方式

乘务员如何换班出乘，担当动车组作业的方法称为乘务员的出乘方式，又称乘务方式。对于动车组，乘务方式根据交路长度和乘务员的连续工作时间标准，目前一般有以下 2 种。

1）即折返制

乘务员由本段(所)出乘担当驾驶作业，到达折返段不需要换班，而接运最早的列车返回本段(所)后再退勤休息。这种乘务方式称为立即折返制，如图 3-9 所示。这种乘务方式适用于行车密度大的短交路，其优点是乘务员休息的时间较长，有利于参加段内的组织活动和业务学习，便于对乘务员的组织管理工作，动车组运用效率也比较高。

2）驻班制

采用驻班制乘务方式时，在折返段(所)预先派驻若干乘务员，当本段乘务员执乘列车到达折返段休息时，由折返段(所)驻班乘务员接续牵引。如此轮流执乘，轮流在折返段休息。

驻班制乘务方式适用于行车密度大的长交路上，可以提高动车组运用效率。但是乘务员经常在外段驻班，生活和学习条件不够正常。驻班制示意图如图 3-10 所示。

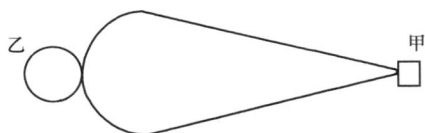

图 3-9　立即折返制示意图　　　　　图 3-10　驻班制示意图

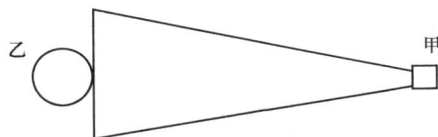

上述动车组交路类型、动车组运转制度和乘务员的乘务方式，三者是互相配合，密切相关的，往往需要统筹兼顾。

3.3　周　转　图

3.3.1　周转图的基本概念

周转图是根据所确定的动车组交路、乘务制度、乘务员换班方式和动车组在本外段(所)、站的技术作业标准编制的动车组工作计划。是机务部门组织运输生产的基础，是动车组运用和维修计划的重要组成部分。周转图与列车运行图是相互依存的，应该同时编制完成。正确的编制机车周转图，对实施列车运行图，保证行车安全，提高运输生产效率和机车运用效率，完成铁路运输计划，具有重要意义。

1. 动车组周转图的编制依据

编制依据：动车组交路、乘务制度、乘务员换班方式和动车组在本外段(所)、站的技术作业标准。

2. 周转图的基本要求

(1)适应运输需要，统筹安排各区段的动车组类型、数量，保证列车运行图和运输方案的实施。

(2)经济合理地使用动车组，加速周转，改善周转图的各项指标。

(3)贯彻《劳动法》，合理安排乘务员的劳动和休息时间。

(4)合理安排本、外段动车组的整备、检修作业，乘务员技术作业和保养工作时间。

3.3.2　周转图的表示方法

周转图是以横坐标表示时间(使用 1 小时格或十分格)，纵坐标表示距离，斜线列车运行线及列车接续连接线组成的图解。周转图的整个横轴代表一天的时间，分成 24h 等分格，每格代表 1h，横轴的起终时刻一般以 18 点标注并顺序标注时刻。整个纵轴代表交路区段，距离的比例视使用的交路图图纸的大小而定，对本段、折返点和乘务员换乘所在站以不同横线标注，中间站以细横线标注。周转图的左侧应注明乘务方式、区段公里、动车组最短折返时间标准等，右侧标明站名。周转图运行线与列车运行图运行线的表示方法相同，但只填写动车组折返(含乘务区段)区段站的始发和终到时刻，其分钟数标在相应小时的格内，以数字表示，列车车次和动车组型号标注在运行线的斜线上。

3.3.3　周转图的分类

(1)按适应运输的性质分为基本周转图、分号周转图(综合分号和独立分号)、旬间记名式周转图、日计划周转图。

基本周转图是对应基本列车运行图的，它适应一定时期的最大行车量，是一切周转图的基础。

分号周转图(包括综合分号和独立分号)，是对应同名分号列车运行图的，它基本适应月计划行车量。旬、月计划周转图是按旬、月计划的行车量对分号周转图略加调整产生的。

(2)按运转制的不同分为肩回制周转图、循环式机车周转图和半循环式机车周转图。如图 3-11～图 3-13 所示。

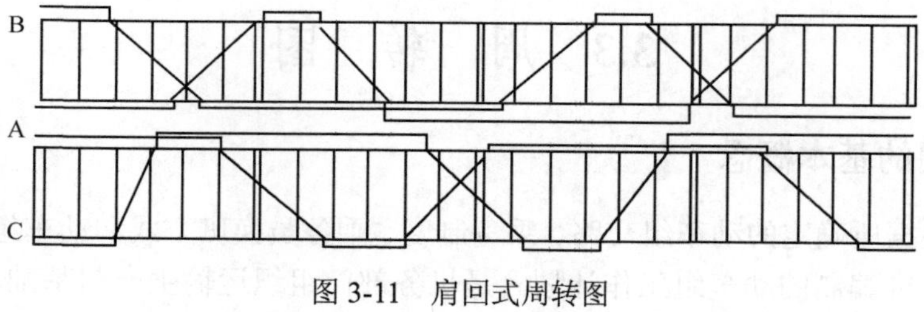

图 3-11　肩回式周转图

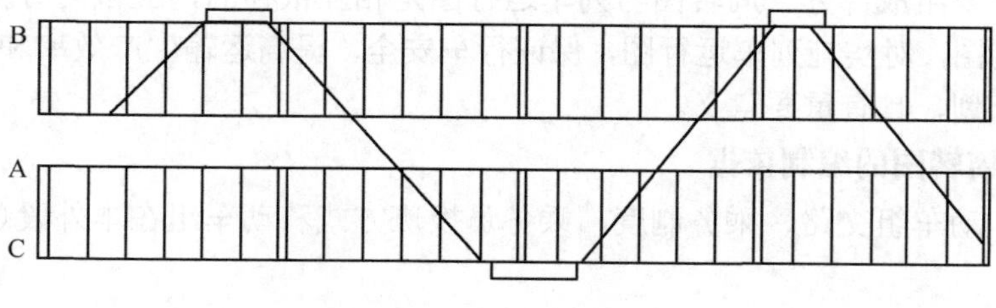

图 3-12　循环式机车周转图

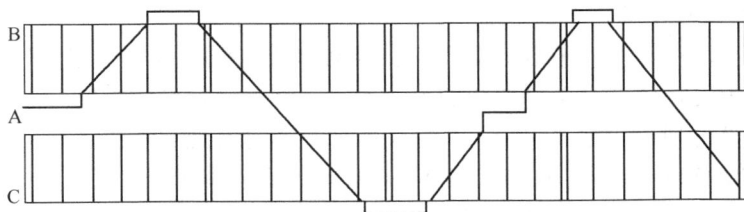

图 3-13　半循环机车周转图

(3)按使用性质分为计划周转图和实际周转图。

上述各种周转图均属于计划周转图。

实际周转图是指按动车组实际运行情况和列车运行线表示方法及列车运行整理符号绘制的周转图。其绘制内容除满足计划图标注要求外，还应绘制：

①动车组检修扣车符号；

②列车正点、晚点符号及晚点时分、原因；

③备用、检修后投入运用的符号；

④动车组出、入段时分；

⑤运行实际情况的简单记述等。

3.3.4　周转图的编制

为了提高周转图的编制质量，必须充分做好编制前的各项准备工作，在查定周转图的各项标准时，应贯彻改革、挖潜、提效、扩能的方针，在牵引电算、牵引试验和充分调查研究的基础上，保证各项技术标准和动车组使用方案先进、合理、可行。

1.　周转图的编制资料

一般来说，编制周转图时应准备下列资料和原始数据：

(1)列车运行图或行车时刻表。

(2)动车组运转制。

(3)乘务组的出乘方式。

(4)动车组在本段和折返段技术作业的时间标准。

(5)动车组走行公里、使用台数、全周转时间标准和检查停留时间标准。

(6)动车组日车公里、旅行速度、技术速度、使用系数等技术指标。

(7)乘务员需要人数及补充计划等。

(8)电气化区段检修"天窗"时间标准。

2.　机车周转图的编制过程

根据列车运行图、机车周转图的编制规则和铁道部安排，编图工作一般分为四个阶段：

第一阶段，查定、整理上述各种资料。

第二阶段，运输编图人员根据机务提供的编图资料和标准，草画列车运行方案。

第三阶段，列车运行图完成雏形后，机务编图人员草画动车组周转图，针对运行图中的问题与运输编图人员研究协商，合理调整运行线，保证机务编图确定的各项技术标准，初步确定使用动车组列和乘务班数。

第四阶段，完成周转图的编制，计算各项技术指标，填写周转图技术指标汇总比较表。

3. 周转图的编制原则

周转图与列车运行图同时编制，编图人员要共同研究列车编组计划，列车对数和各项查定资料，制订列车运行图与机车周转图的初步方案，然后进行具体编制。

机务编图人员与列车运行图编图人员密切配合，及时发现和解决问题，做好以下工作：

(1)认真细致地审定旅客列车方案，经济合理地使用动车组。

(2)按照列车编组计划、列车对数和各项查定资料，同时安排好列车工作方案和动车组周转方案，尽量压缩非生产时间，提高速度系数。

(3)正确查定核心及各分号列车车次，编制好分号周转图。

(4)旬间记名式周转图编出后，还应同时编制出旬间乘务员工作详明表。

4. 列车运行图与周转图的协调

在旅行速度、本外段(所)技术作业时间和本外段所在站作业时间标准确定的前提下，应设法使动车组在本外段的待发时间减小至最低限度，以提高动车组的运用效率。然而，周转图是按列车运行线编制的，因此，只有在编制列车运行图的工作过程中充分考虑动车组周转的因素，才能实现经济合理的使用动车的目的。为此，机务编图人员要在运行图编制前向运行图编图人员提供各区段动车组的运用和乘务员作业标准，编制完草图，从图中检查乘务员一次作业是否超劳，及时和运行图编图人员研究调整。

5. 周转图的编制

(1)基本周转图的编制。编制基本周转图应该首先草画动车组周转图，计算简明效率表，然后绘制正式周转图，再根据它计算动车组的主要指标。

(2)分号周转图的编制。分号周转图是在基本列车运行图的基础上，根据不同运量抽减相应的运行线形成的，一般编制2～3个。综合分号多用于复线区段和通过能力有富余的单线区段。独立分号运行图是按基本列车运行图规定的技术标准(允许改变个别标准)，像基本图一样编制，重新定点定线，它适用于单线区段。编制综合分号周转图从基本图中抽减运行线时，根据车流情况，最好着眼于外段折返成对抽减，如图3-14所示。抽减运行线是否恰当，很大程度上影响机车运用效率，需要分析抽线后对本段机车交路的影响。

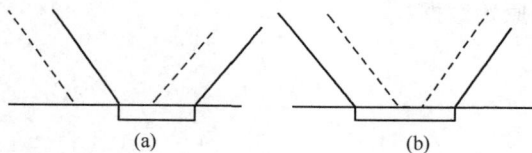

图3-14　合理抽线示意图

3.4　运　用　指　标

动车组的运用管理水平、运用效率对降低运营成本、完成运输任务起着重要作用。直接反映铁路运输任务完成情况、动车组运用效率高低的因素就是运用指标。动车组运用指标是考核运用工作的尺度。通过对运用指标的统计和分析，可以准确、及时地获得动车组运用情况，发现运用组织工作中的问题，不断提出改进措施，提高动车组运用管理水平。

动车组运用指标，根据其性质和作用的不同可分为数量指标、质量指标两大类。数量指标表示计划指标在规定时间内动车组运用的经济活动在效率上应达到的指标，反映总的运用工作量，常用绝对数表示，如走行公里等，是计算其他指标的基础。而质量指标则表示动车组在运用计划内，反映运输工作量的统计指标，常用平均值、百分数表示。如动车组日车等。

从机务工作量的统计角度来说，动力集中型动车组 AB 型(动力集中型，两端均为动车)按两台机车统计，运行时前端为本务机车，后端为重联机车(工作量分劈各按 50%)；AC 型(动力集中型，一端为动车，另一端为操纵端)比照一台机车统计。动力分散型每列比照一台机车统计。

3.4.1　动车组运用数量指标

运用数量指标表示计划指标在规定时间内(如日、旬、月、季、年)动车组运用的经济活动在效率上应达到的目标，反映总的运用工作量，包括动车组的走行工作量、工作时间及其完成的各种总重吨公里。

(1)走行公里。动车组实际走行或换算走行的公里。

(2)牵引总重吨公里。动车组牵引列车完成的工作量。牵引总重吨公里=牵引总重×走行公里。

(3)自重吨公里。自重吨公里是动车组沿线走行所产生的自重吨公里。自重吨公里=动车组质量×沿线走行公里。

3.4.2　动车组运用质量指标

动车组运用质量指标主要从牵引力利用程度和时间上的利用情况来反映动车组的运用效率。主要有全周转时间、日车公里、列车平均牵引总质量、日产量、技术速度以及其他有关指标。

1.　全周转时间

动车组每周转一次所消耗的全部时间(非运用时间除外)，如图 3-15 所示。

全周转时间包括以下几个部分：

(1)纯运转时间。动车组在区间内运行所占用闭塞的时间，包括区间内各种原因的停留时间。

(2)中间站停留时间。动车组在列车运行区段内中间站(线路所、信号所)的停留和调车时间。

图 3-15　动车组全周转示意图

(3)旅行时间。自始发站出发时起至终到站到达时止的全部时间。

(4)本段和折返段停留时间。为动车组入段时起至出段时止的时间(非运行时间除外)。

(5)本段和折返段所在站停留时间。为动车组自出段时起至车站出发时止，和完成运输到达本段、折返段所在站时起至入段时止的全部时间，其中包括转线、调车时间。

动车组的周转时间分为全周转时间和运用周转时间两种。运用周转时间是指动车组从出本段经过闸楼时起，担当一个交路的往返作业后，回到本段通过闸楼时止所用的时间。其计算方法为：运用周转时间=全周转时间–本段停留时间。

2.　日车公里

日车公里是指在一定时期内全路、全铁路局或全段(所)平均每列动车组一昼夜内走行的公里数。用 $S_日$ 表示，它是反映动车组工时有效利用程度和列车速度这两个方面因素的重要指标。一般变动不大，仅在年或季分析，日常不分析。

3. 技术速度和旅行速度

技术速度是不计入中间站停留时间的列车在区段内的平均速度，即列车机车在区间内平均每小时走行的公里。

$$v_{技} = \frac{L \times 60}{\sum t_{运行}} \quad (km/h)$$

式中，L 为交路长度；$\sum t_{运行}$ 为区间纯运转时间。

旅行速度是计入中间站停留时间的列车在区段内的平均运行速度，即列车机车在区间内平均每小时走行的公里。

$$v_{旅} = \frac{L \times 60}{\sum t_{运行} + \sum t_{中停}} \quad (km/h)$$

式中，$\sum t_{中停}$ 为区段内中间站总的停留时间。

旅行速度不仅考核动车组的牵引能力和操纵水平，而且能体现出中间站作业情况，列车组织、调度指挥水平等。旅行速度和技术速度的比值称为速度系数，用 γ 表示。

$$\gamma = \frac{v_{旅}}{v_{技}} \leqslant 1$$

γ 值接近1，则说明两个速度越接近，列车在中间站的停留时间越短，动车组周转越快。

4. 日产量

动车组日产量是指平均每列动车组一昼夜内所生产的总重吨公里，是综合反映动车组运用效率和牵引力利用程度的指标。既综合反映动车组的运用效率，也反映铁路整个运输的综合成绩，是铁路经济技术考核的主要指标之一。

5. 动车组辅助走行率

辅助走行率是指动车组的辅助走行公里与沿线走行公里的比值，这个指标可反映出动车组的走行效率。

计算公式：辅助走行率=(辅助走行公里/沿线走行公里)×100%

该比值越大，说明动车组的无用走行公里越多，浪费也大，所以希望该比值越小越好。

3.5　动车组专业管理

3.5.1　乘务组组成及隶属

动车组乘务组由司机、随车机师和客运服务人员组成。动车组司机担当列车驾驶工作，随车机师担当动车组设备维护及故障处理工作，客运服务人员负责车内客运服务。动车组本务司机隶属机务段管理，随车机械师和地勤司机隶属车辆段管理，客运乘务人员隶属客运段管理。

3.5.2　乘务组成员主要岗位职责

1. 本务司机

(1)认真执行规章制度，服从命令听从指挥，切实履行规定职责。

(2)动车组在区间被迫停车时，负责指挥随车机械师、列车长处理有关行车、列车防护和事故救援等工作。

(3) 出所后负责 CRH1 型、CRH3 型、CRH5 型动车组的车门集控开关，负责通知 CRH2 型动车组随车机械师集控开关车门。

(4) 动车组发生故障时，按照规定程序独立处理或指挥随车机械师共同处理。

(5) 负责在运用所内 (动车组操纵端司机室) 与地勤司机办理动车组驾驶、列控、LKJ-2000、CIR 设备及制动系统技术状态、主控钥匙交接。

2. 随车机械师

(1) 认真执行规章制度，服从命令听从指挥，切实履行规定职责。

(2) 负责在运行途中监控动车组的技术状态，发现故障及时将有关信息通知司机，并采取措施，妥善处理。

(3) 动车组出入所时，负责与动车所办理技术交接。

(4) 在司机指挥下，处理有关行车、列车防护和事故救援等工作。

(5) 发生危及行车安全故障或其他紧急情况时，及时通知司机采取停车措施或使用紧急制动阀停车。

(6) 根据司机通知，负责 CRH2 型动车组车门的开关。

3. 客运乘务员

(1) 在车站，确认旅客乘降情况并通知司机关闭车门。

(2) 列车运行中，负责车内清洁卫生并为旅客提供质量良好的服务。

(3) 发生危及行车或旅客安全的紧急情况时，及时通知司机采取停车措施或使用紧急制动阀。

(4) 列车在区间非正常停车时，维持车内秩序，保护旅客安全。需要组织旅客撤离列车时，通知司机并转告调度或前方站。需要防护时，服从司机统一指挥。

4. 地勤司机

(1) 认真执行规章制度，服从命令听从指挥，切实履行规定职责。

(2) 动车组出入动车所时，负责与本务司机办理动车组驾驶、列控、LKJ-2000、CIR 设备技术状态及主控钥匙交接。

(3) 动车组出所时，负责与相关行车安全设备检修单位办理行车安全设备出所合格证交接。

(4) 负责动车组的调车作业。

3.5.3　动车组专业接口管理

1. 动车组运用管理

车辆段按规定的修程修制完成动车组的运用检修，确保动车组出所时技术状态达到标准要求。机务段在动车所设派班室和待乘室，安排本务司机按计划出乘。

2. 动车组车载设备管理

电务段负责列控车载设备、铁通公司负责 CIR 设备、机务段负责 LKJ-2000 设备、车辆段负责车载广播设备的检修。在动车所内设上述设备的检修点，负责相关出入所检测、检查及维护工作。

3. 车内设备使用和管理

动车组配电盘、车内空调、照明及旅客信息系统设备由随车机械师操作。自动广播装置的广播内容由客运段负责按规定要求录制，车辆段负责输入自动广播装置。客运乘务员发现设备故障时通知随车机械师及时处理。运行中发生设备损坏时，随车机械师与列车长共同确认，并填写车辆上部设施破损记录，双方签字。

4. 动车组的整备和保洁管理

动车组的客运整备和车内外保洁由客运段负责，吸污作业由车辆段负责，设有洗车机的动车所，动车组外皮清洗由车辆段负责。

5. 动车组作业计划管理

车载行车安全设备(列控设备、CIR 设备、LKJ-2000 设备)的检修、客运整备及保洁作业统一纳入动车组运用检修计划，由动车所统一管理。各专业作业结束后，在动车所调度室填写检修竣工单。

6. 动车组调车管理

动车组出入所由本务司机负责，动车组转线及所内调车等作业由车辆段安排地勤司机负责。各铁路局根据具体情况制定详细的作业办法。

7. 动车组的交接管理

(1)动车组入动车所后，本务司机与地勤司机办理技术交接，提交动车组运行状态交接单(附件 2)并交还主控钥匙；动车所地勤司机与行车安全设备检修单位办理列控及 LKJ-2000、CIR 设备运行技术状态交接(附件 2)。

(2)动车组出动车所前，由动车所安排质检员组织地勤司机、客运人员、随车机械师及列控、LKJ-2000、CIR 设备检修单位进行出库联检，填写出库联检记录单(附件 3)。客运人员负责车厢内服务设施完好状况的检查确认，与质检员办理交接；随车机械师负责动车组技术状态的检查确认，与质检员办理交接；有关行车安全设备检修单位负责对列控、LKJ-2000、CIR设备进行出库检查确认后填写行车安全设备合格证与地勤司机办理交接；本务司机负责驾驶设备技术状态的确认，与地勤司机办理交接。

(3)动车组在无动车所的车站终到、始发时，随车机械师代替地勤司机与本务司机办理动车组运行状态交接单和主控钥匙交接。

(4)动车组继乘，由本务司机按规定交接。

(5)列控车载设备柜钥匙交接管理。列车运行中，列控车载设备柜钥匙由随车机械师负责管理。途中本务司机根据调度命令需操作列控隔离开关时，与随车机械师联系，随车机械师应做好记录。列控及 LKJ-2000 车载设备出入所检测时，由设备检测单位与动车所办理钥匙交接。

3.5.4 随车机械师作业标准

1. 岗位职责

1)监控运行技术状态

(1)运行中在乘务室通过车载信息系统监控显示器，监控动车组运行及设备工作状态。

(2)在运行中巡视检查车辆设备，发现问题正确判断、果断处理。

(3)在始发和折返站进行技术检查作业。

2)管理和操作动车组设备

(1)规定操作动车组设备设施。

(2)控制车内空调换气装置，设置调节空调及换气装置运行模式。

(3)控制车内客室照明，设置调节照明工况。

(4)控制车内旅客信息系统显示。

(5)指导客运服务人员正确使用车内设备。

3)应急处理途中突发故障

(1)运行中发生突发故障时，积极进行应急处理。

(2)车载信息系统提示报警的动车组突发故障分为三类。属司机独立处置的，需加强与司机的联系，了解故障处理情况；属与司机协作处置的，在司机指挥下，共同处理；属随车机械师独立处理的，处理完成后及时将情况通报司机。

(3)记录突发故障处置情况，及时向运用所调度室汇报。

4)承担部分行车组织职能

(1)运行途中因动车组故障或其他原因在区间被迫停车时，加强与司机联系，掌握情况，及时报告运用所调度室，并在司机指挥下，做好有关行车及安全防护。

(2)动车组故障需要救援时，负责安装过渡车钩，连接风管，配合司机做好救援准备工作。

2. 一次往返作业标准

1)接车作业

(1)出乘时随车机师按规定着装，佩戴标志，提前到调度室报到，领取 IC 卡、动车组钥匙，听取命令、要求及注意事项。

(2)按规定设置安全号志，进行动车组下部车体两侧检查。检查重点是转向架、车体、头罩及排障器、车端连接装置等。

(3)作业完毕，撤除安全号志。

(4)在非驾驶端司机室与司机交接主控钥匙，申请供电。

(5)进行动车组上部设施检查。作业重点是乘务室信息系统显示，设定空调、照明、车次、车站、编组、旅客显示信息；与司机配合进行乘务室与前后端司机室联络电话试验；检查车内主要服务设施和安全设施技术状态，检查随车工具、材料及行车备品。

(6)向调度室报告作业情况，等待随车出库。

作业路线见图 3-16。

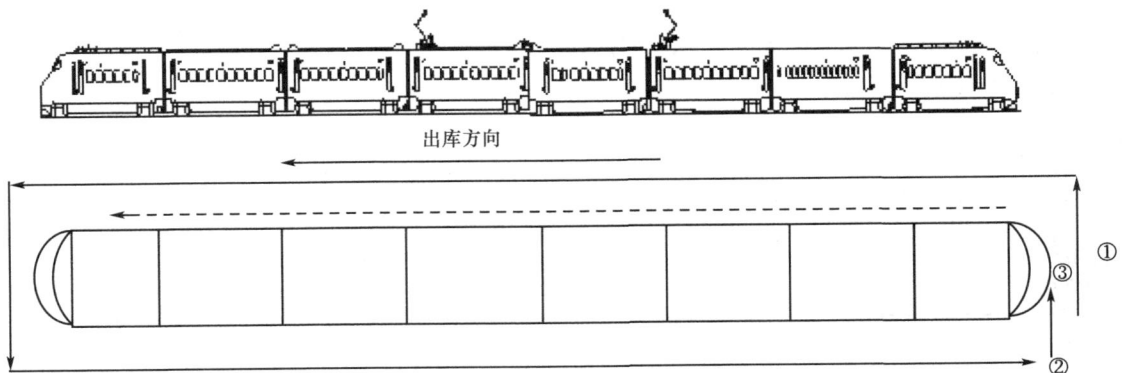

图 3-16　随车机械师接车作业的作业路线

①下部两侧作业路线；②交接钥匙，申请供电；③车内上部检查作业路线

2）始发作业

（1）动车组出库时，随车机师应从动车组尾部巡视至头部，检查动车组运转情况，发现异常及时处置，并向调度室报告。

（2）到达车站后，从前端司机室下车，在站台侧巡视确认外侧车号及目的地显示器状态。

（3）到达乘务室，监视车载信息系统等待发车。

作业路线见图 3-17。

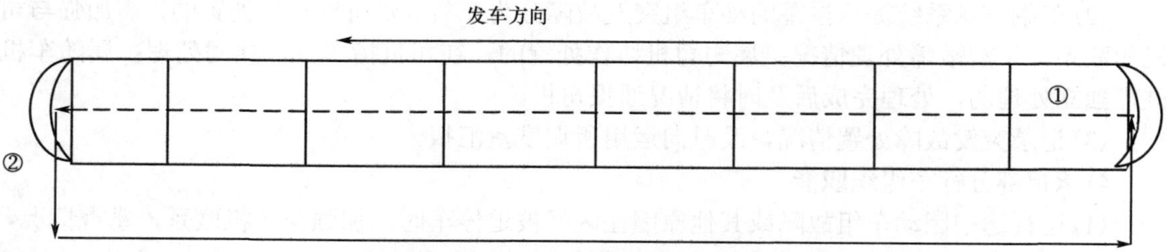

图3-17 随车机械师始发作业的作业路线

①-车内巡视作业路线；②-站台侧巡视作业线路

3）途中作业

（1）发车后，在车内进行一次巡视检查。重点是列车运行动态和车内主要服务设施技术状态。

（2）运行中，在乘务室，通过车载信息系统监视列车运行及设备工作情况。发现故障及时报警，按规定程序处理。

（3）在区间内临时停车时，随车机械师配合司机，做好有关行车、安全防护工作，并及时向运用所调度室汇报。需要救援时，负责与司机共同安装过渡车钩和连接风管。

（4）客运服务人员报告设备故障时，及时赶赴现场处理，并做好故障写实记录。

4）折返站作业

（1）到达车站后，与退乘司机、接车司机会合，了解运行情况、做好记录并办理主控钥匙交接、签认（司机换乘时进行）。

（2）旅客下车后，从动车组尾部巡视至头部，检查车内设备技术状态，发现故障进行处理并做好记录。

（3）从前端司机室下车，在站台侧巡视确认外侧车号及目的地显示器状态。

（4）到达乘务室，监视车载信息系统等待发车。

作业路线见图 3-18。

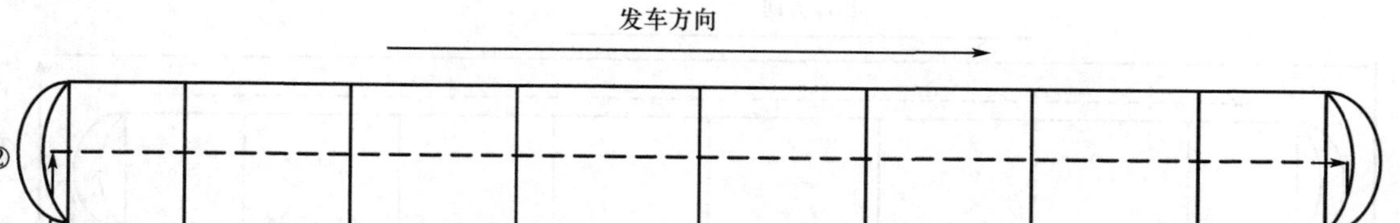

图3-18 随车机械师折返作业的作业路线

①-与司机交接主控钥匙，了解运行情况；②-车内巡视作业线路；③-站台侧巡视作业线路

5）终到作业

(1)确认车上人员下车后，锁闭车门。

(2)填写乘务报告，重点故障提前预报运用所。

(3)随车返回运用所。

(4)进入司机室，在检修模式下用 IC 卡转储运行信息。

(5)向司机了解运行情况，做成记录，办理签认。

(6)到调度室报告运行情况，签认交接《动车组运用日志》，交接重点故障，交还动车组钥匙及 IC 卡。听取命令、指示和要求。

(7)退乘。

3. 随车工具与备品

1）工具

(1)GSM-R 移动电话 1 部；(2)钳型电流表 1 只；(3)红外线测温仪 1 只；(4)第四种检查器 1 个；(5)38 件套工具 1 套；(6)9 件套梅花扳手 1 套，活扣扳手 1 把；(7)便携工具箱 1 套；(8)充电电钻 1 台；(9)应急照明灯 1 台；(10)管子钳 12 寸、18 寸各 1 把；(11)圆锉、半圆锉各 1 把；(12)组套螺丝刀 1 套；(13)手锤、撬棍、扁铲各 1 把。

2）材料

(1)过渡车钩 1 个；(2)救援风管 1 个；(3)铁丝 20m。

3）行车备品

(1)响墩 6 个；(2)火炬 2 支；(3)短路铜线 1 副；(4)红绿色手信号灯 1 盏；(5)红绿信号旗 1 副；(6)防护信号灯 1 盏。

3.6　动车组运行

3.6.1　动车组标志

(1)动车组在头部及尾部分别显示列车标志，显示方式昼间与夜间相同。其显示方式为：动车组运行方向首端司机室头灯向前显示白色灯光，昼间可不显示，动车组运行方向尾部司机室头灯向后显示红色灯光。

(2)动车组无火回送时，运行方向首端司机室向前显示白色灯光，昼间可不显示，运行方向尾部司机室向后显示红色灯光。

3.6.2　动车组发车、接车

1. 动车组司机确认以下条件后发车

(1)车载信息显示正常。

(2)收到车站(助理)值班员的发车信号。

(3)车站进路信号机开通。

2. 车站(助理)值班员确认以下条件后向司机显示发车信号

(1)旅客上下完毕，动车组车门关闭。

(2)出站进路信号机开通。

(3)发车条件具备。

3. 接车及试运行

1）接车分类及组织

接车一般分为新造接车、厂修接车、转属接车、入厂改造接车四种情况。

铁路局根据铁道部下发的动车组配（转）属电报或工厂修竣通知，由车辆部门牵头组织机务、电务等部门成立接车小组，在指定时间内赴接车地点与对方办理交接事宜。交接完毕后，由工厂、修竣单位或转属局请令安排回送。

2）接车注意要点

(1)组成接车小组，一般由车辆部门任组长，负责接车小组的信息联络、行程及接车工作的筹备。

(2)出厂前按运用状态与机务、电务部门联合进行动车组相关试验。

(3)转属车交接时注意动车组二级（专项）修的检修记录、遗留故障的核查。

(4)回送分有动力和无动力两种方式。无动力回送过程中重点监控蓄电池电压，防止亏电。运行途中密切监控动车组的运行状态，遇到异常情况，果断处理。

3）试运行分类及组织

试运行分为新造车试运行、模拟试运行、检修试运行、专项试运行等。

(1)新造试运行是在线路上以动车组最高允许速度进行的试运行。主要是调试、整定动车组相关参数，检查各系统功能是否正常，是否满足合同技术规格要求。

(2)模拟试运行在新型动车组正式上线运行前或新线开通时进行，主要是检验动车组与线路、站台设施、接触网供电、通信信号等正式运营线路环境的适应性。

(3)检修试运行是动车组经过三、四、五级检修后进行的试运行。三级检修试运行主要是对动车组走行及专项检修改造部件进行检验，四、五级检修试运行主要是对动车组各系统及改造部件进行检验。

(4)专项试运行是动车组部件经过改造或大部件更换后需进行运行验证的试运行，重点对专项改造项目或更换部件进行检验。

动车组试运行由试运行所在线路的铁路局组织实施。跨局试运行时由动车组配属局向部申请，由部安排。部组织的试验项目由部统一组织。根据试验需求，可组织相关主机厂及配套单位参加。

4）试运行注意要点

(1)试运行前应制订试运行计划。计划中明确试验项目、试验交路、参加人员、行车组织、应急预案等相关内容。各单位接到试运行命令后准备相关的试验大纲、应急工具备品、行车防护用品等。

(2)试运行前对动车组进行全面检查，确保达到上线运行条件。

(3)试运行后，对试运行数据整理分析，一是检验试运效果，二是作为技术资料存档。

(4)动车组各级修程有超过检修周期的或行车安全设备（ATP/CIR）超过检修周期时，动车组严禁上线试运行。

3.6.3 动车组转换司机室

动车组司机需转换司机室操纵时，应通知车站，在15min内完成转换作业。

3.6.4　动车组连挂与摘解

(1)单列动车组实行固定编组，运行过程中不解编。

(2)两列型号代码相同的动车组可连挂运行，其连挂与摘解作业由动车组司机和随车机师负责。

(3)动车组连挂作业要求如下：

①车站按规定办理进路，开通信号。司机确认信号正常后，开始连挂作业。

②移动动车组在距被连挂车组 10m 处停车，随车机师下车检查连接装置状态良好，向司机显示连挂信号。

③连接时，司机分别在连挂端司机室，按规定程序操纵，连挂速度不超过 5km/h。

④连挂后，随车机械师确认车下连挂状态良好后通知司机，司机确认车载信息显示正常，并按规定程序进行检测。

⑤司机确认动车组连挂作业完成后，转换司机室，进入运行方向前端司机室并检测车载信息，确认显示正常后即向车站报告。

(4)动车组摘解作业要求如下：

①车站按规定办理进路，开通信号。司机确认信号正常后，开始解编作业。

②摘解前，随车机师下车检查连接装置状态，确认可以摘解后向司机显示摘解信号。

③摘解时，司机分别在连挂端司机室按规定程序操纵，移动其中一列动车组，另一列动车组处于制动状态。动车组移动速度不超过 5km/h，移动至距停留动车组 10m 处停车。

④停车后，随车机械师确认连接装置正常复位，并通知司机。

⑤司机接到通知后，按规定程序进行转换司机室作业并检测车载信息，确认显示正常，及时向车站报告。

3.6.5　机车与动车组连挂及摘解

1. 机车与动车组连挂按以下要求作业

(1)连挂前，随车机师在动车组连挂端安装中间过渡车钩及风管、连接线。动车组司机在连挂端司机室按规定程序操作，做好动车组连接前准备，并通知机车司机。

(2)机车司机确认符合连挂条件后，方可进行连挂。

(3)连挂时，机车限速 5km/h。

(4)连挂后，动车组乘务组人员按规定程序进行作业，机车司机组织进行试风及供电状态检查，动车组司机在司机室确认车载信息正常，并向机车司机报告。

(5)机车司机确认连挂作业完毕，向车站报告。

2. 机车与动车组摘解按以下要求作业

(1)摘解前，动车组处于制动状态，机车停止 DC110V 电源供电。动车组随车机师确认动车组制动及停电，摘解机车及动车组间风管、连接线及车钩，并通知司机。

(2)机车司机确认具备摘解条件后方可开始摘解作业。

(3)摘解时，机车限速 5km/h。

3.6.6　回送及救援

(1)动车组回送运行时，需安排动车组司机及随车机师执乘。

(2)动车组回送由动车组有关运用所、铁路局提出注意事项，列车调度员应根据所提事项，发布有关调度命令。

(3)动车组回送时不得通过驼峰。

(4)动车组在回送中不得实施紧急制动。发生紧急制动后，动车组随车机师应确认转换车钩的连接状态。

(5)动车组有火回送时按客运列车办理，过境局应按动车所属局请求指派带道司机。

(6)动车组无火回送时应办理专列回送，编组不得超过 16 辆。与机车连接用中间转换车钩，机车提供 DC110V 电源，限速 120km/h。

(7)动车组申请救援时，动车组司机及时向列车调度员详细报告停留位置、动车组技术状态及救援请求，列车调度员根据实际情况发布救援命令。

(8)动车组必须随车配备中间转换车钩及 DC110V 电源连接线。

3.6.7　安全应急处理

动车组运行途中发生故障时，分析判断故障性质，分别采取复位、切除、回路旁通等措施，在保证安全的前提下，本着"能走则走、能限速走则限速走、能停站内不停区间"的原则，尽可能维持运行。无法继续运行时，及时申请救援，保持正线畅通。采用方式为：

(1)维持运行。动车组发生故障时，一般可采取复位、切除等方式，维持动车组正常运行。

(2)限速运行。当动车组发生如牵引丢失、制动切除、空气弹簧破损等故障时，按相应限速规定运行。

(3)临时停车。当动车组发生如轴温报警、走行部异音、受电弓异常等故障时，需采取临时停车措施，随车机械师下车检查故障部位，如正常或处理后能够运行则继续运行，运行中加强监控。

(4)到站换车。动车组发生故障后尽可能维持运行到终点站。影响后续交路时，则换车处理。

(5)救援。动车组无法继续运行时，及时申请救援，尽可能减小影响。

3.7　动车组停放防冻管理办法

3.7.1　防冻管理办法

动车组在气温低于 0℃停放时，为了防止部分设备因存水冻结造成损坏，确保动车组完好，特制定本办法。

1. 气温低于 0℃时，动车组应停放于具备防冻保温功能的处所，停放处所应具备下列条件之一

(1)接触网供电。

(2)外接单相 AC400V 地面电源供电。

(3)暖库。

2. 供电工况下的防冻

(1)确认动车组具备升弓或地面供电条件后，值班人员进行供电操作。

(2)值班人员通过 MON 将动车组空调设置在供暖工况，并确认空调、司机室电加热、设备电伴热装置工作正常。

(3)允许间隔供电，当室内温度达到 18～20℃且保持 1 小时方可断电。供电时间间隔，视各地区具体情况由铁路局自行确定。

①非供电工况下的防冻执行各型动车组防冻排水作业办法。

②动车组防冻工作由车辆部门负责，应成立防冻值班队伍。

③停放前应按照排水操作程序对动车组进行排水、吸污作业，并做好记录。在保持供电工况或暖库停放时动车组可不排水。

④供电停放时，值班人员随时掌握供电状态，不得擅自离岗；交接班时办理好动车组钥匙、设备备品交接，认真填写交接记录。

⑤供电期间，值班人员每小时对动车组车内的供电、设备运行情况及车内温度进行巡视检查，做好记录。发现问题，及时处理并上报。

⑥停放的动车组，禁止使用卫生间、小便间设施。

⑦车辆部门应加强对防冻工作的领导，指定专人负责，定期开展防冻作业的演练，积极探索动车组防冻工作的规律。

3.7.2　动车组防冻排水作业办法

铁道部已颁布了 CRH1、CRH2、CRH5 型动车组防冻排水作业办法，详细规定了各型动车组防水作业的操作规程和操作步骤，此处不再赘述。

3.8　动车组运用的基本管理制度

3.8.1　检修计划管理制度

(1)计划制订。由调度部门在一二级检修作业前 2 小时制订出当日的检修作业计划。检修计划的编制要以换件修、均衡修为原则，以动车组的走行公里、配件使用寿命及保养周期为基础，结合列车信息管理系统在列车运行中传输的临时故障等情况进行编制。

(2)计划下达。当班检修组长每日开工前到调度领取本组当日的检修作业计划，并根据作业计划单的内容，分配、传达到当班作业人员。对重点检修项目应详细说明检修技术特点和安全注意事项，并安排材料、配件的准备。

(3)计划实施。检修组根据每日的作业，严格执行规章制度，严格执行检修技术工艺要求和技术标准。

(4)计划信息反馈。当日作业完成后，检修组应根据每日的作业完成情况填入作业计划单，并将作业计划单交回调度，调度应对完成的项目进行记录统计，并将未完成的项目编入下一次检修计划中。

(5)计划修改补充。调度应根据前日的作业完成情况对次日的作业计划进行调整和补充，形成次日的作业计划。

3.8.2　安全防护管理制度

1. 在运用所设立专门高压供电班组

班组内设安全监督员和隔离开关操作员。人员需经牵引供电专门培训合格。熟知隔离开关设备的结构、性能、主要技术参数和操作、保养方法，并能正确操作和保养。熟知隔离开关操作的作业范围、作业程序及有关规定，隔离开关停止使用的条件。作业中认真使用安全防护用品。

2. 安全监督员的工作内容与要求

1）接班作业

对口交接认真检查各种绝缘备品用具是否齐全完好无损，检查隔离开关钥匙应放在工具箱内，登记本交接清楚，双方签字。认真听取班计划任务，核对进路，做到心中有数。

2）分闸作业

动车组入库前到达现场，按调度安排认真确认股道空闲，检查隔离开关位置、接触网状态无异常，与司机执行对道还道制度，在规定地点显示手信号，将动车组接入安全作业区。

司机应持有隔离开关操作合格证，方能办理手续，按规定认真填写登记本，字迹工整，严禁简化作业。

核对申请办理隔离开关的股道，动车组号是否与登记本相符，确认受电弓确已降下，监护司机穿好防护用品并将隔离开关钥匙交于司机，站在开关手柄一侧呼唤"分闸"。

司机站好位后并打开开关手柄锁，由监护员拉住接地杆，监护其按规定操作。

确认主刀闸断开接地刀闸闭合后，手柄分闸定位后，加锁锁闭。

监护员按规定挂好接地线后将隔离开关钥匙交司机。

3）合闸作业

司机按规定项目登记、请求合闸、手续不得简化。

核对申请办理合闸的股道，动车组号与登记本是否相符，监护司机穿好防护用品，摘下接地线放在固定地点呼唤"合闸"。

司机位于开关手柄一侧后，监护司机按规定合闸。

确认接地刀闸打开，主刀闸闭合后，锁闭开关手柄。

收好防护绝缘用品及隔离开关钥匙，放入存放箱内。

4）交班作业

打扫室内外清洁卫生保持环境清洁，围栏内绝缘垫板进行清扫，不积存泥垢。

对口交接钥匙、防护绝缘用品存放箱、绝缘垫板、备品，交接时做好记录。

3. 隔离开关操作员工作内容与要求

（1）动车组进入库内降下受电弓，做好防护。

（2）操作前先认真检查各种绝缘备品用具是否齐全完好无损，检查隔离开关钥匙应放在工具箱内，检查隔离开关是否有异常。

（3）在安全监督员的监督下穿戴好防护用品，从安全监督员手中接过隔离开关钥匙。

（4）在安全监督员的监督指挥下打开隔离开关，将其加锁锁闭，并确认接地杆是否挂好。

（5）重新回到动车，然后升弓检验接触网压是否为零。在确认网压为零的情况下，允许车顶检查人员登顶作业。

（6）车顶人员作业完毕，确认车顶无异物后，回到隔离开关位置，在监督员的监督下合隔离开关（合闸时与分闸时一样必须穿戴好防护用品）。

（7）合闸后将隔离开关加锁锁闭，将防护用品放回指定位置，填写好记录表格。

3.8.3 随车机师出退乘交接管理制度

（1）随车机师乘务交接和出库作业要在库内进行。

（2）出乘时，到运用所调度室领取动车组车载信息系统用 IC 卡，了解动车组检修质量情况，做到心中有数。

（3）上车后，随车机师应按照《动车组机师检查项目标准》检查动车组技术状况，发现问题及时处理，如不能处理则应通知调度安排检修组人员处理。随车机师应按《动车组随车机师作业标准》配合出乘司机进行动车组出库前的相关试验，司机检查试验合格后在《动车组技术状态交接本》上签字。

（4）列车牵引终到后，到动车组驾驶端与司机共同确认车载运行信息，用车载信息 IC 卡进行转储，司机将运行中发现的司机室设备故障（该故障为车载自诊断系统故障信息中未显示的）填写《动车组技术状态交接本》并签字，连同车载信息 IC 卡交随车机械师，由随车机师交回运用所调度室。

（5）随车机师到运用所调度室退乘时，要汇报本次列车运行情况，确认下次出乘时间，并在专门记录本上登记。

3.8.4　检修信息管理制度

（1）动车一、二级检修作业生产信息主要内容为：调度室下达的动车一、二级检修作业每日和月度计划以及执行情况、生产运输任务完成情况、动车组运行情况、临修任务完成情况及其他生产信息。为确保动车一、二级检修作业顺利进行，必须做到生产信息迅速、畅通，检修作业指挥秩序正常。

（2）生产信息管理以调度室为网络中心，司机和随车机械工程师值乘信息、动车组车载信息系统用 IC 卡信息、ATC 运用检修信息、质量检查组信息、各检修作业组作业信息和外部行车运输信息为网络结点。网络中心负责生产信息的收集、分析、上报、反馈，各结点负责生产信息的收集、落实、上报。

（3）当班调度员每日当班后要与运用所外部行车运输信息部门联系，收记当日生产任务、行车计划和相关信息，并上报当日动车组一二级检修作业计划和相关信息。当班调度员根据行车调度命令、月度检修计划安排、运用故障信息向各动车组检修作业组下达当日夜班动车组一二级检修作业计划。特殊情况、临时任务，由当班调度员以调度命令形式及时下达至相关作业组，并记录。

（4）调度命令下达后，各作业组要认真执行并及时上报执行信息情况。

（5）动车组一二级检修作业当班工作完成情况及一般信息，由值班调度员统计后，按照相关规定上报。检修作业和动车组运行重要信息调度员要及时向报告管理和技术人员。

（6）调度室在动车组检修作业开始前，组织动车组检修计划布置会，各作业组组长领取动车组检修计划、提出生产中存在的问题及影响计划兑现的因素。调度室认真做好协调事宜。

（7）动车组运行途中发生故障及其他不明原因造成列车晚点等临时情况时，随车机师必须第一时间内向调度室直接报告情况。值班调度员必须及时向技术和管理人员报告情况。

习　　题

1. 运用管理包括哪些内容？
2. 简述动车组的运用方式及制度。
3. 什么是动车组的周转图？简述其作用及识别方法。
4. 什么是动车组的全周转时间？怎样才能缩短周转时间，提高运用效率？
5. 简述技术速度和旅行速度的含义及意义。

第 4 章　城市轨道交通系统简介

4.1　城市轨道交通系统的概念

城市轨道交通系统(Urban Mass Transit System)，简称城轨系统，是指主要服务于城市的客运交通，通常指以电力为动力、以轮轨运行方式为特征的车辆与轨道(导轨)等各种相关设施的总和。一般来说，城市轨道交通系统的定义包括以下几层含义：一是大众运输系统；二是位于城市之内；三是电力驱动；四是行驶于轨道之上；五是班次密集。

作为城市公共交通网络的重要组成部分，在中国国家标准《城市公共交通常用名词术语》(GB 5655—1999)中，城市轨道交通的定义为"通常以电能为动力，采取轮轨运转方式的快速大运量公共交通的总称"。

"城市轨道交通"是一个包含范围较大的概念，在国际上没有统一的定义。一般来说，广义的"城市轨道交通"是指以轨道运输方式为主要技术特征，在城市公共客运交通系统中具有中等以上运量的轨道交通系统(有别于道路交通)，它主要为城市内(有别于城际铁路，但可涵盖郊区及城市圈范围内)的公共客运服务，是一种在城市公共客运交通中起骨干作用的现代化立体交通系统。

4.2　城市轨道交通的类型

在纵览世界各国现有的城市轨道交通形式的基础上，基于运能范围、车辆类型及各自不同的基本技术特征，城市轨道交通系统可分为地铁、轻轨、单轨、有轨电车、城市铁路和新交通系统 6 种类型。

1. 地铁

地下铁道，简称地铁(metro, underground, subway, tube)，是由电气牵引、轮轨导向、车辆编组运行在全封闭的地下隧道内，或根据城市的具体条件，运行在地面或高架线路上的大运量快速轨道交通系统。因为地铁在城市中心的线路通常被敷设在地下隧道里，所以称为地下铁道。

通常根据城市环境条件的情况，地铁列车主要在城市地下空间修筑的隧道中运行。由于在地面以下修建铁道线路与地下建筑造价非常昂贵，所以当条件允许时，地铁列车也可以穿出地面，在地面或者高架桥上铺轨运行。为了降低工程费用，目前地铁系统中地面各高架线路所占的比例越来越大。从早期单一的地下隧道发展为地下线路、高架线路、地面线路相结合的网络系统也是当前世界地铁的发展趋势。地铁系统一方面有建设成本高、建设周期长的弊端；另一方面又具有运量大、建设快、安全、准时、节省能源、不污染环境、节省城市用地的优点，主要适用于出行距离较长、客运量需求大的城市中心区域。

2. 轻轨

轻轨运输系统(Light Rail Transit，LRT)是指以有轨电车为基础发展起来的电气牵引、轮轨导向、车辆编组运行在专用行车道上的中等运量城市轨道交通系统。轻轨的高峰小时单向客运量一般为 1 万~3 万人次，介于标准有轨电车和快运交通系统（包括地铁和城市铁路）之间，用于城市旅客运输。

轻轨是从新式有轨电车逐步发展到路权专用、自动化程度较高及车辆在地下或高架轨道上运行的城市轨道交通形式。低技术标准的轻轨接近于现代有轨电车，而高技术标准的轻轨则接近于轻型地铁。因此，轻轨是一种技术标准涵盖范围较宽的城市轨道交通形式。图 4-1 为长春轻轨铁路。

图 4-1　长春轻轨铁路

轻轨具有投资少（每公里造价 0.6 亿~1.8 亿元）、建设周期短、运能高、灵活等优点，因此发展很快，大致有以下三类发展模式：一是改造旧式有轨电车为现代化的轻轨；二是利用废弃铁路线路改建成轻轨路线；三是建设轻轨新线路的方式。目前，各国纷纷根据自己的国情，制定相应的轻轨发展战略和模式。

3. 单轨

单轨系统（monorail），又称独轨系统，是指通过单一轨道梁支撑车厢并提供导引作用而运行的轨道交通系统，其最大的特点是车体宽度比承载轨道宽。单轨的线路多采用高架结构，车辆则大多采用橡胶轮胎，电气牵引。根据支撑方式的不同，单轨一般包括悬挂式（图4-2）和跨座式（图 4-3）两种类型。

单轨系统具有较明显的优点。单轨列车的走行轮采用特制的橡胶车轮，容易在陡坡、小半径曲线上运行，且振动噪声小；车轮两侧装有导向轮和稳定轮，控制列车转弯，运行稳定可靠；高架单轨因轨道梁仅宽 85cm，不需要很大的空间，所以可适应复杂地形的要求，同时对日照和城市景观影响小；单轨系统占地少、造价低、建设工期短，它的工程建筑费用仅为地铁的 1/3。但是，单轨也存在一些突出的不足，如橡胶轮胎与轨道梁摩擦产生橡胶粉尘的现象，对环境有轻度污染，列车运行在此区间发生事故时救援比较困难。

图 4-2　日本湘南单轨铁路（悬挂式）

图 4-3　重庆轨道交通 2 号线（跨座式）

4. 有轨电车

有轨电车（train）是使用电气牵引、轮轨导向、1~3 辆编组运行在城市路面线路上的低运量轨道交通系统。

图 4-4　长春 54 路有轨电车

　　有轨电车的历史比较久远，世界上第一条有轨电车线于 1888 年 5 月在美国弗吉尼亚州里士满市开通。20 世纪 30 年代，欧洲、日本、印度和我国的有轨电车有了很大发展。1906 年，我国第一条有轨电车线在天津北大关老龙头火车站(今天津站)建成通车。随后，上海、北京、抚顺、大连、长春、鞍山等城市也相继修建了有轨电车或电铁客车，在当时的城市公共交通中发挥了重要作用。图 4-4 为长春 54 路有轨电车。

　　有轨电车适用于乘客较少的地区，通常采用地面路线，并且在街道路面上与其他的交通混合行驶，其安全性和准时性较差。

5. 城市铁路

　　城市铁路(commuter rail)，又称区域铁路，是使用电气或内燃牵引，轮轨导向，车辆编组运行在市区、市郊及卫星城之间，以地面专用线路为主的大运量快速轨道交通系统。

　　城市铁路实际是从干线铁路发展而来的，主要服务于需要每日通勤的学生与上班族。城市铁路常用电动车组、内燃动车组运行，也有使用机车牵引车厢的情况。与地铁或轻轨相比，城市铁路使用的车辆大、编组长，班次较稀疏，一般有固定的时刻表。因为城市铁路可以使用既有铁路的路轨，建造成本大为降低。图 4-5 为北京市郊铁路 S2 线。图 4-6 为东京通勤铁路山手线。

图 4-5　北京市郊铁路 S2 线

图 4-6　东京通勤铁路山手线

6. 新交通系统

　　对于新交通系统(Automated Guideway Transit，AGT)，目前还没有统一和严格的定义，狭义的"新交通系统"定义为：由电气牵引，具有特殊导向、操纵和转折方式的胶轮车辆，单车或数辆编组运行在专用轨道上的中小运量轨道运输系统。

　　在新交通系统中，车辆在线路上可无人驾驶自动运行，车站无人管理，完全由中央控制室的计算机集中控制，自动化水平高。新交通系统与单轨系统有许多相同之处，最大的区别在于该系统除有走行轨之外，还设有导向轨。新交通系统的导向系统可分为中央导向方式和侧面导向方式，每种方式又可分为单用型和两用型。单用型的车辆只能在导轨上运行，两用型的车辆既可在导轨上行驶，又可在一般道路上行驶。目前国内在北京首都机场 T3 航站楼和广州珠江新城 APM 线采用了新交通系统。图 4-7 为东京临海新交通"百合海鸥号"，图 4-8 为名古屋导轨巴士。

图 4-7　东京临海新交通"百合海鸥号"

图 4-8　名古屋导轨巴士

第 5 章　城市轨道交通线路及设施

5.1　城市轨道交通线路的平面和纵断面

城市轨道交通线路在空间的位置是用线路的中心线来表示的。线路中心线在水平面上的投影称作线路的平面，线路的平面可以反映出线路的曲直方向变化；线路中心线在垂直面上的投影称作线路的纵断面，线路纵断面可以反映线路的坡度变化。

5.1.1　线路平面及其组成要素

在城市中，轨道交通线路不可能都以直线连接，必要时需要改变线路方向。理想的城市轨道交通线路在平面上应该是由直线和很少量的圆曲线组成的，而且每条圆曲线采用尽可能大的半径，在圆曲线和直线之间设置起过渡作用的缓和曲线。因此，城市轨道交通的线路平面是由直线和曲线组成的。

线路平面的主要技术要素有圆曲线半径、圆曲线长度、缓和曲线线型和长度、夹直线长度等。

1. 圆曲线半径

线路最小圆曲线半径与线路性质、车辆性能、行车速度、地形地物等条件有关，是城市轨道交通的主要技术标准之一。其选定是否合理，将对城市轨道交通的工程造价、运行速度、养护维修产生很大影响。

从运行安全、乘客舒适、钢轨磨耗等方面综合考虑，曲线半径宜从大到小合理选用，最小圆曲线半径应尽量少用，并应有一定限制。《地铁设计规范》（GB 50157—2003)规定："线路平面曲线半径应根据车辆类型、列车设计运行速度和工程难易程度经比选确定，线路平面的最小曲线半径不得小于表 5-1 规定的数值。"

世界各个城市地铁系统，主要线路上的曲线半径比我国的标准小得多：纽约地铁的最小曲线半径为 107m；芝加哥地铁和波士顿地铁的最小曲线半径为 100m；巴黎地铁的最小曲线半径为 175m；而东京地铁的最小曲线半径仅为 90m。

表 5-1　线路平面最小曲线半径数值　　　　　　　　　　（单位：m）

线路	一般情况		困难情况	
	A 型车	B 型车	A 型车	B 型车
正线 $V \leqslant 80$km/h	350	300	300	250
正线 80km/h$<V \leqslant 100$km/h	550	500	450	400
联络线、出入线	250	200	150	150
车场线	150	110	110	110

注：除同心圆曲线外，曲线半径应以 10m 的倍数取值

2. 圆曲线长度

线路的圆曲线长度，从改善瞭望条件、减少行车阻力和养护维修来看，短则有利，但最

短不能小于车辆的全轴距，否则就会出现一节车厢同时位于三个不同线型的情况，对行车稳定性和旅客舒适度产生不利影响。

3. 缓和曲线

由于直线与圆曲线间存在曲率半径的突变，圆曲线半径越大，这种突变程度就越小。当圆曲线半径超过 2000m 时，这种突变对轨道交通行车影响很小。而当正线上曲线半径不大于 2000m 时，需要在圆曲线与直线间设置缓和曲线，实现曲率半径的逐渐过渡，减少列车在突变点处的轮轨冲击。线路平面圆曲线与直线之间的缓和曲线应根据曲线半径、超高及设计速度设置，按照《地铁设计规范》(GB 50157—2003)进行设计。

缓和曲线线型主要有放射螺旋形和三次抛物线形，常用的是三次抛物线形。其方程式为

$$y = \frac{x^3}{6Rl_0}$$

式中，R 为曲线半径，m；l_0 为缓和曲线全长，m。

4. 夹直线

夹直线是指相邻曲线(有缓和曲线时，指缓和曲线；无缓和曲线时，指圆曲线)两端点之间的直线。当相邻曲线距离较近时，可能会出现夹直线过短的情况。夹直线太短时，会出现一辆车同时跨越两条曲线，引起车辆左右摇摆，影响行车平稳性；夹直线太短，也不易保持直线方向，增加养护困难。《地铁设计规范》(GB 50157—2003)规定："正线及辅助线上两相邻曲线间的夹直线长度(不含超高顺坡及轨距递减段的长度)，A 型车不宜小于 25m，B 型车不宜小于 20m，在困难情况下不得小于一个车辆的全轴距；车场上的夹直线长度不得小于 3m。"

5.1.2　线路纵断面及其组成要素

轨道交通线路按地面标高差异分为地面线、地下线和高架线。地面线的坡度应与城市道路相当，以减少工程量。地下线的埋深受到所到地区工程地质、水文地质条件限制，还与隧道施工方法、地面建筑物和地下构筑物的情况等因素有关。高架线应充分注意城市景观，考虑机车牵引能力，坡度尽量延长。

在轨道交通线路纵断面设计中，凡有条件的地点，线路尽量设计成符合列车运行规律的节能型坡道，即车站设在线路纵断面的高处，两端设为下坡道。列车从车站启动后，借助下坡的势能增加列车加速度，缩短列车牵引时间，从而达到节能的目的。在列车进站停车时，可以借助坡度阻力，降低列车速度，缩短制动时间，减少制动发热，节约环控能量消耗。

线路纵断面的主要技术要素有坡度、坡段长度和坡段连接。

城市轨道交通线路应尽可能采用较平缓的坡度，最大坡度的确定，必须考虑各类车辆在最大坡道上停车时的启动与防溜，同时考虑必要的安全系数。最大坡度也是城市轨道交通的主要技术标准之一，《地铁设计规范》规定：正线的最大坡度不宜超过 30‰，困难地段可采用 35‰，辅助线的最大坡度不宜超过 40‰(均不考虑各种坡度折减值)。

隧道内和路堑地段的正线最小坡度不宜小于 3‰，困难地段在确保排水的条件下，可采用小于 3‰的坡度。地面和高架桥上正线最小坡度在采取了排水措施后不受限制。

地下车站站台计算长度段线路坡度宜采用 2‰，在困难条件下，可设在不大于 3‰的坡道上。地面和高架桥上的车站站台计算长度段线路宜设在平坡道上，在困难地段可设在不大于

3‰的坡道上。

为了保证列车运行的平顺与安全,当相邻两坡段的坡度的代数差大于 2‰时,应设圆曲线型的竖曲线连接,并要求线路纵向坡段长度不宜小于远期列车计算长度,同时应满足相邻竖曲线间的夹直线长度的要求,其夹直线长度不宜小于 50m。

《地铁设计规范》还规定:车站站台计算长度内和道岔范围内不得设置竖曲线,竖曲线距离道岔端部的距离不应小于 5m。

5.2　城市轨道交通限界

根据车辆轮廓尺寸和性能、线路特性、设备安装及施工方法等因素,经技术、经济综合比较确定的空间尺寸称为限界。限界就是一种限定车辆运行及轨道周围构筑物超越的轮廓线,为了确保运营安全,各种建(构)筑物和设备均不能侵入限界。限界越大,安全度越高,但工程量和工程投资也随着增加。根据车辆轮廓尺寸、线路特性、安装施工精度等因素进行综合比较,确定一个既能保证列车运行安全,又不增加桥梁、隧道空间的经济合理的断面,这是制定限界的任务和目的。

城市轨道交通的限界包括车辆限界,设备限界,桥梁、隧道建筑限界,接触网、接触轨限界等。

1. 车辆限界

它是指车辆在正常运行状态下形成的最大动态包络线,应根据车辆主要尺寸等有关参数,并考虑在静态和动态情况下所达到的横向和竖向偏移量及偏转角度,按可能产生最不利情况进行组合计算确定。

2. 设备限界

它是用以控制设备安装的控制线,直线地段设备限界是在直线段车辆限界外扩大一定安全间隙后形成的,曲线地段设备限界应在直线地段设备限界基础上,按平面曲线不同半径、过超高或欠超高引起的横向和竖向偏移量,以及车辆、轨道参数等因素计算确定的。

3. 桥梁、隧道建筑限界

区间直线地段各种类型的桥梁、隧道建筑限界与设备限界之间的间距,应能满足各种设备安装的要求。其他类型与施工的桥梁、隧道建筑限界,应按照《地铁设计规范》规定的要求进行加宽与加高。

4. 接触轨、接触网限界

对采用接触轨受电方式的线路,需要保证设置接触轨的空间,接触轨限界设在设备限界以内,用来控制接触轨的固定结构和防护罩的安装,同时还要保证容纳受流器在安全工作状态下所需要的净空,应根据受流器的偏移、倾斜和磨耗、接触轨安装误差、轨道偏差、电间隙等因素来确定。接触网限界是指为了保证受电弓位置而留出来的空间。

车辆限界、设备限界、建筑限界如图 5-1 和图 5-2 所示。

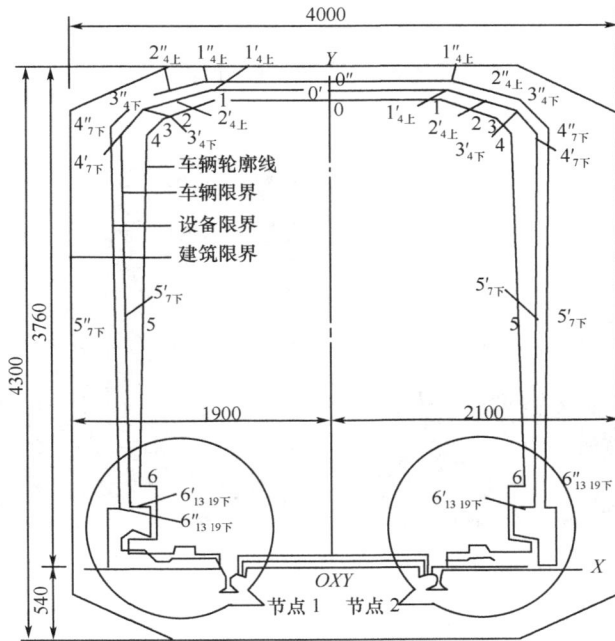

图 5-1　直线区段矩形单洞隧道车辆限界、设备限界、建筑限界

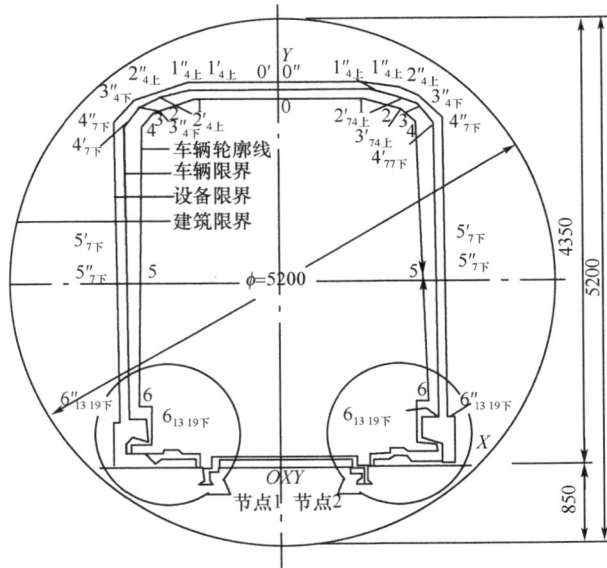

图 5-2　区间直线区段马蹄形隧道建筑限界及车辆限界

5.3　城市轨道交通线路的类型

　　线路是城市轨道交通的基础组成部分，由区间结构、车站和轨道等组成。轨道交通线路按其在运营中的地位和作用划分为正线、辅助线和车场线。

5.3.1　正线

正线是贯穿车站、区间、供载客运营的线路，可分为区间正线和车站正线，分别如图 5-3 和图 5-4 所示。

图 5-3　正线(地面)

图 5-4　正线(地下)

车站两端间内侧的线路为站内线路，简称站线。两相邻车站相邻端墙间的线路范围称为区间。城市轨道交通正线的行车速度高、密度大，要求行车安全、舒适，故线路标准要求高。城市轨道交通系统的正线均采用上、下行分行，采用右侧行车制，一般为全封闭线路。与其他交通线路相交时，一般采用立体交叉。

5.3.2　辅助线

辅助线是为了保证正线运营而配置的线路，包括渡线、折返线、联络线、车辆段出入线、停车线等。辅助线设计速度低、线路标准低，一般不行驶载客车辆。

1. 渡线

渡线是指在上下行正线之间(或其他平行线路之间)设置的连接线，通过一组联动道岔达到转线的目的。渡线有单渡线和交叉渡线，示意图如图 5-5 所示。当渡线单独设置时，用来临时折返列车，增加运营列车调度的灵活性；当与其他辅助线合用时，能完成或增强其他辅助线的功能。渡线布置的实例如图 5-6 所示。

2. 折返线

在线路端终点站，或者准备开行折返列车的中间站，设置的专供列车折返掉头的线路，称为折返线。因为全线客流分布的不均匀性，城市轨道交通系统的运营通常需要根据运行交路的要求，在端点站与中间站或中间站与中间站之间开行区间列车，这些可折返的中间站上需要配置折返线。

根据不同的折返方法，折返线可分为如下几种。

1)环形折返线

俗称灯泡线。示意图如图 5-7 所示。

环形折返线是将端点折返作业转化为沿一个环形单线区段运行的作业，实质上取消了折返过程，变为区间运行，有利于列车运行速度的发挥，消除了因折返作业而形成的线路通过能力限制条件。如图 5-8 所示为环形折返线的实图。

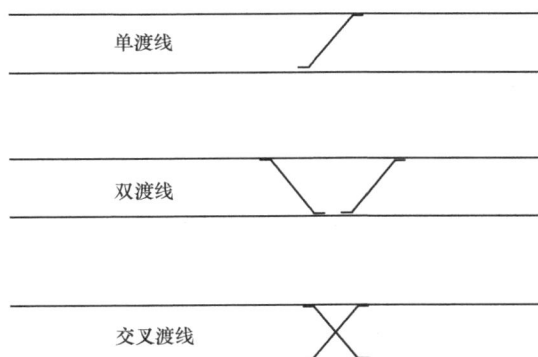

图 5-5　渡线布置示意图

图 5-6　东京 JR 中央快速线东京站站前的交叉渡线

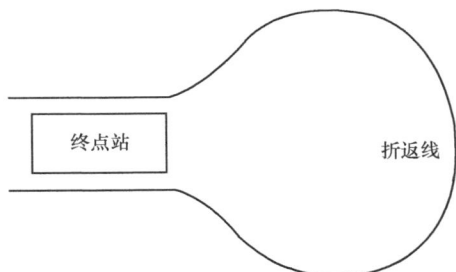

图 5-7　环形折返线示意图

图 5-8　日本爱知县桃花台新交通系统环形折返线

环线折返的问题是环线占地面积较大，尤其是在地下修建，难度更大，投资较高；环线折返丧失了一端停车维护保养检查的机动线路，对车辆技术和运行组织要求更高。线路机动性下降，线路延伸可能性甚微。一般只适用于线路较短、线路延伸可能性较小，并且该端点站又往往在地面的情况。

2）尽端折返线

可分为单线折返、双线折返、多线折返等不同的布置方法，示意图如图 5-9 所示。

利用尽端线折返的方法弥补了环线折返的不足，使端点站既可有效组织折返（如双折返线可明显降低折返时间），又可备有停车线供故障停车、检修、夜间停车等作业使用，对于线路延伸也十分方便，比较适合于地下结构的端点站以及线路较长或有延伸可能、土地不宜多占用的情况。

3）利用渡线折返

即在车站前或站后设置渡线，用以完成折返作业的布置方式。《地铁设计规范》（GB 50157—2003）2009 修订版征求意见稿规定：在折返站应设置折返线。为满足故障运行工况，每隔 5～6 座车站（或 8～10km）应设置故障列车待避线，其间每相隔 2～3 座车站（3～5km）应加设渡线。图 5-10 为北京地铁 13 号线规划各站渡线布置情况。

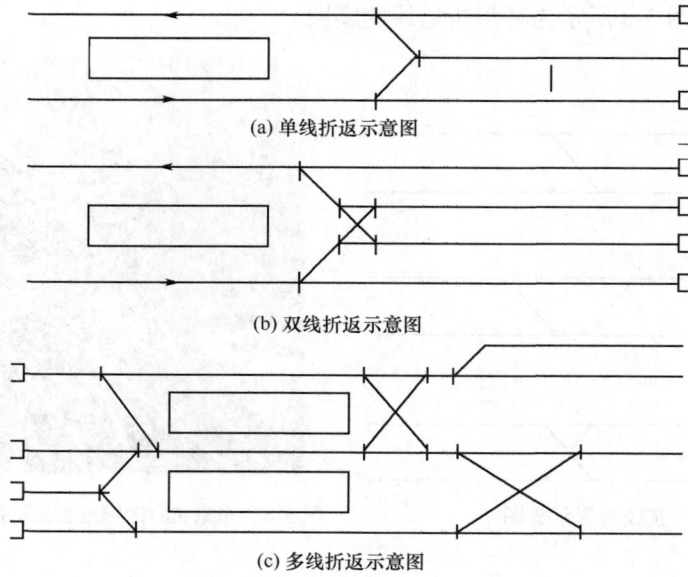

(a) 单线折返示意图

(b) 双线折返示意图

(c) 多线折返示意图

图 5-9　尽端折返线示意图

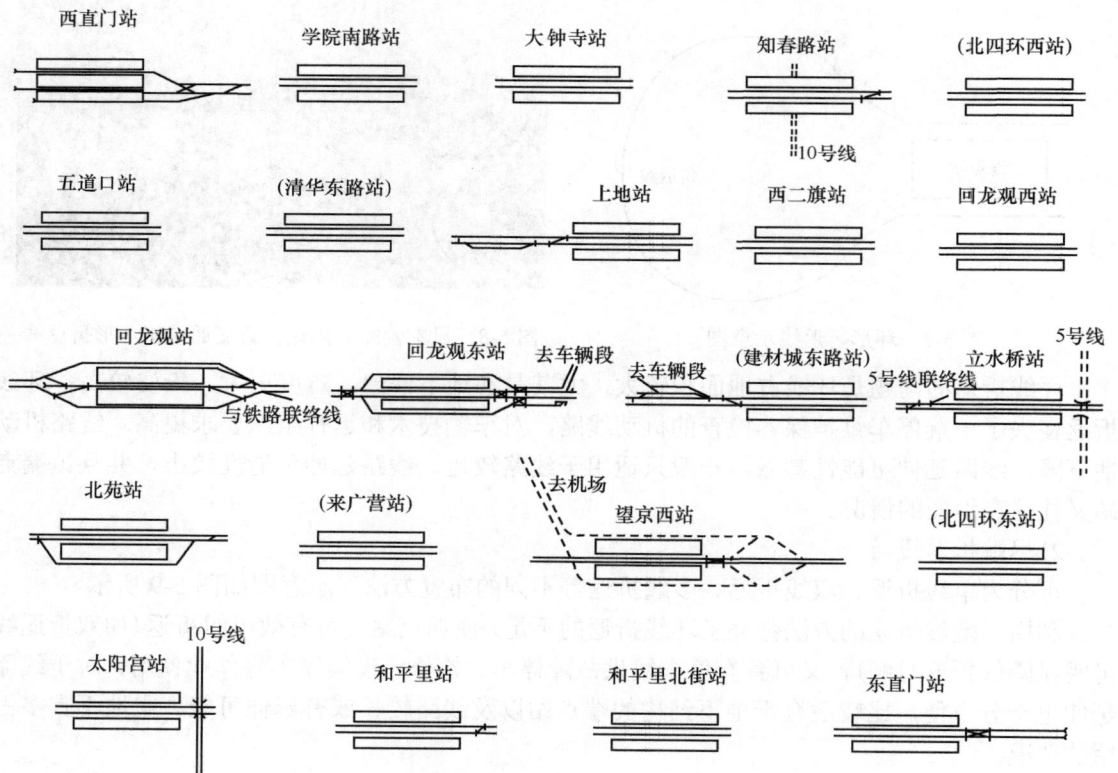

图 5-10　北京地铁 13 号线规划各站渡线布置

　　列车经由站前渡线折返的优点很明显。站前折返时，列车空走少，折返时间较短，乘客能同时上下车，可缩短停站时间，减少费用。但这种方式存在一定的进路交叉，对行车安全有一定威胁。客流量大时，可能会引起站台客流秩序混乱。

站后渡线折返方法可为短交路提供方便。如图 5-11 所示为地铁列车在进行站后渡线折返的实图。可见，利用渡线折返需要修建的线路最少，投资下降。然而，列车进出车站与折返作业有严重的干扰，尤其是在区间站利用渡线进行区间列车折返，需占用正线进行作业，故对运营管理要求十分严格。列车运行间隔时间受其制约需放大，导致线路通行能力下降，安全可靠性存在隐患。因此，在列车运行速度较高、运行间隔时间较短(即发车频率较高)、运量较大的线路，不宜采用此办法。

图 5-11　北京地铁 4 号线安河桥北站站后折返的实图

3. 联络线

联络线是指同种制式的两条单独运营的轨道交通线路之间为调动列车等作业方便而设置的连接线路。联络线的位置应在线网规划中确定，前期修建的线路应为后建线路预留联络线设置。

联络线因连接的轨道交通线路往往不在一个平面上，因此，有较大的坡道与较小的曲线半径，列车的运行速度不可能很高。如果联络线设置为地下线路，则施工难度较大，投资也较大。另外，为方便城市轨道交通车辆及大型设备的运输，有条件的地方应设置地面联络线与国家铁路专用线相连。

4. 车辆段出入线

出入线是从车辆段到运营正线之间的连接线，是车辆段与正线之间的联络通道，专供列车进出车辆段，一般分为入段线和出段线。车辆段出入线布置示意图如图 5-12 所示，实图如图 5-13 所示。

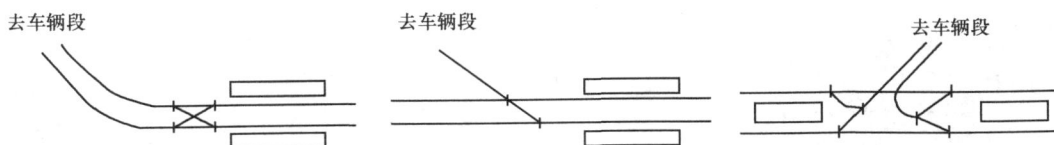

图 5-12　车辆段出入线示意图

《地铁设计规范》(GB 50157—2003)2009 年修订版征求意见稿规定：出入线宜在车站端部接轨，并应具备一度停车再启动条件；出入线应按双线双向运行设计，并避免与正线平面交叉。根据车辆基地位置和接轨条件，必要时也可设置八字形出入线。规模较小的停车场，其工程实施确因受条件限制时，在不影响功能的前提下，可采用单线双向设计。

5. 停车线

停车线一般设置在端点站，专门用于停车、进行少量检修作业的尽端线。在车辆段则拥有众多的专用停车线，提供夜间停止运营后的列车停放。需要进行检修作业的停车线设有地沟。如图 5-14 所示为广州地铁嘉禾车辆段停车线的实图。

图 5-13　北京地铁 2 号线太平湖车辆段出入线　　　图 5-14　广州地铁嘉禾车辆段内停车线

5.3.3　车场线

车场线是车辆基地内的各种作业线，主要有以下几种。

1. 检修线

检修线设在车辆段检修库内，是专门用于检修轨道交通车辆的作业线，设有地沟，配有架车设备和检修设备，如图 5-15 所示。

2. 试验线

试验线设在车辆基地，是用于为达到必要的运行速度，对检修完毕的轨道交通车辆进行运行状态监测的线路，试验线需有一定长度标准和平纵断面特点。

3. 洗车线

洗车线设在车辆基地，是专门用于清洗列车外部表面的灰尘、油污和其他污垢的作业线。洗车线上设置自动列车清洗机，清洗机能自动完成列车车头、车尾和侧墙的清洗工作，实现自动化列车清洗，如图 5-16 所示。

图 5-15　日本筑波快线车辆基地检修线　　　图 5-16　日本京急电铁新町检车段洗车线

5.4　城市轨道交通建筑物

5.4.1　路基与桥隧建筑物

路基与桥隧建筑物都是线路轨道的基础，他们直接承受轨道的质量，承受轨道传来的列车荷载。

1. 路基

根据城市轨道交通选线的特点，正线线路的路基主要由隧道结构整体道床路基组成，结合选线还可能设置有桥梁结构整体道床或碎石道床路基，还有部分正线与车场线的地面线路采用碎石道床土质路基。

2. 高架桥

当选线需要设置高架结构的桥型时，应结合考虑城市的景观要求。当高架结构与公路、铁路立交或横跨河流时，其桥下净空应满足行车、排洪的要求。

高架线路的区间桥跨结构宜采用工厂预制的钢筋混凝土或预应力混凝土梁，当梁的跨度大于 30m 时，可采用后张预应力混凝土梁或钢梁。

高架车站可采用钢筋混凝土框架结构，站内行车轨道部分的桥跨结构应与站台部分的梁板分开。同一条线路各高架车站的结构应力求统一。

3. 地下隧道

隧道宜采用信息化设计，严格按照相关规范要求，根据地质条件、荷载状况，综合考虑隧道的埋深、结构类型、施工方法等。其中施工方法有明挖法、盾构法、矿山法、沉管法等。

(1) 明挖法施工的隧道，可采用整体式与装配式钢筋混凝土结构，兼作主体结构使用的地下连续墙宜采用壁板式现浇或预制的钢筋混凝土结构。明挖法施工的隧道内部为矩形。

(2) 盾构法施工的隧道，可采用单层衬砌或在其内现浇钢筋混凝土内衬的双层衬砌；根据不同的地质条件和设计要求，单程衬砌可采用装配式钢筋混凝土衬砌或现浇的挤压混凝土衬砌；装配式衬砌联络通道的门洞区段可采用钢管片、铸铁管片或钢与钢筋混凝土的复合管片，其中大多数采用钢筋混凝土管片。盾构法施工的隧道内部一般为圆形。

(3) 矿山法(暗挖)施工的隧道，可采用整体式衬砌或复合式衬砌，复合式衬砌的外层衬砌为初期支护，可由注浆加固的底层、锚喷支护及钢拱架等支护形式组合而成；内层衬砌宜采用模铸钢筋混凝土或素混凝土。矿山法施工的隧道内部为马蹄形。

(4) 沉管法隧道专门用于水底隧道，施工时将预制好的隧道管段(两端用临时封墙密封)拖运到隧址指定的位置上，待定好位后，灌水压载，使管段沉放到预先挖好的水底沟槽中，然后与先沉放的邻接管段进行水下连接，全部完成后再覆土回填，完成隧道的修建。

地下隧道结构必须具备防水和防腐蚀的功能与作用。

5.4.2 车站

车站是城市轨道交通的重要组成部分之一，它必须具有供乘客乘降、换乘的功能，某些车站还必须提供折返、停车检修、临时待避与存放车辆的功能。因此，要求车站能安全、迅速、方便地组织乘客进出，能全面、可靠、机动地满足运营需求，同时具备良好的通风、除湿、照明、防灾、清洁卫生、减振降噪条件。现代城市轨道交通中，车站还要承担商业中心的功能，要求内部装修风格考究、外部建筑景观协调。车站在规划设计、设备配置、结构形式、施工方法等方面都是最复杂的一种建筑物，因而在城市轨道交通基建投资中所占的比例最大。

城市轨道交通车站可以根据其运营性质、站台形式和换乘方式等进行分类。

1. 按车站运营性质分类

(1) 中间站。中间站(即一般站)仅供乘客上、下车之用，功能单一，是地铁线网中数量最多的车站。

(2)区域站。区域站(即折返站)是设在两种不同行车密度交界处的车站,设有折返线路和折返设备,区域站兼有中间站的功能。

(3)换乘站。换乘站是位于两条及两条以上线路交叉点上的车站。它除了具有中间站的功能外,更主要的是还可以从一条线路上的车站通过换乘设施转换到另一条线路上的车站。

(4)枢纽站。枢纽站是由此站分出另一条线路的车站,该站可接、送两条线路上的乘客。

(5)联运站。联运站是指车站内设有两种不同性质的列车线路或交通方式进行联运及客流换乘。联运站具有中间站及换乘站的双重功能。

(6)终点站。终点站是设在线路两端的车站,就列车上、下行而言,终点站也是起点站(或称为始发站),终点站设有可供列车全部折返的折返线和设备,也可供列车临时停留检修。如线路远期延长后,则此终点站即变为中间站或区域站。

2. 按站台形式分类

1)岛式站台

岛式站台位于上下行行车线路之间,这种站台布置形式称为岛式站台。具有岛式站台的车站称为岛式站台车站(简称为岛式车站),如图 5-17 所示。岛式车站是常用的一种车站形式。岛式车站具有站台面积利用率高、能灵活调剂客流、乘客中途改变乘车方向方便,不用通过楼梯或地道换至另一侧站台,车站管理集中、站台空间宽阔等优点,因此,一般常用于客流量较大的车站。岛式车站在站台两端会出现喇叭口状线路,同样列车编组的站台长度,岛式车站的站台长度要比侧式站台长,一旦车站建造完成,要扩建延长站台长度是很困难的。

2)侧式站台

侧式站台位于上、下行行车线路的两侧,这种站台布置形式称为侧式站台。具有侧式站台的车站称为侧式站台车站(简称侧式车站),如图 5-18 所示。侧式车站也是常用的一种车站形式。侧式车站站台上下行乘客可避免相互干扰,正线和站线间不设喇叭口,造价低,改建容易,但站台面积利用率低,不可调剂客流,乘客中途改变乘车方向必须经地道、天桥、站厅或者更简易地使用进口楼梯平台作为换边通道。侧式车站管理分散,站台空间不及岛式宽阔,因此,侧式站台多用于两个方向客流量较均匀(或流量不大)的车站。

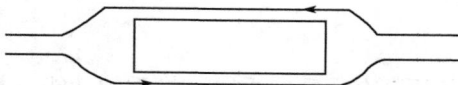

图 5-17　岛式车站示意图

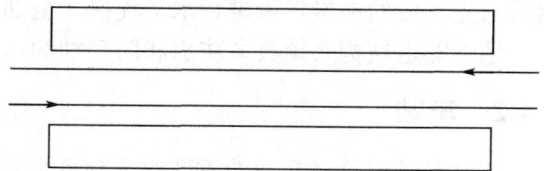

图 5-18　侧式车站示意图

3)分离式站台

图 5-19　分离式车站示意图

分离式站台轨道隧道与站厅结构分离,各站台有联络通道连接,这种站台布置形式称为分离式站台(或分离岛式站台)。具有分离式站台的车站称为分离式站台车站(简称分离式车站),如图 5-19 所示。建造分离式车站主要是为了避开车站上方立交桥的桥桩或避免开挖路面。与侧式车站类似，分离式车站站台面积使用率低，难以调剂客流，仅在联络通道中有一定的客流调剂功能。

　　4）混合式站台

　　混合式站台是车站使用超过两个站台时采用的一种形式，具有这种站台形式的车站称为混合式站台车站（简称混合式车站）。混合式车站主要用于两侧站台换乘或列车折返。混合式站台可布置成双岛式、双侧式、一岛一侧式或一岛两侧式（图 5-20）。

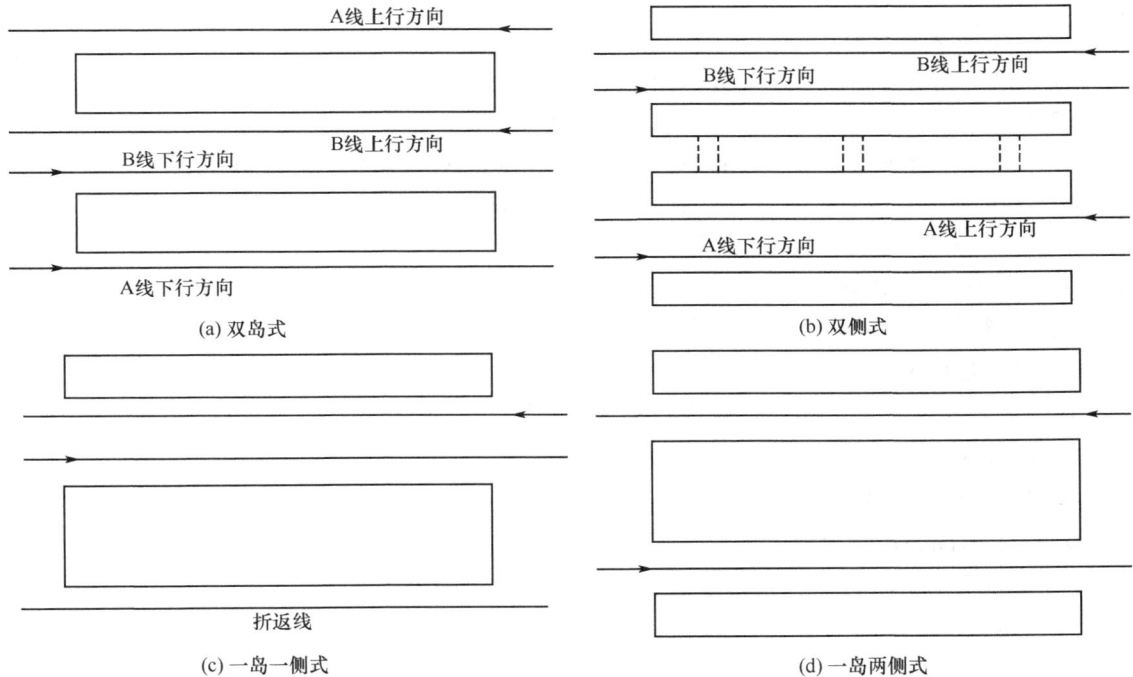

图 5-20　混合式车站示意图

5.5　城市轨道交通车辆

5.5.1　城市轨道交通车辆的特点

　　作为城市轨道交通的关键设备，城市轨道交通车辆具有较高的技术含量，其选型和技术参数不仅是界定线路技术标准的基础，还是系统运营管理模式和维修方式选择的基本条件，更是系统设备选型和设备规模确定的重要依据。不同国家和城市选用的轨道交通车辆的结构和性能不尽相同，但车辆作为系统中完成乘客运输任务的直接工具，一般都具有以下特点。

　　(1)载客能力强。大型轨道交通车辆可达 350 人/辆。

　　(2)动力性能好。轨道交通速度快、加速能力强、制动效果好。

　　(3)安全可靠性强。列车具有先进的计算机控制技术及故障自诊断功能，设备先进，故障率低，稳定性、可靠性强，突发情况下适应性强。

　　(4)环境条件好。候车和乘车环境中的照明、空调、座椅、扶手等设备设施先进、齐全。

(5)环保节能。车辆牵引主要使用电力，清洁环保。

5.5.2　城市轨道交通车辆的类型

1. 按车辆牵引动力配置分类

(1)动车(Motor car，用 M 表示)。车辆自身具有动力装置(动轴上装有牵引电机)，具有牵引与载客双重功能。

(2)拖车(Trailer car，用 T 表示)。车辆不具备动力装置，需动车牵引拖带的车辆，仅有载客功能。

2. 按车辆规格分类

(1)A 型车。车体宽度为 3.0m 的四轴系列车型。

(2)B 型车。车体宽度为 2.8m 的四轴系列车型。

(3)C 型车。车体宽度为 2.6m 的四、六、八轴高地板铰接车系列车型。

(4)D 型车。车体宽度为 2.6m 的四、六、八轴低地板铰接车系列车型。

此外，还有 L 型直线电机牵引车辆。

3. 按车体材料分类

按车体材料可分为耐候钢车、不锈钢车和铝合金车。

4. 按受电方式分类

按受电方式可分为受电弓车和受流器(受电靴)车。

5. 按电压等级分类

按电压等级可分为直流 1500V 车和直流 750V 车。

6. 按牵引控制系统分类

(1)直流变阻车，如图 5-21 所示。

(2)直流斩波调压车，如图 5-22 所示。

图 5-21　BD2 型直流变阻列车　　　　　图 5-22　DK11 型直流斩波调压列车

(3)GTO 交流变压变频(VVVF)车，如图 5-23 所示。

(4)IGBT 交流变压变频(VVVF)车，如图 5-24 所示。

为了规范车辆限界制定和满足相关设计要求，需要各类车型的计算车辆参数。各类车型的计算车辆参数如表 5-2 所示。

图 5-23　DKZ4 型 GTO-VVVF 列车

图 5-24　SFM04 型 IGBT-VVVF 列车

表 5-2　各类车型计算车辆参数　　　　　　（单位：m）

项目名称	A 型车	B 型车	C 型铰接车	D 型铰接车	L 型车	单轨车
车长	22.1	19.0	—	—	17.08	14.8
车宽	3.0	2.8	2.6	2.6	2.8	2.98
车高	3.8	3.8	3.7	3.7	3.625	3.84 / 5.3
车辆定距	15.7	12.6	—	—	11.14	9.6
转向架轴距	2.5	2.3	1.9	1.9	2.0	2.5
车厢地板高度	1.13	1.10	0.95	0.35	0.93	1.13

5.5.3　车辆的基本组成

城市轨道交通车辆的类型、技术参数不尽相同，但一般都由车体、转向架、制动装置、风源系统、电器传动控制、辅助电源、通风、采暖及空调、内装及设备、车辆连接装置、受流装置、照明、自控、监控系统和车辆设备等组成，下面重点介绍车体、转向架、制动装置、车辆连接装置、受流装置和车辆设备等。

1. 车体

坐落在转向架上的车体是组成城市轨道交通车辆最重要的组成部件之一，可分为有司机室车体和无司机室车体两种。车体一般由底架、侧墙、车顶和端墙组成，是容纳乘客和司机驾驶的地方，又是安装与连接其他设备和部件的基础。车体最初由普通碳素钢制造。为了减少腐蚀，提高使用寿命，耐候钢制造的车体得到广泛应用。为实现车体的轻量化，现代城市轨道交通车辆多由不锈钢、铝合金制造。车体的个别部位（如前端）也可采用玻璃钢等有机合成材料制造。车体布置有隔音、减振、保温、防火和应急逃生等设施。

2. 转向架

转向架是支撑车体并负担车辆沿着轨道走行的支承走行装置，可分为动力转向架和非动力转向架两种类型。转向架一般由构架、轮对轴向装置、弹簧悬挂装置和制动装置等组成，如图 5-25 所示。

图 5-25　地铁列车转向架

转向架的形式和性能决定了城市轨道交通列车的速度和性能。转向架可以承受车辆自重和载重，使轴重均匀分配，同时传递从车体至轮对之间或轮轨至车体之间的各种载荷及作用力。转向架可以相对于车体旋转，能灵活地沿着直线线路运行或顺利地通过曲线，减小运行阻力与噪声，提高运行速度，保证车辆安全运行。转向架充分利用轮轨之间的黏着，根据工况通过轴承装置使车轮沿钢轨的滚动和车体沿线路运行的平动相互转化，传递牵引力和制动力。

3. 制动装置

制动装置是保证列车安全运行所必不可少的装置，它可以保证运行中的列车按需要减速或在规定的距离内停车。

制动方式指制动时列车动能的转移方式或制动力获取的方式。城市轨道交通车辆制动方式包括机械制动和电制动两类。机械制动方式包括闸瓦（踏面）制动（图 5-26）、盘形制动（图 5-27）、磁轨制动（图 5-28）、液力制动、发动机制动、排气制动，电制动方式包括电阻制动、旋转涡流制动、轨道涡流制动（图 5-29）和再生制动等。其中液力制动、发动机制动和排气制动是内燃轨道车辆特有的制动方式。

图 5-26　闸瓦制动

图 5-27　盘形制动

图 5-28　磁轨制动

图 5-29　轨道涡流制动

4. 车辆连接装置

车辆连接装置包括车钩缓冲装置、电气连接装置及车辆贯通装置。

1) 车钩缓冲装置

车钩缓冲装置的作用是供车辆编组连接成列，同时传递牵引力，缓和纵向冲击力（如启动、制动等）。车钩缓冲装置主要由车钩、缓冲器、风管连接器等部分组成。我国城轨车辆中应用的密接式车钩有自动车钩、半自动车钩、永久车钩（棒连接器）、半永久车钩等。车钩可同时连接车辆之间的电路和空气管路。缓冲器装在钩深后部，是缓解车辆之间相互冲撞的部件。缓冲器由牵引杆、缓冲弹簧片、前从板、后从板、缓冲器体、后盖等组成。风管连接器由总风管、制动风管、解钩风管连接器组成，用来连接车辆间的气体管路，装设于钩头锥体的上下两侧。

2) 电气连接装置

电气连接装置有自动电气连接器和插头插座式连接器。自动电气连接器（图5-30）一般安装在车钩上，插头插座式连接器安装在车体后端墙上。

3) 车辆贯通装置

贯通装置是车辆与车辆之间的客室连接通道，便于相邻车辆间乘客的流动，调节客室的疏密。城轨车辆一般采用全贯通式，设有风窗和渡板。贯通装置实现两辆车之间的柔性连接，保证了整列车客室的均匀承载。贯通装置不受天气影响，防水且隔音，能够增大客室的有效面积。

图 5-30　附带电气连接器的自动车钩

5. 受流装置

受流装置就是接受供电的装置。按其受流方式，受流装置可分为杆形受流器、弓形受流器、侧面受流器、轨道式受流器和受电弓受流器 5 种形式。

（1）杆形受流器。外形为一根或两根平行杆，上方有受电轨（导线），广泛用于城市有轨电车（单杆）和无轨电车（双杆），如图 5-31 所示。

（2）弓形受流器。形状如弓，结构较简单，无关节机构，与上部导线相接触，以下方钢轨构成回路，用于城市有轨电车，如图 5-32 所示。

图 5-31　杆形受流器

图 5-32　弓形受流器

（3）侧面受流器。在车顶的侧面受流，又称为"旁弓"，多用于矿山装货物的电力机车上。

（4）轨道式受流器。从与轨道并行的导电轨受流，又称第 3 轨受流，空间可得到充分利用，多用于速度较高的隧道列车运行，如图 5-33 所示。北京地铁及目前欧美大部分城市均采用这种受流方式。

（5）受电弓受流器。形状如弓，弓可升降，有关节伸缩机构，配备弹簧和空气装置精确控制弓网接触压力，适用于列车速度较高的干线电力机车上，目前国内新建地铁线路一般趋向采用此种形式，如图 5-34 所示。

图 5-33　轨道式受流器　　　　　　　　图 5-34　受电弓受流器

受电制式上，目前世界上地铁发展较早的城市大都采用直流 750V，个别有采用 600V 的。北京地铁为直流 750V。上海地铁采用直流 1500V，它与直流 750V 相比具有以下优点：可提高牵引电网供电质量，降低迷流数值，增加牵引供电距离，从而减少牵引变电所数量；便于地铁线路实现地下、地面和高架的联动。

6. 车辆内部设备

车辆内部设备包括服务于乘客的车体内的固定附属装置和服务于车辆运行的设备装置。属于前者的有：车电、通风、取暖、空调、座椅和拉手等。服务于车辆运行的设备装置大多吊挂于车下，如蓄电池箱、继电器箱、主控制箱、电动空气压缩机组、总风缸、电源变压器、各种电气开关和接触器箱等。

7. 车辆电气系统

车辆电气包括车辆上的各种电气设备及其控制电路。包括主电路系统、辅助电路系统和电子与控制电路系统等。

5.6　城市轨道交通信号系统

城市轨道交通信号系统是保证列车运行安全，实现行车指挥和列车运行现代化，提高运输效率的关键系统设备。

城市轨道交通信号系统通常由列车自动控制（Automatic Train Control，ATC）系统组成，ATC 系统包括三个子系统：列车自动监控（Automatic Train Supervision，ATS）子系统；列车自动防护（Automatic Train Protection，ATP）子系统；列车自动运行（Automatic Train Operation，ATO）子系统。这三个子系统通过信息交换网络构成闭环系统，实现地面控制与车上控制结合、现地控制与中央控制结合，构成一个以安全设备为基础，集行车指挥、运行调整以及列车驾驶自动化等功能为一体的列车自动控制系统。

5.6.1　ATC 系统分类

1. 按闭塞布点方式

按闭塞布点方式，可分为固定式和移动式。

1）固定闭塞 ATC 系统

固定闭塞 ATC 系统是基于传统轨道电路的自动闭塞方式，闭塞分区按线路条件经牵引计算来确定，一旦划定将固定不变。列车以闭塞分区为最小行车间隔，ATC 系统根据这一特点实现行车指挥和列车运行的自动控制。固定闭塞 ATC 系统按控制方式，又可分为速度码模式（台阶式）和目标距离码模式（曲线式）。

（1）速度码模式（台阶式）。例如，北京地铁和上海地铁 1 号线分别引进的英国 WSL 公司和美国 GRS 公司的 ATC 系统均属此类 ATC 系统，该系统属 20 世纪七八十年代的产品，技术成熟，造价较低，但因闭塞分区长度的设计受限于最不利线路条件和最低列车性能，故不利于提高线路运输效率。固定闭塞速度码模式 ATC 基于普通音频轨道电路，轨道电路传输信息量少，对应每个闭塞分区只能传送一个信息代码。从控制方式可分成入口控制和出口控制两种；从轨道电路类型可分为有绝缘轨道电路和无绝缘轨道电路两种。

以出口防护方式为例，轨道电路传输的信息即该区段所规定的出口速度命令码，当列车运行的出口速度大于本区段的出口命令码所规定的速度时，车载设备便对列车实施惩罚性制动，以保证列车运行的安全。由于列车监控采用出口检查方式，故为保证列车安全追踪运行，需要一个完整的闭塞分区作为列车的安全保护距离，限制了线路通过能力的进一步提高和发挥。能提供此类产品的公司有英国 WSL 公司、美国 GRS 公司、法国 ALSTOM 公司和德国 SIEMENS 公司等。

（2）目标距离码模式（曲线式）。目标距离码模式一般采用音频数字轨道电路或音频轨道电路加电缆环线，或音频轨道电路加应答器，具有较大的信息传输量和较强的抗干扰能力。通过音频数字轨道电路发送设备或应答器向车载设备提供目标速度、目标距离、线路状态（曲线半径、坡道等数据）等信息，车载设备结合固定的车辆性能数据计算出适合于列车运行的目标距离速度模式曲线（最终形成一段曲线控制方式），保证列车在目标距离速度模式曲线下有序运行。这不仅增强了列车运行的舒适度，而且列车追踪运行的最小安全间隔缩短为安全保护距离，有利于提高线路的通过能力。例如，上海地铁 2 号线引进美国 US&S 公司，3 号线引进法国 ALSTOM 公司，广州地铁 1 号、2 号线引进德国西门子公司的 ATC 系统均属此类。

2）移动闭塞 ATC 系统

移动闭塞是基于通信技术的列车控制（Communication Based Train Control，CBTC）ATC 系统，该系统不依靠轨道电路向列控车载设备传递信息，而是利用通信技术实现"车地通信"并实时地传递"列车定位"信息。通过车载设备、轨旁通信设备实现列车与车站或控制中心之间的信息交换，完成速度控制。系统通过建立车地之间连续、双向、高速的通信，使列车命令和状态可以在车辆和地面之间进行实时可靠的交换，并确定列车的准确位置及列车间的相对距离，保证列车的安全间隔。

移动闭塞技术是通过车载设备和轨旁设备不间断的双向通信来实现的。列车不间断向控制中心传输其标志、位置、方向和速度等信息，控制中心可以根据列车实时的速度和位置动态计算列车的最大制动距离。列车的长度加上这一最大制动距离并在列车后方加上一定的防护距离，便组成了一个与列车同步移动的虚拟分区。由于保证了列车前后的安全距离，两个相邻的移动闭塞分区就能以很小的间隔同时前进，这使列车能以较高的速度和较小的间隔运行，从而提高运营效率。

目前国内应用 CBTC 系统有武汉地铁 1 号线，上海轨道交通 8 号线，北京地铁（除 1 号线、5 号线、13 号线、八通线），广州地铁（除 1、2、8 号线）等。能提供 CBTC 产品的公司有德国西门子公司、法国阿尔斯通公司、加拿大庞巴迪公司、中国通号等。

2. 按机车信号传输方式

按机车信号传输方式，可分为连续式和点式。

3. 按各系统设备所处地域

按各系统设备所处地域，可分为控制中心子系统、车站及轨旁子系统、车载设备子系统和车场子系统。

5.6.2　ATS 子系统

ATS 子系统由控制中心、车站、车场以及车载设备组成。ATS 子系统在 ATP 系统的支持下完成对列车运行的自动监控，实现以下基本功能。

（1）通过 ATS 车站设备，能够采集轨旁及车载 ATP 提供的轨道占用状态、进路状态、列车运行状态以及信号设备故障等控制和监督列车运行的基础信息。

（2）根据联锁表、计划运行图及列车位置，自动生成输出进路控制命令，传送至车站联锁设备，设置列车进路、控制列车停站时分。

（3）列车识别跟踪、传递和显示功能。系统能自动完成正线区段内列车识别号（服务号、目的地号、车体号）跟踪，列车识别号可由中央 ATS 自动生成或调度员人工设定、修改，也可由列车经车——地通信向 ATS 发送识别号等信息。

（4）列车计划与实际运行图的比较和计算机辅助调度功能。系统能根据列车运行实际的偏离情况，自动生成调整计划供调度员参考或自动调整列车停站时分，控制发车时间。

（5）ATS 中央故障情况下的降级处理，由调度员人工介入设置进路，对列车运行进行调整，由 ATS 车站完成自动进路或根据列车识别号进行自动信号控制，由车站人工进行进路控制。

（6）在计算机辅助下完成对列车基本运行图的编制及管理，并具有较强的人工介入能力。通过设在车辆段的终端，向车辆段管理及行车人员提供必要的信息，以便编制车辆运用计划和行车计划。

（7）列车运行显示屏及调度台显示器，能对轨道区段、道岔、信号机和在线运行列车等进行监视，能在行调工作站上给出设备故障报警及故障源提示。

（8）能在中央专用设备上提供模拟和演示功能，用于培训及参观；能自动进行运行报表统计，并根据要求进行显示并打印。

（9）能在车站控制模式下与计算机联锁设备结合，将部分或所有信号机置于自动模式状态。

（10）向通信无线、广播、旅客向导系统提供必要的信息。

5.6.3　ATP 子系统

ATP 子系统由地面设备和车载设备组成，监督列车在安全速度下运行，确保列车一旦超过规定速度，立即施行制动，主要实现以下功能。

（1）自动连续地对列车位置进行检测，并向列车发送必要的速度、距离、线路条件等信息，以确定列车运行的最大安全速度；提供列车速度保护，在列车超速时提供常用制动或紧急制动，保证前行与后续列车之间的安全间隔；满足正向行车时的设计行车间隔和折返间隔；对反向运行列车能进行 ATP 防护。

（2）确保列车进路正确及列车的运行安全；确保同一路径上的不同列车之间具有足够的安全距离以及防止列车侧面冲撞。

（3）防止列车超速运行，保证列车速度不超过线路、道岔、车辆等规定的允许速度。

（4）为列车车门的开启提供安全、可靠的信息。

（5）根据联锁设备提供的进路上轨道区间运行方向，确定相应轨道电路发码方向。

（6）任何车—地通信中断以及列车的非预期移动（含退行），任何列车完整性电路的中断、列车超速（含临时限速）、车载设备故障等均将产生安全性制动。

（7）实现与 ATS 的接口和有关的交换信息。

（8）实现系统的自诊断、故障报警、记录。

（9）实现列车的实际速度、推荐速度、目标速度、目标距离等信息的记录和显示，具有人工或自动轮径磨耗补偿功能。

5.6.4　ATO 子系统

ATO 子系统是控制列车自动运行的设备，由车载设备和地面设备组成，在 ATP 系统的保护下，根据 ATS 的指令实现列车运行的自动驾驶、速度的自动调整、列车车门控制。

（1）自动完成对列车的启动、牵引、巡航、惰行和制动的控制，以较高的速度进行追踪运行和折返作业，确保达到设计间隔及旅行速度。

（2）ATS 监控范围的人口及各站停车区域（含折返线、停车线）进行车—地通信，将列车的有关信息传送至 ATS 系统，以便于 ATS 系统对在线列车进行监控。

（3）控制列车按照运行图运行，达到节能及自动调整列车运行的目的。

（4）ATO 自动驾驶时，实现车站站台定点停车控制、舒适度控制及节省能源控制。

（5）能根据停车站台的位置及停车精度，自动对车门进行控制。

（6）与 ATS 和 ATP 结合，实现列车自动驾驶、有人或无人驾驶。

5.6.5　信号系统运营模式

1）ATS 自动监控模式

在正常情况下，ATS 系统自动监控在线列车的运行，自动向连锁设备下达列车进路命令，列车在 ATP 的安全保护下由司机按规定的运行图时刻表驾驶列车运行。控制中心行车调度员仅需监督列车和设备的运行状况。每天开班前，控制中心调度员选择当日的行车运行图、时刻表，经确认或作必要的修改，作为当日行车指挥的依据。

2）调度员人工介入模式

调度员可通过工作站发出有关行车命令，对全线列车运行进行人工干预；调整列车运行计划，包括对列车实施"扣车""终止站停"、改变列车进路、增减列车等。

3）列车出入车场调度模式

车辆调度员根据当日列车运行图、时刻表编制车辆运用计划和场内行车计划，并传至控制中心。车场信号值班员按车辆运用计划设置相应的进路，以满足列车出入段作业要求。

4) 车站现地控制模式

除设备集中站其他车站不直接参与运营控制外，车站连锁和车站 ATS 系统结合实现车站和中央两级控制权的转换。在中央 ATS 设备故障或经车站值班员申请，中央调度员同意放权后，可改由车站现地控制。

在现地控制模式下，车站值班员可直接操纵车站连锁设备，可将部分信号机置于自动模式状态，也可将全部信号机设为自动模式状态，控制中心行车调度员应通过通信调度系统与列车驾驶员、车站值班员保持联系。

5) 车场控制模式

列车出入场和场内的作业均由场值班员根据用车计划直接排列进路。车场与正线之间设置转换轨，出入场线与正线间采用联锁照查联系保证行车安全。

6) 列车运行控制模式

列车在正线、折返线上运行作业时，常用 ATO 自动驾驶模式和 ATP 监督下的人工驾驶模式，限制人工驾驶和非限制人工驾驶模式均为非常用模式。

（1）ATO 自动驾驶模式。列车启动后，在 ATP 设备安全保护下，车载 ATO 设备自动控制列车加速、巡航、惰行、制动，并控制列车在车站的停车位置、开关车门，司机仅需监督 ATP/ATO 车载设备的运行状况。

（2）ATP 监督下的人工驾驶模式。列车启动后，车载 ATP 设备根据地面提供的信息，自动生成连续监督列车运行的一次速度模式曲线，实时监督列车运行。司机根据 ATP 显示的速度信息驾驶列车，当列车运行速度接近限制速度时，提出报警；当列车运行速度超过限制速度时，ATP 车载设备将对列车实施制动。

（3）限制人工驾驶模式。司机以不超过车载 ATP 的限制速度行车，列车运行安全由司机负责。当列车超过该限制速度时，ATP 车载设备则对列车实施制动。

（4）非限制人工驾驶模式。在车载 ATP 设备故障状态下运用，ATP 将不对列车运行起监控作用。列车运行安全由司机、调度员、车站值班员共同负责。

7) 列车折返模式

当列车在 ATP 监督人工驾驶模式下折返时，列车由人工驾驶自到达股道牵出至折返线，由司机转换驾驶端，并折返至发车股道。

在 ATO 有人驾驶模式下折返时，列车能以较合理的速度从到达股道牵出至折返线，由司机转换驾驶端和启动列车，然后从折返线进入发车股道。

信号 ATC 系统依据控制方式以及信息传输方式的不同，系统结构组成和配置方式也完全不同。在工程设计中选择何种配置，须根据行车组织、车辆性能、车站规模、线路条件等，以安全性、可靠性为基本原则，兼顾成熟性、经济性、合理性，以发挥最大效能为目标，并需适当考虑先进性等。

第6章 日常行车组织

6.1 组织原则和架构

6.1.1 行车组织原则

行车组织必须贯彻安全生产的方针，坚持高度集中、统一指挥的原则，各单位、各岗位间要发扬协作精神，充分体现联动作用，紧密联系，协同动作，实现安全、高效、便捷、舒适的运营目标。

日常运行计划由列车运行图体现，由运营管理部门编制列车运行图，运行计划是行车组织工作的基础，所有的部门和单位必须根据列车运行计划的规定，组织本部门、本单位的工作，保证运行计划的实现。

特殊活动运行计划，由运营管理部门编制计划方案，各单位、部门遵照执行。

运营调度负责组织实施运行计划，并根据现场情况发布指挥列车运行的调度命令；各行车岗位人员必须严格执行运营调度的命令，服从调度指挥。

运营调度员应严格按列车运行图指挥列车，遇列车发生晚点时，应积极采取措施，组织有关人员恢复正点；注意列车在车站的到发及区间的运行情况，及时、正确地处理临时发生的问题，防止列车运行事故；随时掌握客流变化情况，及时调整列车的运营。

6.1.2 行车组织架构

行车组织指挥体系包括路网管理层、线路控制层、线路执行层。

路网管理层(运营管理部门、COCC)：负责全路网的运营监控、统筹管理，突发事件时路网运营方案的制订。

线路控制层(各线 OCC)：负责线路行车计划的组织实施，运营紊乱、突发事件时运营方案的落实。

线路执行层(车站值班员、司机、信号楼、运转值班员)：负责线路行车计划的执行，运营紊乱、突发事件时运营方案的执行。

6.2 行车组织方式

6.2.1 自动闭塞

在运营期间，电动列车按 ATP 自动闭塞法行车。

前后相邻列车之间的安全运行间隔由列车自动防护系统(ATP)自动实现。

ATP 自动闭塞区段，列车显示零码(或遇到红灯)必须停车，并报告运营调度员，后按运营调度员命令继续运行，严禁擅自以切除 ATP、限速向前或限速向后等非 ATP 保护的模式动车。

ATP 自动闭塞可分为连续式 ATP 和点式 ATP 两种。

1. 连续式 ATP

适用范围：

列车自动控制系统(连续式 ATP)运行正常。

执行要求：

(1)列车凭发车指示器的指令关闭车门；

(2)列车的行车凭证为列车收到的允许速度码；

(3)列车司机确认车门(屏蔽门)关闭、信号机开放正常及列车收到的允许速度码动车；

(4)列车自动防护系统(连续式 ATP)自动控制列车之间的安全运行间隔。

2. 点式 ATP

适用范围：

列车自动控制系统(点式 ATP)运行正常。

执行要求：

(1)列车凭发车指示器的指令关闭车门；

(2)列车的行车凭证为列车收到的允许速度码；

(3)列车司机确认车门(屏蔽门)关闭、信号机开放正常及列车收到的允许速度码动车；

(4)列车自动防护系统(点式 ATP)自动控制列车之间的安全运行间隔。

6.2.2　电话闭塞

电话闭塞法为地铁的代用行车闭塞方式。电话闭塞法是相邻两站(场、段)通过电话联系形式确认区间空闲，并以发出电话记录号码的方式办理闭塞的一种行车组织方法。

电话闭塞法的启用、取消及实施区段必须根据调度命令内容执行，电话闭塞法必须在车站站间闭塞电话及列车无线通信设备状态正常时方可执行。列车站间行车的凭证为路票，列车在车站的发车凭证为发车手信号。电话闭塞法行车时，同方向追踪列车的最小发车间隔为两站两区间(终端站除外)。当部分区段发生行车故障必须进行电话闭塞法行车时，必须在信号故障的区段范围前后各增加一个防护区间及车站，作为电话闭塞法行车的起始与终止范围。

电话闭塞法的适用范围：运营期间信号设备故障，单个及以上集中站自动闭塞设备不能正常适用；运营结束后开行工程列车、轨道列车或其他非规定制式列车；其他特殊情况。

1. 电话闭塞法的作业流程

1)运营期间由自动闭塞转为电话闭塞的作业准备流程

(1)调度令实施电话闭塞的区段内列车立即停车待命，并命令故障区段内各车站准备本站接车进站，车站在进站办理妥当后，主动向调度汇报。

(2)调度组织电话闭塞法区段内所有列车运行至车站站台停车待命。如列车停于区间，调度在确认前方站具备接车条件后，令停于区间的列车以人工限制向前方式(CLOSE-IN、RMF、RMO、授权模式)限速 20km/h 运行至前方车站停车待命。如同一个区间停有多列列车，调度需令列车逐列运行至车站停车待命。

(3)调度待实施电话闭塞的区段内所有列车位置均停至站台待命后，与实施电话闭塞法区段内的所有列车司机、车站值班员复核确认列车所在位置。

2)实施电话闭塞法的作业流程

(1)调度向有关车站(场)、列车司机下达启动电话闭塞法运行的调度命令，命令包括实施电话闭塞行车的区段范围、行车方向、区间限速、时间等。

(2)车站(场)必须通过核对车站(场)生产日志、运行计划、电话联系邻站等方式严格确认前方区间及车站列车占用情况，按电话闭塞法的行车要求办理闭塞。

(3)实施电话闭塞法的终端车站接车条件按电话闭塞法相关规定执行，发车条件根据轨旁车载信号显示执行。

(4)发车站确认本站至前车站无闭塞，且线路区间空闲后向前方车站请求闭塞，前方站进行复诵，填写《车站(场)生产日志》。

(5)前方站接到闭塞请求，确认发车站至本站及本站至前方站无闭塞、且线路区间、车站(本站、前方站)空闲后，准备本站的接车进路。

(6)前方站接车进路办理妥当后，向发车站发出同意闭塞的电话记录号码，发车站进行复诵，填写《车站(场)生产日志》。

(7)发车站在得到前方的闭塞同意后，填写《车站(场)生产日志》，准备本站发车进路，在本站发车进路准备妥当后，方可填写路票。

(8)本站值班员确认路票填写正确，发车进路办理妥当后，由车站行车人员将路票交至司机，并向司机显示发车手信号。

(9)司机收到路票，确认路票填写正确后，根据发车手信号动车，行至下一车站(场、段)。

(10)发车站在确认列车发车后，填写《车站(场)生产日志》，向前方车站报列车发点，前方站进行复诵；发车站待列车整列出清本站，确认闭塞解除条件满足后，填写《车站(场)生产日志》，向后方车站解除闭塞，后方站进行复诵。

(11)前方站在得到发车站的发车报点后，填写《车站(场)生产日志》，迅速安排车站行车人员至站台规定停车位置接车，向列车显示接车手信号。

(12)列车司机根据停车手信号显示停车，如无行车人员显示停车手信号则按规定停车位置停车并向行车调度汇报。

(13)列车整列到达后，接车站向司机收取路票，填写《车站(场)生产日志》，并向发车站报列车到点，发车站进行复诵。

(14)实施电话闭塞法行车区段内的起点站、终点站、信号集中站及 2 条线路的交汇站在向邻站报道/发点的同时需向行车调度报点，其他车站无须向行车调度报点。

3)运营期间取消电话闭塞法转为自动闭塞的作业流程

(1)设备单位确认实施电话闭塞区段信号故障已修复，具备恢复自动闭塞行车条件，并向调度进行汇报。

(2)调度发布取消电话闭塞法转为自动闭塞法的调度命令。

(3)车站接到调度命令后取消已办理的闭塞，如列车已在区间运行待到站后解除。

(4)司机到达车站接到调度命令后，根据自动闭塞信号显示恢复正常模式运行。

2. 电话闭塞法的作业要求

1)电话闭塞法的标准用语

请求(预办)闭塞：××站上(下)行××次列车请求(预办)闭塞。

同意(预办)闭塞：电话记录××号×时×分同意××站上(下)行××次(预办)闭塞。

列车出发：××站上(下)行××次×时×分发。

列车到达：××站上(下)行××次×时×分到。

解除(预办)闭塞：电话记录××号×时×分解除××站上(下)行××次(预办)闭塞。

取消(预办)闭塞：电话记录××号×时×分取消××站上(下)行××次(预办)闭塞。

2)列车运行方式

运营期间列车以电话闭塞法行车时，列车运行方式为：列车自实施电话闭塞法的起点站起以切除 ATP 方式运行，至实施电话闭塞法的终端站恢复正常驾驶模式(ATO/ATP)运行。

3)列车运行速度

列车运行速度遵循以下速度规定：

(1)列车区间运行限速 40km/h(经过设备限速低于 40km/h 区段时，按设备限速规定速度运行)。

(2)出入场限速 20km/h，经过道岔区段限速 20km/h，进、出车站限速 20km/h。

(3)遇 400m 及以下半径的弯道等瞭望条件不良的区段时，以不高于 30km/h 的速度通过。

(4)调度可根据线路实际运营情况，以调度命令的形式对列车区间运行限速进行调整。

(5)司机在驾驶过程中严格按照速度规定驾驶，并做好瞭望工作，注意线路状况，遇异常及时采取制动措施，停车确认情况后向调度汇报。

4)列车定位的要求

(1)在运营期间实施电话闭塞法时，各岗位应进行列车定位，确认电话闭塞法区段内列车的位置。

(2)故障区段内列车司机确认列车当前所处位置，并主动向调度汇报当前所在位置，当无线通信设备占用无法联系，司机应通过其他通信手段向调度汇报。

(3)车站(场)必须通过核对车站(场)生产日志、运行计划、电话联系邻站等方式严格确认本站及前方列车占用情况，如发现有停于区间列车，应主动向停车调度联系，汇报列车位置。

(4)调度通过 ATS 工作站、CCTV、无线对讲等设备确认实施电话闭塞法区段内所有列车数量与实际所在位置，并采用模拟盘、列车定位图纸等形式进行记录。

5)电话闭塞同意条件

(1)折返站的闭塞同意条件为本站接车进站准备好。

(2)非折返站的闭塞同意条件为该列车的前行列车已出清前方站站台，与后方站，前方站间未存在已办理的闭塞，本站接车准备好。

(3)Y 形线路或环形线路非共线段往共线段方向，进入共线段前第一个车站的闭塞同意条件除满足本站的闭塞同意条件外，还需向共线段交汇点车站办理预办闭塞。共线段交汇点车站预办闭塞的同意条件为本站与非共线段车站间均无闭塞占用或预办闭塞占用，且已准备好接车进路。共线段交汇车站同意接车闭塞时解除预办闭塞。预办闭塞的办理流程及相关记录(无须填写路票)同正常闭塞的办理方式，但须在备注栏中注明"预办闭塞"。共线段交汇点车站在同一时间段内只能办理非共线段车站的一个预办闭塞或闭塞。

6)电话闭塞解除条件

(1)折返站的闭塞解除条件为立车整列到达并进入折返线，同时后续接车进路准备好。

(2)非折返站的闭塞解除条件为列车整列到达并发出后。

(3)夜间施工列车停于正线存放时，列车到达电话闭塞法终点站后，即与发车站解除闭塞。

7)取消闭塞的办理要求

(1)在已办理列车闭塞后，因故不能接车或发车，应立即发出停车手信号进行防护并报行车调度，列车退回发车站后，由提出车站发出的电话记录号码作为取消闭塞的依据。

(2)列车出发后中途退回发车站后，由发车站发出电话记录号码作为取消闭塞的依据。

8) 电话号码的相关要求

(1) 车站电话记录号码由 3 位数字组成(格式为×××),第一位为车站编号,后两位为电话记录序列号,办理电话闭塞的相邻车站"车站编号"不得相同。

(2) 电话记录序列号每站一组,100 个号码(00~99),按日循环使用,起始号码为 00,不得跳号。

(3) 每个号码在一个循环中只准使用一次,号码一经发出无论生效与否,不得重复使用。

9) 路票的作业要求

(1) 路票须在确认闭塞区间空闲,并取得接车站承认闭塞的电话记录号码,发车记录准备完毕后方可填发。路票原则上由车站值班员填记后递交车站行车人员,在特殊情况下可由车站行车人员代为填记,车站行车人员必须与车站值班员进行复核无误后,方可将路票递交列车司机。

(2) 路票必须具备电话记录号码、车次号、方向、行车专用章、值班员签名、日期、调令号码、列车限速要求八要素,并填写完整。

(3) 路票填写不得擅自增添字句或涂改,否则应视为废票,需重新填写,车站值班员需在路票正面对角划"×"、反面手写"作废"字样,并注明作废原因,从上部撕口后整理保存。

(4) 办妥电话记录手续后,临时变更列车车次时,应重新办理电话记录手续,如已填发路票,应将原路票回收并作废,另行填写路票。

(5) 列车司机在接到路票后需对路票进行确认,准确无误后按规定行车。

(6) 列车到达接车站后,车站值班员应及时收回路票,在路票正面对角划"×"以示注销,从上部撕口后整理保存。

(7) 路票填写的日期以接车站承认闭塞时间为准,零时前办理的闭塞,列车司机如在零时后收到路票,仍视为有效。

10) 发现错误路票及行车凭证丢失的规定

(1) 列车司机在车站发车前发现错误路票时,严禁动车,并将错误路票退还车站,车站回收错误的路票,重新填写正确的路票。

(2) 列车司机在发车后发现错误路票时,应立即停车并报告行车调度,后按行车调度指令运行,将错误路票交至接车站。

(3) 接车站发现回收的路票错误时,应在《车站(场)生产日志》中记录,并报告行车调度。

(4) 列车司机取得路票并确认正确后,遇在途中丢失时可继续运行至接车站,将情况报告接车站值班员和行车调度,车站值班员应在《车站(场)生产日志》上记录说明。

11) 列车反向运行

列车采用电话闭塞法反向运行时,除按电话闭塞流程办理外,还需在备注栏中注明"反向运行",并在路票左上角加盖反向章。

12) 途经其他车站的转线作业、出入场/段作业

当列车进行转线作业或出入场/段作业时,列车自起点站至终点站间须途经其他车站但不进入其他车站的站台时,电话闭塞法按下述规定执行:

(1) 调度应向列车运行途经所有车站发布书面调度命令,命令需包括列车运行方向等信息(如列车运行存在多条路径时需指明运行路径)。

(2) 转线作业涉及多条线路车站时,由转出线路 OCC 拟定调度命令,并告知转入线路 OCC,后由各线 OCC 负责向本线路管辖车站发布调度命令。

(3)列车运行路径中各站逐站向前方车站申请闭塞,各站的闭塞同意条件为本站接发车进路准备完毕、区间空闲及前方车站已同意本站的闭塞请求。

(4)列车行车作业起点站得到前方车站同意闭塞后,向行车调度进行汇报,行车调度向各站核对进路、闭塞准备情况,核实无误后,通知起点站发车条件具备。起点站填记路票发车,转线作业路票,右上角需标记"转线"。

(5)列车司机在接到调度命令、路票及起点站的发车手信号后由作业的起点站直接运送至终点站,中间途经各站可不停车直接通过。

(6)列车运行至终点站后,由终点站开始向后方站逐站解除闭塞,各站的闭塞解除条件为前站已解除本站的闭塞。

13)运营期间实施电话闭塞法时电话闭塞法区段内采用单一交路的方式

14)车站需在每天运营开始前做好电话闭塞法所需设备(信号灯(旗)、路票、调度命令单、无线对讲设备、闭塞电话等)的状态检查确认工作

15)在实施电话闭塞法时,车站应根据信号设备状态办理接发车、折返进路

(1)如信号联锁设备正常,采用信号方式排列接发车、折返进路。

(2)无法排列进路时,采用单锁道岔(6502设备需同时施加引导总锁闭)方式保让接发车、折返进路锁闭。

(3)无法排列进路且道岔无法电操锁闭时,采用手摇道岔至正确位置并加钩锁器方式办理接发车、折返进路。

16)在实施电话闭塞法时,电话闭塞法区段内列车调车折返作业应根据车站调车手信号,办理调车折返作业

17)电话闭塞法的实施、取消应以书面调度命令的形式下发至车站值班员及司机

6.2.3　封闭

适用范围:
(1)单列车辆在某个区段进行行车作业,作业过程中道岔位置保持原有位置不变;
(2)单列车辆在某个区段进行调试、施工作业,作业过程中道岔位置保持不变。
执行要求:
(1)在封闭命令发布之前,运营调度和车站行车人员必须确认作业区段内道岔均已封闭在正确位置,封闭过程中不得转换;
(2)在封闭命令发布之前,需进入封闭区段的车辆已进入该封闭区段;
(3)封闭必须由当班运营调度发布书面命令;
(4)封闭命令发布之后,其他任何人员或车辆不得进入该封闭区段;
(5)封闭的解除必须由运营调度发布书面命令。

6.2.4　封锁

适用范围:
(1)1列及以上列车在某个区段进行行车作业,作业过程中道岔位置将进行转换;
(2)1列及以上列车在某个区段进行调试、施工作业,作业过程中道岔位置将进行转换。
执行要求:
(1)在封锁命令发布之前,需进入封锁区段的车辆已进入该封锁区段;

(2)封锁必须由当班运营调度发布书面命令；

(3)封锁命令发布之后，其他任何人员或车辆不得进入该封锁区段；

(4)封锁命令发布之后，封锁区段内的道岔转换按照"正线调车"执行；

(5)封锁的解除必须由当班运营调度发布书面命令；

(6)司机在运行途中应对道岔防护信号显示及道岔位置进行确认，如发现危及行车的情况应立即停车并与车站确认；

(7)列车运行由施工或调试方指挥，安全由施工或调试方负责。

6.3　调 度 命 令

6.3.1　调度命令发布要求

在运营生产中，各级运营调度员应严格遵照《地铁行车组织规则》中调度命令发布范围、执行要求开展调度命令发布工作，严禁"以文代令"。调度命令应由具备副运营调度员资格及以上的调度员发布(需已聘任)，发布前应详细了解现场情况，听取有关人员意见。调度命令内容应一事一令，先拟后发，严禁使用无录音的行车电话下达调度命令。所有调度命令必须有命令号。调度命令内的站名、人名、处所必须使用全称/全名。调度命令内的发令日期、发令时间按实际发令时间填写。调度命令发布后，不得随意更改命令内容，命令内容需变更时，必须取消原有命令，重新发布新的调度命令。调度命令必须记录在 X3 的调度命令栏内，遇X3 故障，所有命令必须及时记录在调度命令登记簿上，不随意涂改，填记错误时，应由发布命令的调度员盖章确认。

6.3.2　书面调度命令的有关规定

1. 书面调度命令的发布规范

书面调度命令必须由负责监护的调度员签阅后方可发布。

书面调度命令号每月由 1 至 100 顺序循环使用；每一个循环期间不得漏号、跳号及重号。

书面调度命令发布前必须对受令人点名，并指定人员进行复诵。遇车辆段/停车场有关的书面命令，受令处所需包括运转及信号楼。

在日常运行过程中，如无法及时将书面调度命令传递给司机，应适时完成命令的补交手续。

夜间施工中，动车必须写明列车性质，涉及电客时，还应写明车体号，遇同一场/段发不同单位施工动车的，应写明所属单位。

夜间施工中，动车必须定义车次号，电客以试×次命名车次，工程车(轨道车、调机车)以轨×次命名车次，执行调车作业的列车以调×次命名车次，执行转线作业的列车以转×次命名车次，原则是上行方向为双数，下行方向为单数，按顺序给予车次号，且起始时的车次在施工或试车完毕后以"1 对应 2，3 对应 4 的顺序"一一对应折开车次。

列车出入场时，必须写明使用的出、入场线、行车闭塞方式：夜间施工列车进入库时，原则上必须以电话闭塞法行车；列车在正线运行，除特殊情况(末班车后跟跑的电客试车或施工后担当清扫"计轴受扰"的电客等)可用 ATO(ATP/WSP 等)信号方式运行外，其他列车原则上均应采用电话闭塞法运行。

2. 书面调度命令的范围及标准样式

(1)列车转线：（受令处所：×号线××站(至××站)、×号线××站(至××站)，×号线××站交司机)

命令格式：××时××分，准×号线××站上/下行转××次以电话闭塞法经×/×号线联络线运行至×号线××站上/下行待命。

(2)运营期间启用电话闭塞法和恢复自动闭塞法：（受令处所：××站至××站、××运转、××信号楼(影响列车出入场/段时)，××站/××运转交司机)

①运营期间由于信号故障等原因，造成降级运营，需采用电话闭塞法行车时：

命令格式："××时××分起，准××站至××站上/下/(上下)行改用电话闭塞法行车。"

②运营期间由降级运营模式恢复自动闭塞法行车时：

命令格式："××时××分，准××站至××站上/下/上下行恢复自动闭塞法行车。"

(3)运营结束后开行工程列车、轨道列车或其他非规定制式列车，以及末班车后根据需求开行跟跑列车：（受令处所：××站至××站、××运转、××信号楼，××站/××运转交司机)

列车出场/段

命令格式："××时××分，准××站/停车场/车辆段发(××公司)轨道车/电客开轨/试××次经出/入场/段线运行至××站上/下行待命，列车按电话闭塞法运行，列车走上/下行线。"

末班车后跟跑

命令格式："××时××分，准××停车场/车辆段发(××公司)电客车××××号车开试×次，经出/入场/段线运行至××站上/下行后，按动车计划运行至××站上/下行后，经出/入场/段线回××场/段，列车行车方式按 ATC 信号方式办理。"

注意：运营结束后开行的列车，除末班车后跟跑情况外，其余情况均应一事一令，即每列车的出入库均应发单独调令；末班车后跟跑调度命令需等末班车驶离接口站后发布。

列车转停车场/车辆段

命令格式："××时××分，准××站/场/段发(××公司)轨道车/电客开轨/试××次经出/入场/段线运行至××站上/下行后，按动车计划运行至××站上/下行后，经出/入场/段线回××停车场/车辆段，列车按 ATC 信号方式/电话闭塞法运行，列车走上/下行线。"

注意：本命令仅适用于本线路各个停车场/车辆段之间的列车换库作业。

列车回停车场/车辆段

命令格式："××时××分，准××站上/下行轨/试/转×次折开轨/试/转×次(运行至××站上/下行后)，经出/入场/段线回××停车场/车辆段，列车按电话闭塞法运行，列车走上/下行线。"

(4)启动/结束夜间多车试车等演练计划：（受令处所：××站至××站、××运转、××信号楼，××站/××运转交司机)

启动演练

命令格式："××时××分起，执行××演练计划。"

结束演练

命令格式："××时××分，结束××演练计划。"

注意：该命令只适用于夜间多车调试，且采用 ATC 信号方式及演练运行图的演练计划；

如启动、结束演练时列车停于多个车站，调度命令中受令处所应包含相关车站。

（5）封闭/封锁区间：（受令处所：××站至××站，××站交司机）

上下行对称区段

命令格式："××时××分起，××站至××站上下行（不含××站站台/折返线/存车线）封闭/封锁，准××站上/下行试/轨×次凭令及施工号进入封区施工/试车。"

上下行非对称区段

命令格式："××分起，××站至××站上行、××站至××站下行（不含××站上/下/上下行站台/折返线/存车线）封闭/封锁，准××站上/下行试/轨×次凭令及施工号进入封区施工/试车。"

注意：如不包含多个车站站台/折返线/存车线，必须全部写清。

（6）开通区间：（受令处所：××站至××站，××站交司机）

上下行对称区段

命令格式："××时××分，××站至××站上/下行（不含××站站台/折返线/存车线）封闭/封锁解除。"

上下行非对称区段

命令格式："××时××分，××站至××站上行、××站至××站下行（不含××站上/下/上下行站台/折返线/存车线）封闭/封锁解除。"

注意：如不包含多个车站站台/折返线/存车线，必须全部写清。

（7）列车限速：（受令处所：××站至××站、××运转、××信号楼（列车出场/段时），××站/××运转交司机）

命令格式："××时××分起，××站至××站（百米标×××至百米标×××处）上/下/上下行列车限速××km/h 运行。"

注意：明确以故障点百米标前后各扩大一个百米标为准。

（8）取消限速：（受令处所：××站至××站、××运转、××信号楼（列车出场/段时），××站/××运转交司机）

命令格式："××时××分，取消××站至××站（百米标×××至百米标×××处）上/下行列车限速运行。"

（9）越出站界调车：（受令处所：××站至××站，××站交司机）

命令格式："××时××分，准××站上/下行轨道车/电客车开×××××/调×次按电话闭塞法往××站（上/下行）方向越出站界调车折返。"

（10）开行巡道车：（受令处所：××站至××站、××运转、××信号楼，××站/××运转交司机）

库发巡道车

命令格式："××时××分，准××停车场/车辆段发×××××次××××号车，经出/入场/段线运行至××站上/下行后，列车以 ATP 手动/信号方式限速 45km/h 运行，担当××站至××站上/下行的巡道任务。"

站发巡道车

命令格式："××时××分，准××站上/下行×××××次××××号车以 ATP 手动/信号方式限速 45km/h 运行，担当××站至××站上/下行的巡道任务。"

注意：同一列车同时担当上下行巡道任务时，需分别发布上、下行巡道命令；如因巡道车出场时故障，由其他列车替开车次，则发布口头调度命令要求限速运行。

(11)8～10级台风(不含10级)限速：(受令处所：××站至××站、××运转、××信号楼(列车出/入场/段时)，××站/××运转交司机)

命令格式："××时××分起，××站至××站上下行列车以ATP手动/信号方式限速××km/h运行。"

注意：在发布该书面命令前，必须先以全呼方式通知全线列车司机；命令发布后，应与限速区段内的列车司机进行确认，对后续每列进入限速区段的列车，调度员还需进行口头确认，确保每列列车司机均知晓。

(12)10级及以上台风书面暂停行驶和变更交路：(受令处所：××站至××站、××运转、××信号楼(列车出入场/段时)，××站交司机)

命令格式："××时××分起，××站至××站上下行所有停站列车暂停行驶，其余列车开行××站(上/下行)至××站(上/下行)单一交路。"

注意：在发布该书面命令前，调度员必须先以全呼方式令地面、高架区段××站至××站上/下行所有运行列车以ATP手动/信号方式限速20km/h运行至前方就近车站清客后暂停行驶，停站列车直接清客后暂停行驶；全呼后，调度员还应与暂停行驶区段内的列车逐列确认，确保每列列车司机均知晓。

(13)8～10级及以上台风书面恢复运行：(受令处所：××站至××站、××运转、××信号楼(列车出入场/段时)，××站交司机)

命令格式："××时××分，××站至××站上下行恢复正常运营。"

(14)由于停车场/段内施工或正线施工，影响列车利用出/入场/段线办理出入场或者调车作业。(受令处所：××运转、××信号楼、××站)

禁止使用出入场/段线

命令格式："××时××分起，禁止利用××停车场/车辆段出/入场/段线办理列车出入场及调车作业。"

恢复使用出入场/段线

命令格式："××时××分起，前发××××号调度命令取消。"

(15)道岔故障变更折返模式：(受令处所：××车站)

站前折返

命令格式："××时××分起，××站以手摇道岔方式办理接发车作业，列车凭车站手信号进出站。"

站后折返

命令格式："××时××分起，××站以手摇道岔方式办理折返作业，列车凭车站手信号折返。"

恢复正常

命令格式："××时××分，××站恢复信号方式折返/进出站。"

6.3.3　口头调度命令的有关规定

1. 口头命令的发布规范

(1)发布口头命令可不签阅，发令时应用语规范、口齿清晰、语速中等。

(2)口头命令按日由101～200顺序循环使用；每一个循环期间不得漏号、跳号及重号。

（3）口头命令发布时，需先告知命令号；发布命令后，若受令对象未复诵，则调度应重发一遍，并明确要求受令人复诵，确认受令人复诵正确。

下列口头命令在无线通信故障或无线录音设备故障时，必须改用书面命令：

①切除 ATP 运行；

②列车救援；

③列车反方向运行；

④区间放人。

2．口头命令的范围及标准样式

（1）切与安全相关旁路开关（关门旁路、BBS 等）动车。

命令格式："命令号×××，准××站至××站上/下行×××××次××××号车切除××旁路，以×××方式（切除 ATP）（限速××km/h）运行至××站恢复××旁路/（存车线/折返线退出运营/（经出/入场/段线回库）。"

（2）切除 ATP 运行。

命令格式："命令号×××，准××站（至××站）上/下行×××××次××××号车，以切除 ATP 方式，确认轨旁信号，运行至××站上/下行（折返线/存车线/××车场/段）后退出运营/待命并与调度联系。"

（3）列车清客。

命令格式："命令号×××，准××站（至××站）上/下行×××××次××××号车，××站清客。"

（4）列车反方向运行。

命令格式："命令号×××，准××站（至××站）上/下行×××××次××××号车，（经××站折返至上/下行线）（切除 ATP）反方向运行至××站上/下行。"

（5）列车单线双向运行。

命令格式："命令号×××，准××站上/下行×××××次××××号车，担当××站至××站上/下行单线双向运行列车，（列车反向运行时以切除 ATP 方式运行）。"

（6）列车救援。

遇有列车救援，须了解故障车位置、情况，对故障车和救援车均须发布口头命令，交代注意事项。

向故障列车发令

命令格式："命令号×××，准××站（至××站）上/下行×××××次××××号车等待救援/（××站清客后等待救援），救援来车为后续/前行××××号车。"

向救援列车发令

命令格式（一）："命令号×××，准××站（至××站）上/下行×××××次××××号车，××站清客后担当救援列车，故障车为前方/后方××处××××号车。"

命令格式（二）："命令号×××，准救援车××××号车开××××次，以切除 ATP 方式，确认轨旁信号限速 30km/h 牵引/推进故障车（至××站进行××××号车清客后）至××处/（折返线/存车线/××停车场/车辆段）。"

注意：如遇救援列车停于区间内无法清客，在连挂后到前方站再停车清客；救援列车区间遇红灯时，调度员需发布相应口头命令；安排车站派人跟前车。

(7)单列车临时限速。

命令格式："命令号×××，准××站(至××站)上/下行×××××次××××号车，××站至××站(百米标×××至百米标×××处)上/下行限速××km/h运行。"

注意：明确以故障点百米标前后各扩大一个百米标为准。

(8)区间放人(以ATP手动/信号方式运行)：因线路等各种原因，需电客带人进/出区间时。

命令格式(一)："命令号×××，准××站上/下行×××××次××××号车，带××人员跟车至××处后停车，待××人员处理完毕后，将其带至××站。"

命令格式(二)："命令号×××，准××站上/下行×××××次××××号车，将××人员带至××处。"

命令格式(三)："命令号×××，准××站(至××站)上/下行×××××次××××号车，至××处停车，将××人员带至××站。"

注意：命令中需明确进/出区间人员的所属单位。

(9)载客通过。

命令格式："命令号×××，准××站(至××站)上/下行×××××次××××号车，××站(至××站)上/下行载客通过。"

(10)列车以无ATP保护方式运行。

无ATP保护方式越过红灯：

命令格式："命令号×××，准××站(至××站)上/下行×××××次××××号车，以切除ATP/授权模式/RMF/RMO/CLOSE—IN方式越过前方红灯，至××处/站上/下行恢复ATP功能/与调度联系。"

授权模式/RMF/RMO/CLOSE—IN方式运行：

命令格式："命令号×××，准××站(至××站)上/下行×××××次××××号车，以授权模式/RMF/RMO/CLOSE—IN方式运行搜寻信标/速度码，建立WSP/ATP/ATPM/ATO模式运行。"

授权模式/RMF/RMO/CLOSE—IN方式运行对位：

命令格式："命令号×××，准××站上/下行/折返线/存车线×××××次××××号车，以授权模式/RMF/RMO/CLOSE—IN方式运行对位。"

(11)列车停站冲出站台退行。

列车由于信号故障、天气等冲出站台，且符合退行条件时发布。

正常退行

命令格式："命令号×××，准××站(至××站)上/下行×××××次××××号车，退行至××处/站(上下客)。"

切除ATP退行

命令格式："命令号×××，准××站(至××站)上/下行×××××次××××号车，以切除ATP方式退行至××处/站上下客后恢复ATP/(运行至××处/站恢复ATP/退出运营)。"

(12)OCC计轴预复位：计轴受扰后采取OCC预复位功能，操作前需车站值班员按下预复位使能按钮。

执行预复位

命令格式："命令号×××，现进行OCC预复位，准××站值班员按压计轴预复位使能按钮并保持。"

完成预复位

命令格式:"命令号×××,OCC 预复位完毕,准××站值班员释放计轴预复位使能按钮。"

(13)屏蔽/安全门故障弃用/投用:当车站一侧站台有 3 扇(含 3 扇)以上或全部屏蔽/安全门故障,不能正常开启/关闭时。

屏蔽门弃用

命令格式:"命令号×××,××时××分起,弃用××站××侧屏蔽/安全门。"

屏蔽门投用

命令格式:"命令号×××,××时××分,××站××侧屏蔽/安全门投用。"

(14)预警响应等级发布与取消。

启动预警

命令格式:"命令号×××,××时××分起,上海地铁启动××××预警。"

取消预警

命令格式:"命令号×××,××时××分,上海地铁取消××××预警。"

注意:命令中的预警应严格按照COCC发布的预警名称发布。

(15)启动以及取消公交预案。

启动预案

命令格式:"命令号×××,××时××分起,×号线××站至××站启动公交预案。"

取消预案

命令格式:"命令号×××,××时××分,取消×号线××站至××站公交预案。"

(16)车站进站限流的启动与取消。

启动限流

命令格式:"命令号×××,××时××分起,×号线××站(至××站)上/下行/上下行启动临时限流措施。"

取消限流

命令格式:"命令号×××,××时××分,取消×号线××站(至××站)上/下行/上下行临时限流措施。"

(17)换乘站换乘限流的启动与取消。

启动限流

命令格式:"命令号×××,××时××分起,×号线××换乘枢纽站启动临时限流措施。"

取消限流

命令格式:"命令号×××,××时××分,取消×号线××换乘枢纽站临时限流措施。"

(18)车站关闭以及恢复。

启动关闭

命令格式:"命令号×××,××时××分起,×号线××站临时关闭。"

取消关闭

命令格式:"命令号×××,××时××分,×号线××站恢复正常运营。"

(19)道岔故障站前折返命令格式。

列车进站

命令格式:"命令号×××号,准××站(至××站)上/下行××××次××××号车,以 ATP 手动方式运行至无码，后建立授权模式/RMF/RMO/CLOSE—IN 方式运行至前方道岔防护信号机前一度停车，凭车站手信号以授权模式/RMF/RMO/CLOSE—IN 方式进站。"

列车出站

命令格式："命令号×××号，准××站上/下行×××××次××××号车凭车站手信号以授权模式/RMF/RMO/CLOSE—IN 方式出站，收到有效速度码后恢复 ATP 运行。"

(20)道岔故障站后折返命令格式。

列车进站折返

命令格式："命令号×××号，准××站(至××站)上/下行×××××次××××号车，以 ATP 手动方式运行至无码，后建立授权模式/RMF/RMO/CLOSE—IN 方式进××站对位，折返凭车站手信号以授权模式/RMF/RMO/CLOSE—IN 方式运行。"

列车出折返

命令格式："命令号×××号，准××站折×线×××××次××××号车凭车站手信号以授权模式/RMF/RMO/CLOSE—IN 方式进站办理上下客作业，收到有效速度码后恢复 ATP 运行。"

6.3.4　抢修调度命令的有关规定

抢修命令发布的规范

抢修命令号格式："线路号+命令号"，线路号由"1"开始至"99"；命令号由"01"开始至"99"循环使用。

每一个循环期间不得漏号、跳号及重号。

6.4　车站行车工作组织

6.4.1　行车工作基本要求

车站日常运输工作的目标是合理运用技术设备，按列车运行图接发列车，质量良好地完成运输任务，确保行车安全与乘客安全。车站行车组织工作在实现上述目标的过程中起着核心作用。车站行车工作的基本要求如下：

(1)执行命令听从指挥。严格执行单一指挥制，车站行车工作由车站行车值班员统一指挥。列车在车站时，所有乘务人员应在车站行车值班员指挥下进行工作。车站行车值班员应认真执行行车调度员的命令和上级领导的指示。

(2)遵章守纪按图行车。认真执行行车规章制度，遵守各项劳动纪律。办理作业正确及时，严防错办和忘办，严禁违章作业。当班必须精神集中，服装整洁、佩戴标志，保证车站安全、不间断地按列车运行图接发列车。

(3)作业联系及时准确。联系各种行车事宜时，必须程序正确、用语规范、内容完整、简明清楚，严防误听、误解和臆测行事。

(4)接发列车目迎目送。接发列车严肃认真，姿势端正。列车进站前，出室接车，列车出站后，送车完毕回行车值班室。认真做好"看""听""闻"，确保列车安全运行。

(5)行车表报填写齐全。行车表报包括各种行车凭证、行车日志和各种登记簿。行车凭证有路票、绿色许可证、红色许可证和调度命令等，登记簿有《调度命令登记簿》《检修施工登记簿》和《交接班登记簿》等。应按规定内容、格式认真填写各种行车表报，保持表报完整、整洁。

6.4.2　行车工作制度

为了加强车站行车工作组织，保证车站良好的行车作业秩序，必须建立和健全各项行车工作制度，做到行车作业制度化、程序化、标准化。车站行车工作的制度主要有行车值班员岗位责任制、交接班制度、检修施工登记制度、道岔擦拭制度、巡视检查制度和行车事故处理制度等。

1）行车值班员岗位责任制

车站行车工作实行单一指挥制，行车值班员是车站行车工作的组织者和指挥者。车站根据行车工作的需要设置行车值班员和助理行车值班员（在采用 ATC 或 ATP 时可不设）。

行车值班员的岗位职责：执行行车调度员的命令和指示，统一指挥车站的行车工作。监视行车控制台的进路开通方向、道岔位置及信号显示，监视列车运行状态和乘客乘降情况。车站控制时，按列车运行图及行车调度员下达的列车运行计划办理闭塞、排列进路、开闭信号、接发列车。填写行车凭证和其他各种行车表报。签认设备维修和施工登记。组织交接班工作。

助理行车值班员的岗位职责：接送列车，监护列车运行。交递调度命令及行车凭证。手信号发车。调车作业现场组织。进行站线巡视。协助乘客乘降组织。

2）交接班制度

行车值班员交班时，应将列车运行和设备状态，上级指示和命令及完成情况等填记在《交接班登记簿》上，并口头向接班行车值班员交代清楚。行车值班员接班时，要了解列车运行情况，对行车设备、备品、表报进行检查后，签认接班。内、外勤行车值班员实行对口交接。

3）检修、施工登记制度

行车值班员对各项检修及施工作业，应根据检修、施工计划，向检修、施工负责人交代有关注意事项后，方可登记。凡影响列车运行的临时设备抢修，要在与行车调度员联系作业时间，并获同意后，方可登记。检修、施工作业结束后，行车设备经试验，确认技术状态良好，方可签认注销。

4）道岔擦拭制度

道岔必须由专人负责定期擦拭。擦拭道岔，必须与行车调度员联系，办理调控权下放手续。道岔擦拭时，车站控制室要有人监护，不准随意扳动道岔；擦拭道岔人员一律穿绝缘鞋，携带防护用具，擦拭前施放木楔，无关人员不得擅自进入道岔区；如需转换道岔，室内监护人员与现场擦拭人员应进行联系，说明道岔号码及定、反位，现场擦拭人员要离开道岔。道岔擦拭完毕，要认真清理现场，清点工具，撤除木楔，并检查有无妨碍列车运行及道岔转换的物品；试验道岔及确认良好后，与行车调度员办理调控权上交手续，有关按钮由信号人员加封并做记录；填写《道岔擦拭登记簿》。

5）巡视检查制度

送电前，行车值班员应进行站线巡视，检查线路上有无影响列车运行的异物。对站内设备检修、施工后的现场进行巡视检查，复核检修、施工登记注销情况。检查行车控制台是否有异常情况。

6)行车事故处理制度

发生行车事故，应立即采取措施进行处理，同时向行车调度员及有关部门报告。认真记录事故发生的时间、地点、列车车次、车号、关系人员姓名及人员伤亡和设备损坏情况。赶赴现场，查找人证与物证，并作记录。清理现场，尽快开通线路。对责任行车事故，应认真找出原因，提出处理意见，制定防范措施。

6.4.3　行车岗位及其职责

车站行车工作实行单一指挥制，行车值班员是一个班行车工作的组织者和指挥者。车站根据行车工作的需要设置行车值班员。行车值班员负责监视或操作行车控制台，统一指挥行车工作。行车值班员的职责：

(1)执行行车调度员的命令和指示。

(2)监视行车控制台上的进路开通方向、道岔位置及信号显示。

(3)监视列车运行状态和乘客乘降情况等。

(4)车站控制时，按列车运行图及行车调度员下达的列车运行计划办理闭塞，排列进路、开闭信号、接发列车。

(5)填写或核实行车凭证和其他各种行车表报。

(6)签认各项施工登记及设备检修登记。

(7)组织交接班工作。

6.5　运营调度调整的原则和手段

城市轨道交通系统是技术密集型的公共交通系统，每个工作环节均紧密联系、协同运作，它必须实行集中领导、统一指挥的原则。运营调度的调度指挥正是实现城市轨道交通系统日常运营的指挥中枢，凡与行车有关的各部门、各工种都必须在运营调度的统一指挥下进行日常生产活动。

运营调度的基本任务：科学合理地组织客流，经济合理地使用车辆及其他运营设备，与运营有关的各部门紧密配合、协同动作，确保列车按图运行，完成运营生产任务，为城市的经济建设和人民的生活服务。

6.5.1　OCC 运营调度调整的基本原则

在日常地铁行车组织中，运营调度的调整原则是"安全、有序、高效、服务"。

安全：企业生存与发展的生命线，任何情况下的运营组织调整都必须把安全工作放在首位，必须确保行车安全、乘客生命财产安全及设备安全。

有序：在运营调整时，运营调度要有全局观，不能只顾故障区段或设备故障，而要两头兼顾，维持正常区段的运营。

高效：在突发事件的运营调整中，要做到"三个迅速"，即对突发事件反应迅速、信息流通迅速、处置迅速，把握事发初期的关键时间，将影响控制在最小范围。

服务：运营是服务的基础，运营调整必须要考虑对服务及乘客的影响，并将相关运营信息及时告知乘客，最大限度地减少损失，降低影响。

6.5.2　运营调度的调整手段

在地铁运营组织中，运营调度应严格按照列车运行图组织行车。当列车偏离运行图计划时，运营调度要及时进行调整，尽快恢复列车正点运行。运营调度在进行运营调整时，必须考虑列车运营调整后对运营和服务的影响，做到安全、高效地恢复正常运营。

正常情况下，当列车出现延误，OCC 运营调度的处置一般有如下几种调整手段：扣车、调整终点站发点、降低运行等级（调整区间运行时分）、调整停站时间、运休列车（收车）、加开列车、列车替开、变更交路以及载客通过等。运营调度应根据实际情况，综合利用上述调整手段进行运营调整。

（1）扣车：是通过将列车扣停于车站站台，增加列车在车站的停站时间，达到确保列车安全、实现运营调整目的而采取的一项调整措施。遇突发情况时，为防止列车可能在区间长时间停留或列车进入前方非安全区段，运营调度员需采用扣车手段。因安全因素进行的扣车，必须在确认安全后方可取消扣车，因运营调整而进行的扣车作业，原则上单站扣车时间不大于 5 min。

（2）调整终端站发点：由于某种原因，实际列车上线数少于图定列车数或线路发生拥堵时，调度员应采用调整终端站发点措施，遇早高峰时段，调度员为避免列车晚点，也可采取终端站早发措施，但应控制在 2 min 内。

（3）改变列车运行等级（调整区间运行时分）：除线路故障造成的区间限速外，调整时为减少或增加列车在区间的运行时分，可采用改变列车运行等级的措施。

（4）调整停站时间：通过扣车或更改车站停站时间，以缩短列车与前后列车的间隔。

（5）运休列车（收车）：由于设备故障等，造成线路拥堵严重，调度员应主动采取安排列车回库、进存车线（折返线）停运的措施。

（6）加开列车：遇突发性客流增加或列车晚点造成客流积聚时，调度员应进行备车的加开，达到增加运力，缓解客流压力采用的措施。

（7）列车替开：通过备车替开计划列车（换表），减少列车晚点，尽快恢复列车按图行车，列车替开统计应符合运行图统计规则。

（8）变更交路：通过变更列车终到目的地，以满足运营的需要。主要适用于：前方区段异常，防止列车进入；均衡不同区段列车运能（大小交路列车密度的变更，上下行列车密度的变更）。

（9）改变折返方式：当终端站具有 2 条及以上折返线时，在列车高密度到达的情况下，调度员可采取 2 条折返线交替折返，以缓解车站的到达压力，有效及时的开通区间；当终端站具备站前站后折返模式时，在站后折返设备发生故障时（如道岔故障），可采用站前折返方式，有效降低故障影响。

（10）载客通过：在车站不具备乘客安全乘降条件以及列车晚点可能或已经造成后续列车发生拥堵时，调度员可安排载客列车在部分车站通过，以达到恢复行车间隔，确保线路通畅和乘客人身安全的目的。载客通过是调度员调整列车运行间隔，组织按图行车的重要手段。为确保运输秩序和服务乘客，对载客通过作业作如下规定：

①广播故障的列车、车站不办理通过作业。

②在高峰时段，凡不影响后续列车正点运行及在始发站折返时间的，不准通过。

③图定载客的头、末班车（对外公布承诺的头、末班车）不办理通过作业。

④与后续列车间隔大于 8min（图定行车间隔大于 15min 以上）的不办理通过作业。

⑤不允许办理连续 2 列车载客通过同一车站。

⑥原则上载客通过的列车一次通过车站不得超过 3 站。

⑦通过车站作业原则上在始发站乘客上车前安排，如必须在中途办理载客通过作业时，应提前 2 站通知有关车站、司机（危及行车、人身安全、公安指令等突发情况除外），由车站、司机做好广播宣传工作。

⑧列车通过车站限速 45km/h，有屏蔽门车站在屏蔽门关闭时限速 60km/h。（如列车速度码低于限速要求，按照速度码要求运行。）

⑨载客通过指令的下达，应首先通知车站，再布置列车执行。书面跳停命令，由始发车站上交司机。（书面跳停命令，针对有计划和长时间跳停的区段、车站，如节日期间车站按计划封站、新线开通等，临时跳停按口头命名执行。）

⑩载客通过执行的方式有：根据不同线路的信号特征及车辆特征，一般情况下可以分为列车设置、中央设置和车站设置 3 种。

6.6　正常情况下的列车运行控制

城市轨道交通具有行车密度高、运营间隔小、安全运营要求高等特点。根据信号设备所能提供的运行条件，一般分为调度集中控制、调度监督下的自动运行控制和半自动运行控制 3 种方式，按照运行图规定的行车计划组织列车运行。

6.6.1　调度集中控制条件下的列车运行组织

调度集中控制条件下的行车组织方式，在 OCC 运营调度员的统一指挥下，利用行车设备对列车的到、发、折返等作业进行人工控制及调整。调度集中控制条件下的行车组织的指挥人为运营调度员。在大多数情况下，车站不参与行车组织工作。调度集中控制应实现的功能有：

(1)具有电气集中联锁设备，实现远程控制功能，并从设备方面提供列车的运行安全保障；

(2)通过控制屏或显示器可监护全线列车运行状态、信号显示、道岔位置及线路占用情况；

(3)应能利用电气集中联锁设备转换道岔、排列进路、开放信号，指挥和调整列车运行；

(4)应能自动或人工绘制列车实际运行图。

6.6.2　调度监督条件下的列车自动运行控制

列车自动运行控制是世界城市轨道交通列车运行组织的主要控制方式，自动运行控制方式利用计算机技术对列车运行实行自动指挥和自动运行监护，并由列车运行保护系统提高行车安全系数。在正常情况下系统根据列车运行图自动排列列车进路，列车 ATO 运行；在非正常情况下，按调度指令调整行车计划。调度监护条件下的自动运行控制可实现的功能有：

(1)计算机系统可输入及储存多套列车运行图，并可根据设定的列车运行图实行行车指挥功能。

(2)对正线运行列车实行自动跟踪，显示进路、道岔位置、区间及线路占用情况。

(3)可自动或人工对列车运行进行调整，可使用人工对进路排列、信号开放、道岔转换进行控制。

(4)提供中央及车站两级运行模式，并可根据需要进行控制权转换。

(5)列车运行自动保护系统对列车运行设定防护区段，控制前后列车运行的安全距离。

(6)列车可使用自动驾驶功能，也可采用人工驾驶，列车占用区间的凭证为收到的有效速度码。

(7)通过计算机系统自动绘画列车实际运行图，并进行有关运营数据统计。

6.6.3　调度监督条件下的半自动控制

这种列车运行组织方式是在调度所统一指挥和监督下，由车站行车值班员操作车站电气集中或临时信号设备控制列车运行。早期建成的城市轨道交通至今仍然保留这种列车运行组织方式。在一些新线上，由于信号系统尚未调试安装完毕，在过渡期运营时也会采取这种方式进行行车组织。在信号设备完全安装完毕的条件下，当中央 ATS 设备发生故障或特殊情况下均可采用此种方式。调度监督下的半自动控制可实现的功能有：

(1)车站信号控制系统具有联锁功能，可对进路排列、道岔转换、信号开放施行人工控制。

(2)可实时反映进路占用、信号及道岔等工作状态，对线路上的列车运行进行监护。

(3)可储存信号开放时刻、道岔动作、列车运行等各类运行资料，并根据需要调用。

(4)车站根据调度指令对列车运行进行调整。

(5)计算机自动绘制或人工绘制列车实际运行图。

正常情况下的列车运行调整是指实现按图行车，对于较小的行车延误，系统可自动进行调整干预，努力确保列车正点运行。对始发列车，运营调度员应在列车出场、列车折返方式、客流组织等方面进行组织，确保列车正点始发。在正点始发的前提下，由于途中运缓、作业延误或设备故障等造成的列车运行晚点。运营调度可根据列车运行的实际情况，对列车的运行登记和运行秩序进行调整，尽快使晚点列车恢复正点运行。常用的列车运行调整方法有：调整终端站发点；改变列车运行等级；调整停站时间；改变折返方式等。

6.7　非正常情况下的运营调度处置

非正常情况主要是指本线或其他线路发生突发事件，列车需降级运行或无法继续执行正常的计划时，运营调度员根据现场实际情况采取运营调整手段、运营方案变更，以满足实际运营的需要，提高服务质量，降低经济损失。

6.7.1　列车救援

当列车在正线发生故障无法自行驶离正线时，运营调度员需安排其他列车实施救援使其退出正线运营。列车救援可分为正向救援和反向救援两种，正向救援是指由故障车后续列车担当救援列车实施救援；反向救援是指由故障车前行列车担当救援列车实施救援。运营调度在处置过程中的调整规定如下：

(1)安全第一，正向救援，尽量维持列车运营，防止事故扩大，快速恢复正常运营。在线列车故障需要救援时，一般情况下应遵循正向救援的原则，以利于其他列车的正常运行秩序。

(2)因车辆故障，列车被迫停车，司机应及时判断处理并汇报运营调度员，如不能保证在短时间内恢复运行，须立即请求救援。

（3）运营调度员在司机故障处理时，应预估影响范围，做好救援和调整运行的准备，并制订相关救援方案，相关列车执行扣车措施。接到救援请求后 2 min 内下达救援命令，并立即将故障信息向有关部门流转。

（4）在列车救援的同时，运营调度员应综合考虑全线运行情况，结合线路信号特性及配线设置，合理组织列车中途折返或分段运行。在确保安全的前提下尽快开通正线，减小事件对运营的影响。

（5）运营调度员在安排救援组织方案时应该尽量减少多余作业环节，提前办理途经进路，确保前行 2 站两区间空闲，保证行车安全。

救援列车原则上由电动列车担当，若由于供电设备造成的列车迫停且离车库较近，可派遣内燃调车机担当救援列车，但需备好转换车钩。

故障列车、救援列车均应在就近车站清客：

（1）故障列车在站台，应清客完毕后，再连挂救援；

（2）故障列车在区间，连挂救援后至最近前方站清客；

（3）救援列车在站台，应清客后担当救援任务；

（4）救援列车在区间，先救援至最近前方站后清客；

（5）原则上不采用带客救援。

列车在接近被救援列车前，以 ATP 手动方式运行至落码后，再以 CLOSE—IN/RMO/RMF方式与故障车进行连挂，救援列车严禁以 ATP 切除方式进入区间；救援列车牵引/推进故障列车运行，以 ATP 切除方式驾驶，区间限速 30 km/h，进站及侧向过岔限速 30 km/h，遇有危及行车安全的情况应立即通知救援车司机停车。运营调度员在救援连挂列车开行过程中，必须指定专人进行监控，确保与前行列车间隔至少有 1 站 1 区间的防护距离，前方进路提前排列并锁闭；信号开放正确，经过有岔区段要确认防护信号。

6.7.2 列车清客

当列车出现故障不能保障继续正常载客运行或由于线路拥堵调度员进行运营调整时，需对列车进行清客作业，保证乘客、列车运行的安全或防止线路堵塞。

1. 遇下列情况之一，应及时清客

（1）车辆故障（主回路 1 级故障/一列列车中有 1/2 车辆失去牵引力/制动 1 级故障/两辆以上失去制动力）。

（2）列车车门故障，需要切除门联锁旁路动车时。

（3）列车车厢发现不明原因的火情、烟雾时。

（4）列车故障救援。

（5）运营秩序紊乱，列车临时办理折返作业。

（6）列车切除 ATP 运行。

（7）公安要求，临时调整。

（8）其他在列车排故手册中要求的。

2. 清客程序

（1）在列车运行过程中，若上述原因必须故障清客，司机应立即向运营调度报告，根据调度命令执行清客作业。遇调度运营调整时，由调度直接向关系车站与列车下达调度命令。

（2）调度做出清客调整决定后，因尽快通知司机、车站做好清客广播，并做好后续列车调整。应提前通知清客车站及公安热线配合。

（3）清客完毕后，由车站通知司机关门，车门关好后，司机与运营调度员联系动车。

（4）清客 2 min 以后，若车上仍有少数乘客未下车，车站通知司机车内乘客情况，司机与运营调度员联系，确定是否再清或关门动车。

（5）如无法完全清客完毕，所在车站应报告运营调度，并派员跟车并将滞留人数立即报告运营调度。由跟车人员负责将乘客组织引导至运行方向第一节车厢。由运营调度预先通知公安警力支援并安排故障列车在退出正线二次清客车站前再次组织清客。如发生乘客不肯下车，强行滞留列车上，调度员在决定列车回库后，应通知公安、运转等部门。

（6）列车在清客过程中需保持客室照明，车站确认清客完毕后方可关闭客室照明。

（7）故障清客列车按运营调度命令，进入折返线或回库，列车司机应根据信号正确开放及限速要求手动模式驾驶列车，以确保列车的运营安全。

（8）原则上不安排 2 列车连续在同一车站进行清客作业。

（9）在清客过程中，列车故障被排除可恢复运行时：若已清客完毕，可不组织重新上客，放空至前方站后，再决定是否载客；若清客未完成，运营调度员应通知车站、司机停止清客，恢复载客运行。

6.7.3　列车进站未能按规定停车位置停车

列车进站因线路涂油、雨雪天气、手动驾驶等因素未能按规定停车位置停车时，按以下规定处理：

（1）列车未到停车牌停车时，司机可按 3 km/h 速度向前移动到停车位置。

（2）列车越过停车牌停车时，第一扇车门不影响乘客上下车的情形，列车不必退行对位（有屏蔽门的车站除外）。司机立即切除 ATP 门控旁路开客室车门，开门后立即恢复 ATP 门控开关，后按运营调度员下达的命令关门发车。

（3）列车冲出站台停车范围需退行，调度应在后方第一个车站设置扣车。若后续列车已进入退行列车后方区间，应令后续列车立即停车待命，在确认后续列车已停车且未进入站界，以及列车退行进路上道岔位置正确且单锁后，通知车站及退行列车做好广播，命令列车以 3km/h 速度退行对位。

（4）高峰时段，列车冲出站台停车位，且后续列车已进入站界，调度严禁下令列车退行对位，指令司机、车站加强广播，继续运行至下一站。

（5）列车应采用列车后退模式进行退行作业，因故需切除 ATP 退行，列车对位后，调度需及时与司机确认恢复 ATP。列车退行对位速度按 3km/h 对停车位置。

（6）在司机执行列车退行对位过程中，站台服务人员负责退行时列车尾部和站台上的行车与人身安全。

（7）列车冲出站台，造成车站信号机关闭（变红），列车退行后，调度重排进路，再发令列车恢复运营。

（8）列车退行对位及开客室车门后，退行司机应立即向运营调度员报告列车退行完毕。运营调度员下令后续列车恢复运行。

（9）在列车发出后，调度应及时与司机确认列车冲出站台时以何种驾驶方式，确认列车是否发生过其他故障。

6.7.4　列车反向运行

列车反向运行主要用于特殊情况时的列车运行调整以及列车故障救援运行。列车反向运行时一般有两种行车方式：人工 ATP 手动驾驶与切除 ATP 人工驾驶。

(1)凡本线路信号设备支持反向运行且反向区段具有 ATP 速度码，其列车反向运行按人工 ATP 方式办理，行车凭证为列车收到的速度码，发车凭证为运营调度命令。

(2)列车反方向切除 ATP 运行时，列车行车凭证为运营调度员下达的命令。在列车反方向运行过程中需要满足规定的运行区间间隔要求、列车运行速度。同时严禁对向列车进入与反向运行区段末端相邻一个站间区间；运营调度员应实施扣车措施，确保行车安全。

(3)遇屏蔽门车站，司机必须手动操作站台反向端 PSL 控制箱开关屏蔽门；若反向端未安装 PSL 控制箱，调度员应提前通知车站进行屏蔽门的操作。

(4)运营调度员负责重点跟踪调度指挥，确保反向运营列车的安全。

6.7.5　道岔故障

在日常运营中，道岔的作用至关重要，列车折返作业、转线作业、调车作业等都需要使用道岔，那么一旦道岔发生故障将会严重影响正常的运营，运营调度员要根据线路配线情况快速有效地进行处置并进行相应的运营调整，尽量减少故障所带来的影响。调度员在处置道岔故障时应遵循：能排进路不单操道岔；能单操道岔不手摇；优先考虑现场道岔既有位置，减少手摇工作量及进路准备时间的原则。

(1)道岔故障处置流程：在道岔故障状态下，将控制权下放至车站，相关列车执行扣车措施，令车站对故障道岔进行测试、确认设备状态并做好手摇准备，对于确认的故障，且严重影响列车运行时，应立即向设备单位发布抢修令，同时运营调度员布置车站进行手摇道岔作业，手摇道岔后，在信号恢复前调度员应提醒车站、现场维修人员解除相关道岔的钩锁器。

(2)道岔故障时，相关信号无法正常开放，列车凭车站手信号进出站，运行方式以人工限制向前方式，调度员需发布相关口头命令。

(3)如发生挤岔事故，调度员命令司机不得动车，及时发布救援抢险命令，等现场抢修小组成立后，调度员移交指挥权，并利用现有的折返线及渡线积极组织其他区段的列车运行。

6.7.6　一个及以上站间区间红光带/计轴受扰

由于设备发生故障造成一个及以上站间区间红光带/计轴受扰时，运营调度员应及时与司机和车站共同确认该区段内的列车数，当该区段内列车无速度码时，应采取如下措施：

(1)运营调度员及时向设备单位发布抢修令，控制权下放车站，相关列车进行扣车调整。

(2)如发生一个站间区间红光带/计轴受扰，调度员应安排所有列车在该区段以慢速前行方式(CLOSE—IN/RMO/RMF)运行至前方站，收到有效速度码后恢复正常运行，严禁列车在该区段以切除 ATP 方式运行。

(3)如发生大面积红光带/计轴受扰，调度员应安排故障区段内所有列车以慢速前行方式(CLOSE—IN/RMO/RMF)运行至就近车站待命，调度员应及时发布书面调令，该故障区段相邻车站间停用自动闭塞法，行车闭塞法改用电话闭塞法行车，调度员在变更行车方法之前需与车站及司机确认上/下行实施的第一列车。

(4)运营调度员要做好重点监控指挥，确保安全。

6.7.7　两个以上集中站设备故障

集中站设备故障：辖区内失去表示或所有列车收不到速度码。应采取如下措施：

(1)运营调度员应及时发布命令，通知车站、司机系统发生故障，及时发布抢修令，控制权下放车站，故障区段内列车就近车站待命，区间内列车以慢速前行方式(CLOSE—IN/RMO/RMF)运行至就近车站待命。严禁列车以 ATP 切除方式动车。

(2)辖区内中间站的所有道岔定位加单锁(如不能加单锁应通知车站加装钩锁器)。辖区内折返站手摇道岔折返。

(3)该集中站相邻车站间停用自动闭塞法，行车闭塞改用电话闭塞法行车。列车行车凭证为路票，接发车按手信号办理。列车运行方式为 ATP 切除人工驾驶，列车进站速度、区间运行速度均应降低，司机手动设置车次号。

(4)故障区段内车站行车值班员应将车次号、到发时刻报运营调度员，运营调度要做好收点划线及调度指挥。

(5)运营调度员加强与车站之间的联系，随时掌握列车的动态，并根据车站的报点，在备用图上绘制实际运行图；绘图仪故障时，用备用计划运行图按实际运行情况进行标识。待 ATC 系统恢复正常时，运营调度员要尽快组织好调度指挥，确保列车尽早恢复正常运行。

6.7.8　ATC 系统故障

ATC 系统故障是指 ATP、ATS 或 ATO 子系统发生故障，此时，列车运行组织方法改变如下。

1)ATO 子系统故障

经行车调度员准许，列车改为人工 ATP 驾驶。在各站间区间的运行速度按 ATP 速度码规定执行。列车进入通过式车站的限速为 45km/h，列车进入尽头式车站的限速为 30km/h。

2)ATP 子系统故障

车载 ATP 设备故障：

(1)列车在运行中接收不到速度码，司机应立即停车，向行车调度员报告；如无线通信设备也发生故障，司机可以慢速前行方式运行至就近轨旁电话处，用轨旁电话向行车调度员报告。

(2)按行车调度员下达的调度命令，列车切除车载 ATP，改为人工驾驶，限速 30km/h 运行至前方站清客；再凭行车调度员调度命令，以"双区间"行车间隔及限速 60km/h 运行至就近有折返线或入段线的车站，退出运营。

轨旁 ATP 设备故障：

(1)如果是小范围的设备故障，由行车调度员确认故障区间空闲后，向司机发布调度命令，列车不切除车载 ATP，但在故障区间以慢速前行方式运行。

(2)如果是大范围的设备故障，由行车调度员发布调度命令，停止使用基本闭塞法，按集中站间电话闭塞法行车。列车切除车载 ATP，追踪运行列车间的安全间隔为集中站间的距离。列车行车凭证为路票，手信号办理接发列车。列车正线运行限速 60km/h，进站限速为 20km/h。

3)ATS 子系统故障

(1)改为调度集中控制，由行车调度员人工排列列车进路和进行列车运行调整。在控制中心对所管辖的信号机或道岔失去控制作用或控制中心显示盘或显示器失去显示作用或不能正确显示时，根据行车调度员下达命令或授权，由调度集中控制改为联锁站控制(站控)。

(2)当调度集中控制改为联锁站控制(站控)时，在行车调度员的指挥下，由联锁站行车值班员办理闭塞排列进路、开闭信号和接发列车。

(3)在中央 ATS 设备因故停用时，联锁站行车值班员还可根据行车调度员的命令，监控联锁站管辖区域内的列车运行，并通过控制发车表示器的显示状态，实施扣车和催发车等列车运行调整。

6.7.9　屏蔽门异常

城市轨道交通行车运营组织中，屏蔽门对运营也起着至关重要的作用，正常情况下，它可以有效地防止客伤事件的发生，但在故障情况下，它也会直接影响信号系统的正常运行，当屏蔽门故障或屏蔽门正常但列车无码情况下，应采取如下措施。

(1)当列车停稳，有 1～2 扇屏蔽门无法正常开启时，对应列车车门的乘降作业改由其他车门进行，司机、车站加强广播，合理安排客运组织；运营调度在接到故障无法排除的信息后，立即下达隔离故障屏蔽门的操作命令；多扇屏蔽门无法正常开启时，运营调度在接到故障无法排除的信息后，根据现场情况立即下达弃用或隔离命令；当全部屏蔽门无法正常打开时，运营调度先令车站每节车厢打开一扇屏蔽门办理上下客作业；当车站故障处理时间较长，仍未打开屏蔽门时，运营调度安排列车至下一站办理上下客作业。

(2)列车车门关闭后，有 1～2 扇屏蔽门不能正常关闭时，车站站务员确认无夹人夹物且无法排除故障后，运营调度立即下达隔离或使用互锁解除的命令；有多扇或全部屏蔽门不能正常关闭时，站务员在确认无夹人夹物且无法排除故障后，运营调度根据现场情况立即下达隔离或弃用和使用互锁解除的命令。

(3)当发生站台端控制盘显示屏蔽门关闭、车门关闭且状态良好，车载设备无故障，但列车无法收到速度码的情况时，司机向运营调度汇报故障信息，经司机和车站站务员确认屏蔽门和车门之间无夹人夹物后，运营调度下达使用互锁解除命令，同时立即通知行车值班员将屏蔽门运行模式切换至手动控制模式。后续列车在发车时，若故障仍存在，运营调度立即下达使用互锁解除命令。待列车驶离车站后发令弃用屏蔽门。

(4)屏蔽门门体发生"打火"现象；运营调度接到车站屏蔽门门体"打火"信息后，应立即发布该侧屏蔽门停电弃用的命令，同时将信息告知设备调度员，配合车站进行相应的处置作业；车站值班员利用车控室屏蔽门控制盘将该侧屏蔽门操作至打开状态，站务员将站台相应 PSL 互锁解除钥匙到激活位置。屏蔽门弃用时段，调度员通知车站及司机加强站台及停站作业的巡视。当屏蔽门门体"打火"引起明火或烟雾时，按相关车站火灾应急预案执行。

6.7.10　区间积水

运营调度员在接到巡道、巡检人员、司机及其他行车有关人员发现隧道线路积水时，应及时通知相关维修部门进行抢险，并根据需要下达抢险命令。

(1)列车进入积水区间的运行方式为 ATP 手动方式，当积水造成列车落码时，调度员应根据司机现场汇报的积水情况，令列车以手动慢速前行方式越过积水区间，等收到有效速度码后恢复正常方式运行。

(2)要根据积水面高度，设定列车的不同运行速度。当积水面距钢轨面的距离越小时，对行车和列车车辆的影响越大，一般情况下，当积水面的高度离钢轨面小于 50 mm 时，原则上禁止列车通过积水区段。

(3)调度员应尽快确定隧道线路积水原因，协助抢险人员排除积水，并告知所有列车司机抢险人员的具体位置，列车在通过该区段时加强瞭望，鸣笛示意。

(4)抢险人员随列车进出区间，应配备通信工具并做好自我及邻线防护。在地面、高架线路夜间及地下线路，运营调度需令相关车站的行车值班员打开事发区间的照明。

(5)当区间积水造成线路中断运行时，调度员利用现有的折返线及渡线积极组织其他区段的列车运行。

6.7.11　恶劣天气

遇地面、高架线路迷雾天的情况下应采取如下措施。

(1)列车仍按规定的日常驾驶模式运行。

(2)列车进站时，司机要鸣笛警示，加强瞭望，遇有险情，立即采取停车措施。

(3)运营调度通知车站要加强安全广播和站台秩序维持工作，遇有险情，立即采取紧急停车措施。

遇地面、高架线路在台风暴雨季节情况下应采取如下措施。

(1)列车仍按规定的日常驾驶模式运行。

(2)列车进站时，司机要鸣笛警示，加强瞭望，遇有险情，立即采取停车措施。

(3)运营调度通知车站要加强安全广播和站台秩序维持工作，遇有险情，立即采取紧急停车措施。

(4)地面高架线路发生列车有晃动/颠簸等异常情况，或在 10 级及以上台风情况下，为防止高架、地面地铁车辆发生事故，在运营时段内需停止营运，并通过站内广播、媒体等手段向外发布停运信息。正在运营中的列车要采取 ATP 手动驾驶限速运行至就近车站停运，车站组织乘客疏散并关闭车站，地铁地下线路维持运营。

(5)运营调度依据列车晚点情况、运营调整方案，及时发布客运信息，合理组织客流。在台风警报解除或达到运营环境条件时，立即组织恢复地面及高架线路的运营。

6.7.12　触网失电造成载客列车迫停

当供电设备发生故障造成触网失电，若列车尚未完全出站时，司机应立即采取停车措施；若列车已经在区间内，则应尽量惰行到下一车站，调度员或车站值班员提前排列列车进站进路。如触网失电造成载客列车迫停，应采取如下措施。

(1)列车迫停于车站站台范围，调度员应确认列车已全部进站后令司机清客，清客完毕后收车待命；如遇屏蔽门车站且列车未停准，影响乘客上下车时，调度员应通知司机、车站利用屏蔽门应急门进行清客作业；触网恢复供电后，列车根据所处位置牵引至站台后恢复载客运营。

(2)列车部分车厢迫停于区间，调度员应确认列车迫停区间的具体车厢数，令司机加强车厢广播安抚乘客。通知车站配合司机进行清客作业，清客方式：将在站台范围内车厢的车门紧急拉手拉下，打开车门后进行清客作业，如遇屏蔽门车站，车站利用车控室屏蔽门控制盘手动打开屏蔽门；触网恢复供电后，列车根据位置牵引/退行至站台后恢复载客运营。

(3)列车迫停于区间内，调度员应令列车不收车待命，司机做好对车厢乘客广播；调度员开启事故风机对列车迫停区间隧道进行送风，同时令车站打开列车迫停区间隧道照明；列车迫停区间 20min 以上或明确得知短时间内无法恢复供电且故障区段离车库较近时，调度员应优先考虑使用调机救援。

（4）若迫停区间列车必须采取乘客疏散措施时，调度员应确认现场公安及车站引导人员到位，方可向司机发布疏散命令。进行区间疏散时应明确疏散方向，并采取逐节引导车厢人员进行疏散，避免狭窄通道处人员挤踏受伤，并明确该列车司机或指定人员作为最后出清人员，迫停区间两端车站应立即派员步行进入区间引导，并负责维持车厢秩序、按规定方向组织疏散，同时车站做好疏散人员的接应工作，若是地面或高架线路还须同时令邻线列车限速或停运。

（5）触网恢复供电后，列车动车前，司机确认车况良好及列车车门关闭良好后恢复动车。

6.7.13　车站失电

在日常运营中，由于供电系统发生故障造成车站失去照明时，应采取如下措施：

（1）如地面/高架车站能见度足以保证乘客进出站安全，所有列车正常在该车站停车进行上下客作业，地面/高架车站能见度不足以保证乘客进出站安全，应当视同地下车站处置。

（2）地下车站如无应急照明，应立即启动车站紧急疏散程序；如有应急照明，在启用后的 15min 内维持车站只出不进、列车到达后开门下客，如 15min 后仍不能恢复照明，则应启动车站紧急疏散程序；后续列车在本站办理通过作业。

（3）车站失电造成信号电源失电，如信号 UPS 电源故障或间断时，调度员应取消中途站折返作业，将正线道岔定位钩锁保障进路安全，同时布置在上述位置采取人工显示道岔开通手信号接发列车，并布置司机在故障区段采取慢速前行方式运行，加强瞭望、控制车速以保障列车安全。

（4）如停电车站为终端站，除车站关闭外，所有列车终点站分别改为原终端站前一车站，列车在前一站清客完毕后，若该站具备列车折返功能，则所有列车在该站办理折返作业；若该站无折返功能，则继续运行至终端站进行折返作业，如终端站信号 UPS 电源故障或间断时，车站采用手摇道岔折返，出发列车始发站调整为始发站后一车站。

（5）需要关闭车站时，调度员还应及时通知公安部门协助维护车站秩序。

6.7.14　人车冲突

在未安装屏蔽门/安全门的车站，客伤的事件时有发生，当发生人车冲突后，调度员要及时进行运营调整，采取积极有效的手段尽快恢复正常运营。

（1）发生人车冲突后调度员要与司机保持密切联系，了解伤（死）者情况及所处位置等有关信息。

（2）在车站进行处理的同时，调度员应提醒事发司机做好恢复运营的准备工作，加强对现场的控制，督促下线处置人员抓紧处置、出清线路，尽快动车恢复运营，减小事件的影响。

（3）人车冲突发生在侧式站台的站线时，调度员应及时封锁相邻线路，必须将邻线后续列车扣在后方车站或令其站外停车，同时令司机做好车厢广播；人车冲突发生在侧式站台的站线时，如站台区域邻线已经有车处于发车状态，可令列车确认安全后动车。

（4）人车冲突发生在区间内时，调度员应提醒下线人员做好安全防护，令司机在事发区段加强瞭望，改 ATP 手动限速通过，并告知事发列车停车待命，同时告知邻线列车司机前方区段发生事情的概况。

（5）列车若在区间内已越过被撞人且一时无法找到死伤者，司机在报运营调度后，按指令以低于 15km/h 速度行至前方站，运营调度应令相关车站站长指派人员会同民警随后续列车以低于 15km/h 的速度前行搜索，至事发地进行勘查，迅速将被撞人抬至司机室带至前方车站，尽快恢复运行。

6.7.15　外来人员进入区间

当发现有外来人员进入区间的情况下应采取如下措施：

（1）接报外来人员擅闯区间的情况后，运营调度必须立即通知事发区间两端车站派员封堵两端站台出口，同时打开区间照明。

（2）通知车站派员登乘后续列车，列车以 ATP 手动方式限速 20km/h 进入事发区间查看，发现擅闯人员应随时停车，并将人带上列车客室送至下一车站警务站处理。

（3）如果未能找到擅闯人员，则后续第二、第三列车应分别限速 20km/h、45km/h 继续查找，若仍未发现异常情况，运营调度可取消事发区间的列车限速，但相关车站仍应加强对该区间站台出口的巡视。

（4）如事发区间属于地面或高架线路，或有旁通道等特殊情况，调度员应对邻线做类似的安排和处置。

6.7.16　列车异常情况的处置要求

由于列车长期高负荷运转可能造成转向架裂痕等异常情况，给运营带来较大的安全隐患。为了确保运营安全，调度员应按如下要求操作：

（1）调度员接报列车有异声或焦味等异常情况时应及时通知车辆部门检修人员抓紧登车确认是否影响安全，并令列车沿途所经车站、司机密切注意该车车况的变化，有情况立即汇报。

（2）如列车车况未发生明显故障或出现其他异常情况，调度员可安排列车运营至终点站后退出运营。

（3）如列车有多种异常情况（如异响、焦味、非正常晃动、震动）同时发生（有时也伴有主回路等故障），调度员需安排列车就近车站清客后退出运营。

（4）对车辆部门事先声明有裂痕但暂不影响运营的列车，调度员应重点监控，一旦有备车应立即替换。

6.7.17　列车冒进处置办法

1）处置总体要求

（1）当发生列车冒进时，调度员应立即截停冒进列车，并按以下要求进行处置。

（2）列车冒进后发生挤岔，按列车挤岔处置规定执行，未发生挤岔，调度应命令冒进列车严禁动车。

（3）在与车站及司机核对冒进列车车次号、车体号、列车位置、已冒进距离、冒进信号机名称、轮轨及轮岔关系等相关信息，并在核对 ATS 信息后，方可视冒进程度、地点及现场确认情况进行处置。

（4）列车冒进处置过程中，调度可要求车站派人至现场协助司机进行现场情况确认，若司机、车站对现场情况无法判断、判断不清或判断不一致，按列车挤岔处置规定执行。

(5)调度发布列车退行或继续向前运行的命令前需确认列车运行路径上相关道岔开通正确且锁闭及车站接车条件(是否拍下 PEP 等)。

2)处置具体情况分类

(1)列车冒进非道岔防护信号机，调度员根据前后列车位置情况，发布退行或继续运行的命令。

(2)列车冒进道岔防护信号机，调度员应明确要求司机下现场确认情况：

①若列车尚未越过所冒进信号机防护的道岔，调度员确认前后列车位置情况及列车前方运行路径上的道岔位置正确后，可发布列车退行或继续运行的命令。

②若列车已越过所冒进信号机防护的道岔，车轮没有存在脱离钢轨(悬空、掉落)的现象，所有轮对实际运行方向、道岔实际开通方向、列车计划运行方向三者一致，则调度员可根据前后列车位置情况发布列车退行或继续运行的命令。

③若列车已越过所冒进信号机防护的道岔，车轮没有存在脱离钢轨(悬空、掉落)的现象，所有轮对实际运行方向与道岔实际开通方向一致，但与列车计划运行方向不一致，则调度员可根据前后列车位置情况发布列车退行或继续运行的命令。

④若列车已越过所冒进信号机防护的道岔，存在轮对实际运行方向与道岔实际开通方向不一致，则按列车挤岔处置规定执行。

⑤若列车已越过所冒进信号机防护的道岔，车轮存在脱离钢轨(悬空、掉落)的现象，则按列车挤岔处置规定执行。

在上述情况的处置中，若发生列车车体侵入本股道设备限界、列车停车位置越过警冲标或侵入临线限界情况，则调度员应采取对后续邻线列车扣车或设置冒进区域轨道关闭的措施。

第7章 应急处理

7.1 运营事故原因分析及对策

地铁是城市公共交通重要组成部分之一，地铁安全的重要性不言而喻。近年来全球地铁事故不断发生，我国的北京、上海、广州、南京等城市地铁先后发生不少事故。因此，分析地铁运营事故的影响因素，制定预防事故相关对策以及突发事故后的救援措施，对于改善地铁运营的安全现状，预防事故和降低事故损失都具有十分重要的意义。

7.1.1 地铁运营事故原因分析

地铁运营安全不仅涉及人—车辆—轨道等系统因素，还受到社会环境和列车运行相关设备(信号系统、供电系统)等因素的影响。近年来国内外地铁事故统计的分析表明：人员、车辆、轨道、供电、信号系统、社会灾害及自然灾害等是地铁事故的主要因素。

1. 人员因素

从 2002 年和 2003 年对 S 市地铁一、二号线发生事故的分类统计表明：一般性事故主要是因乘客未遵守安全乘车规则，而险性事故多是由于工作人员职责疏忽引发的。人员因素是肇致地铁事故的主要原因，其中包括：

(1)拥挤。例如，200×年×月×日晚，B 市地铁一号线一名女子在站台上候车，当车驶入站台时，被拥挤人流挤下站台，当场被列车轧死。又如，1999 年 5 月在白俄罗斯，也因地铁车站人员过多，混乱而拥挤，导致 54 名乘客被踩死。

(2)不慎落入和故意跳入轨道。长期以来，因人员跳入地铁轨道，造成地铁列车延误的事件屡次发生，短的一两分钟，长则三五分钟。而地铁列车一旦受到影响，不能正点行驶，势必影响全局，就需全线进行调整。不仅影响当时列车上的乘客，而且使整条线路甚至其他轨道交通线路上的乘客都可能被延误。

(3)工作人员处理措施不得当。例如，韩国大邱市地铁 2003 年那场大火中，地铁司机和综合调度室有关人员对灾难的发生就有着不可推卸的责任。前方车站已经发生火灾后，另一辆 1080 号列车依然驶入烟雾弥漫的站台，在车站已经断电、列车不能行驶的情况下，司机没有采取任何果断措施疏散乘客，却车门紧闭，而且仍请示调度该如何处理。更不可思议的是，在事故发生 5 分钟后，调度居然还下达"允许 1080 号车出发"的指令。

2. 车辆因素

导致地铁列车事故的主要因素是列车出轨。例如，英国伦敦地铁，在 2003 年 1 月 25 日，一列挂有 8 节车厢的中央线地铁列车在行经伦敦市中心一地铁站时出轨并撞在隧道墙上，最后 3 节车厢撞在站台上，32 名乘客受轻伤。同年 9 月，一列慢速行驶的地铁列车在国王十字地铁站出轨，并导致地铁停运数小时。又如，在 2000 年 3 月发生的东京日比谷线地铁列车出轨意外，造成了 3 死 44 伤的惨剧。再如，美国 2000 年 6 月，发生一起地铁列车意外出轨，当时有 89 位乘客受伤。

还有其他车辆因素。例如，200×年×月×日，S 市地铁三号线闸门自动解锁拖钩故障，停运 1 个多小时。又如，200×年×月×日，S 市地铁二号线因机械故障车门无法开启，停运半小时。

3. 轨道因素

2001 年 5 月 22 日，台北地铁淡水线士林站附近轨道发生裂缝，地铁被迫减速，并改为手动驾驶，10 万旅客上班受阻。

4. 供电因素

例如，200×年×月×日 S 市地铁一号线莲花路到莘庄的列车突然停电，被迫停运 62 分钟。经查明原因是地铁牵引变电站直流开关跳闸，列车蓄电池亏电过量，才致使列车无法正常启动的。又如，2003 年 8 月 28 日，英国首都伦敦和英格兰东南部部分地区突然发生重大停电事故，伦敦近 2/3 地铁停运，大约 25 万人被困在伦敦地铁中。

5. 信号系统因素

200×年×月×日，S 市地铁一号线信号控制系统突然发生故障，停运 8 分钟。200×年×月×日，S 市二号线中央控制室自动信号系统发生故障，停运 20 分钟。

6. 社会灾害

地铁车站及地铁列车是人流密集的公众聚集场所，一旦发生爆炸、毒气、火灾等突发事件，造成群死群伤或重大损失，严重地影响了社会秩序的稳定。近年来地铁接连不断地发生爆炸、毒气、火灾等社会灾害。例如，1995 年 3 月 20 日日本东京地铁曾经遭受邪教组织"奥姆真理教"施放沙林毒气，夺走了十多条人命，5000 多人受伤，引起全世界震惊。又如，2003 年 2 月 18 日韩国大邱市地铁发生的纵火事件造成至少 126 人死亡，146 人受伤，318 人失踪。再如，2004 年 2 月 6 日莫斯科地铁的爆炸及大火夺去了数十人的生命，令上百人受伤。

7. 自然灾害

如 200×年×月×日在 N 市地铁，由于当天雷雨大风导致地铁供电过流保护装置遭雷击引起接触网短路跳闸，中断运营达 25 分钟。

7.1.2　对策探讨

地铁一旦发生事故，将成为公众舆论的焦点，不仅带来不利的政治影响，人员伤亡、车辆损毁所带来的经济损失也将十分严重。随着地铁的飞速发展，为提高地铁运营的安全，有效减少事故的发生和降低事故损失，不仅要加强对乘客和工作人员的教育、采用先进的设备及其检测体系、建立自动监视及自动报警系统，还应建立相关应急管理体制，发生事故时能够及时启动相关应急预案。

1. 加强对乘客和工作人员的教育

由于乘客素质对地铁安全有很大的影响，所以应加强对市民的地铁安全乘车意识的教育，减少由于乘客的失误而产生的地铁运营事故。例如，2004 年 4 月出台的《北京市城市轨道交通安全运营管理办法》中，对乘客的各种危害城市轨道交通安全运营的行为作了规定，并且明确了运营单位工作人员应当履行的安全管理职责。另外，还要多加强对乘客在紧急情况下逃生自救知识的宣传教育。

统计表明，几乎每一起重大事故都与地铁工作人员的失职有关。所以务必加强对工作人员的法制教育、技术教育、安全教育和职业道德教育。工作人员要牢记"安全第一"的运营准则，任何时候都不能麻痹大意。韩国大邱市地铁的惨案有一个重要原因，就是将平时的教育流于形式，没有落到实处，因而自食恶果。

2. 采用先进的设备及其检测体系

地铁的运营涉及众多人员和先进的设备。车辆因素、线路问题、信号标志等设备都直接关联到列车的安全运行。车辆所使用的阻燃材料是否合格，安全装置是否充足有效，车辆是否符合运行要求，车辆技术状况的好与坏，都会直接影响地铁的运行安全。韩国大邱地铁车厢内为了防止触电未安装自动报警设备和自动淋水灭火装置，同时未采用先进的阻燃材料，易燃材料燃烧后产生了大量毒气和烟雾，导致了事故的扩大。

上海地铁有两套自动防火设施，两级自动监控系统，一级设在车站，一级设在中央控制室。自动灭火喷淋系统，有水喷和气体喷两种，可以针对不同的火灾原因进行调控。地铁隧道里还设有专门的排烟装置，一旦发生火灾，隧道内的事故风机系统就会启动，在最短时间内排出有毒烟雾，防止窒息。

北京地铁设有双组变电站供电、紧急照明和应急通风设施，即使在出现两个主变电站同时停电，列车失去牵引力最终停车时，也不会导致出现地铁"失控"现象。地铁的指挥系统，如调度电话、通信系统等，在失电情况下仍能正常使用，全部由蓄电池供电。地铁发生意外导致紧急断电，在突如其来的黑暗状态下人员极易发生混乱，造成伤亡。在断电情况下能否持续提高光源十分关键。自发光疏散指示系统完全解决了这个问题。这些安全标志在完全失去光源的情况下仍然能够利用自身的蓄能发光，以便乘客在漆黑一片中找到逃生的方向。另外，还应该将安全线改为自动安全门以杜绝坠落地铁事故；加强车辆维护及检修工作，提高综合服务水平。建立和完善设备状况计量检测体系，确保设备运作的安全度。对已出过的事故苗头、灾害险情要及时记录，用系统安全工程的方法进行评价，及时制定切实可行的整改措施，把工作落到实处，尽量把事故和灾害消灭在萌芽状态。

3. 建立自动监视及自动报警系统

为了保证地铁的安全运行，每个地铁系统都应具备监测及自动报警系统（Fire Alarm System，FAS）。FAS 对于确保地铁的安全以及正常运营具有极其重要的作用，成为地铁各系统中不可缺少的重要组成部分。受 FAS 保护的具体对象是全线车站、主变电所、车辆段及通信信号楼。地铁 FAS 必须是一个高度可靠的系统，接线简单，组网灵活，容易维修和扩展。控制中心（OCC）应有全线示意图，能监控全线的报警情况。

伦敦地铁当局在所有 115 个地下车站内安装名为"快速追踪"的火灾探测与报警系统。该设备包括一个探测范围宽广的模拟可寻址烟雾与热量探测系统，以及其他一些如遥控关门器、应急有线广播系统、防火阀控制装置、检票门等安全防火设施。如今，每个车站内的计算机都能对本区段内的消防设施予以监视与控制。通过预先编制的程序，它能对每个车站上的所有消防安全设施进行扫描，搜检，在连续不断地进行基础分类后，便可确认这些设备的特征、位置，所处的形式与工作状况。

7.2　控制中心突发事件应急处理

控制中心是地铁运营生产的组织部门，要时刻保证地铁运营的正常生产秩序，当发生各类突发事件时，要能够在第一时间启动相关预案，将突发事件的影响降到最低。当发生设备故障或地铁出现事件、事故时，各调度应按"先通后复"的原则处理，必要时，可组织小交路运行或其他调整方案。如故障、事件、事故伴有火情或出现危及员工、乘客的生命安全时（含在处理过程中出现），各调度立即按相应的处理程序执行，实施先救人，救人与处理事故同步进行的原则。

发生故障、事故、事件时，作为地铁运营生产的组织—控制中心，处置主要在三个方面：相关信息的准确了解、发布；故障点的应急处置及配合；最大限度地维持不受影响区段的运营。

7.2.1　自然灾害类突发事件应急处理

自然灾害类突发事件包括大风、冰雪、大雾等天气灾害，按灾害等级分为一级红色(橙色)、二级蓝色(黄色)两级。控制中心应通过一日三查制度，及时了解天气情况，发现异常时，应及时发布预警通知，提前做好应对准备工作。当实际发生相关自然灾害时，应及时启动相关预案。

大风、冰雪、大雾天气对运营的影响：大风天气主要影响车站出入口的设备设施安全、接触网设备以及高架、地面线路的行车安全；冰雪天气主要影响地面站、高架站的道岔设备，由于低温冰冻导致道岔不能正常转动；大雾天气主要影响司机的瞭望。

预案要点如下：

(1)了解灾害的等级，及时启动预案。

(2)要求司机、车站、设备维护人员加强行车设备的巡视，随时了解对相关行车设备的影响情况，若发现或接报险情，及时通知各部门，根据情况要求派出抢险队。

(3)确定运营组织方案：强风达到 10 级以上，12 级以下时，向上级领导申请终止部分地面和高架车站的运营；天气预警到达 12 级时，立即终止受影响区段的运营。

(4)冰雪红色预警时，非运营期间可取消施工，安排电客车往返巡道、车站定时转动道岔等方法消除冰雪天气对线路、道岔的影响。

(5)大雾影响能见度小于 150m 时，司机可限速运行，车站需派人协助司机瞭望乘客上下车情况。

(6)预警信号解除后，及时通知各部门，要求检查相关设备，恢复正常运营。

7.2.2　反恐类突发事件应急处理

反恐类突发事件包括车站遭受恐怖袭击、毒气袭击、可疑物品、燃气泄漏等事件。

(1)立即了解现场情况，组织疏散乘客，报地铁公安、120 急救中心。

(2)组织列车通过事发车站，影响严重时可终止该区段列车运营，必要时停电配合。

(3)若司机报车厢内有可燃气体泄漏，要求司机维持运行至前方车站，到达车站后按"车站发现毒气袭击、可燃气体泄漏处理方法"进行处理，立即组织列车内乘客疏散。

(4)若出现大面积可燃气体泄漏险情，按主任调度要求下达全线停运命令。

(5)毒气袭击、燃气泄漏时环调关闭该站通风及邻站排风。

(6)根据现场情况，正确、及时发布通风系统运行方式等相关命令。

7.2.3　行车组织类突发事件应急处理

行车组织类突发事件包括火灾、大客流、信号类、供电类、工务冲突类突发事件。

1. 火灾类突发事件

火灾类突发事件分为车站火灾、列车火灾、隧道火灾。

（1）发生火灾时，要立即了解并确定火点、火情及伤亡情况，报 119、120。

（2）车站失火时，应立即紧急疏散乘客，并扣停接近列车，组织退回发车站；如来不及扣停列车，则组织列车限速不停站通过火灾车站；列车火灾时，如能运行至车站按"车站火灾事故"进行处理。

（3）列车火灾造成列车区间停车时，司机应立即组织乘客疏散，车站应做好相关配合。

（4）隧道火灾时，应在着火点前停车，并组织列车退回前发车站，做好相关安排。

（5）必要时通知电调停止该区域的供电，并对供电系统做相应的处理。

（6）确保相关事故区段启动相应的火灾通风模式。

2. 大客流类突发事件

大客流类突发事件分为可预见大客流和突发性大客流。

（1）收到大客流信息后，加强对客车运行情况和大站客流情况的监视。

（2）加强 AFC 系统 CC 数据收集。

（3）通知司机进站加强瞭望。

（4）可采用加开备用车、列车早开多停、小交路等多种形式疏散乘客。

（5）通知站务调配人员，协助人潮控制。

（6）根据温、湿度情况增开冷水机组，或改为全新风空调模式运行。

（7）通知地铁公安协助。

3. 信号类突发事件

由于信号系统是行车组织基础，因此信号系统的突发故障都会影响行车秩序。信号类突发事件包括 SICAS 故障、ATS 故障、信号机故障、轨道电路故障、道岔故障、联锁 ATP 故障等。

（1）确认故障类别及影响范围。

（2）SICAS 故障按电话闭塞法组织行车。

（3）ATS 故障时，行调失去在 MMI、MDP 屏上对列车的监控，在车站 LOW 上 RTU 激活时，可放权交联锁站，车站加强对列车运行进行监控的同时，对列车进路、运营停车点进行操作；当 ATS 的自动排进路或联锁系统（SICAS）的追踪进路不能自动排列时，应由人工介入，在 LOW 工作站上人工排列进路，并通知司机及时修改车次；做好运行图的铺画。

（4）信号机故障影响信号开放时，通知司机在该信号机前停车后以 RM 模式越过故障信号机（也可要求车站开放引导信号），调整故障期间列车的运行（有条件可考虑变更进路）。

（5）轨道电路故障时，通知接近粉红光带（人工处理）或红光带列车在停车后，以 RM 模式通过红光带，红光带在监控区段，车站确认故障区段安全开放引导信号；当道岔区段红光带时，如道岔位置不对，确认线路空闲后通知，车站强行转岔，然后办理进路，开放引导信号。

（6）道岔故障时，如转动道岔几次或操作"挤岔恢复"均不起作用，要求车站准备钩锁器钩锁道岔，人工排列进路，开放引导信号；列车停在岔区时，可限速 15km/h 离开岔区。

（7）联锁 ATP 故障时，司机通过故障联锁区采用 RM 模式驾驶，并确保一个站间区间只有一列车占用。

4. 供电类突发事件应急处理

供电类突发事件包括接触网悬挂异物、正线接触网故障、降压变电所供电事故、中间牵引所跳闸、车辆段牵引所跳闸、主所跳闸等，发生正线接触网故障、中间牵引所跳闸、主所跳闸等故障，影响时间较长时，均需清客，并封锁区间抢修。

(1)接触网悬挂异物不影响接触网供电时,可采取惰性或降前弓过故障点、再升前弓降后弓过故障点、到前方站停车后升双弓的办法维持运营,然后安排接触网工班跟车到故障地点处理;如异物范围较大,必要时可停电处理。

(2)如接触网断线或绝缘子击穿短路引起跳闸,则扣停接近故障地点的列车在车站,要求受影响区域正在运行的司机驾驶列车滑行到达前方站;如刮弓或支柱定位故障,则扣停接近列车并退回发车站或滑行到达前方站;必要时准备列车救援。

(3)降压变电所供电事故影响车站站台照明、亮度时,通知有关列车司机限速进站,通知车站关闭三类负荷配合抢修;进线失压、35kV 故障母线退出运行时,尽快调整运行方式恢复供电或转移负荷;如变压器故障,撤除故障变压器,停止故障所的三类负荷。

(4)中间牵引所跳闸时,故障区司机尽量惰行进站,停车后降弓;将后续列车扣在车站,与电调确定是按越区供电还是单边供电组织行车;有列车区间停车时监控 BAS 执行阻塞模式,如有限制电负荷需要或控制三类负荷需求,则对相关车站下达停开部分或全部环控设备的命令。

(5)车辆段牵引所跳闸时,通知车辆段内所有列车降弓待令,配合电调进行越区供电的相关操作,要求接触网失电分区列车加强设备监控;牵引设备故障不能及时恢复时,退出小行基地变电所牵引部分的运行通过正线支援小行基地接触网供电。

(6)主所跳闸影响范围较广,不仅会影响牵引供电,还会影响动力照明供电。此时,应要求司机尽量惰行进站,如停在区间而短时间不能恢复供电时,则需组织区间清客;受影响车站关闭三类负荷配合抢修。全所失压应尽快与地调联系,确认故障原因并要求地调尽快恢复供电,如地调不能尽快恢复供电,则通过环网电缆联络开关,恢复失电分区的供电;如一条进线失压,切开进线开关,投入 35kV 母联开关,恢复三类负荷供电;如 35kV 馈线开关故障,切除故障馈线开关、电缆及相关变电所进线开关,通过变电所 35kV 联络开关恢复供电,恢复三类负荷供电。

5. 工务冲突类突发事件

工务冲突类突发事件包括断轨、挤岔、脱轨、线路异常等情况,发生断轨、挤岔、脱轨、线路异常时均需封锁区间抢修、开启相应的通风模式,列车停在区间时还应组织区间乘客疏散,若抢修负责人有供电的停电要求,需根据供电分区组织好列车的运营,防止列车闯入无电区。

(1)发生钢轨断轨(在 MMI 上显示红光带)事故时,应立即组织列车退回发车站,如来不及退回,可限速通过该区段。

(2)发生挤岔事故时,列车一般不得后退:在维修专业人员的确认和监护下,列车可缓慢开出岔区或固定好道岔后再行后退。若挤岔后脱轨,则按"正线岔区脱轨"办法处理。

挤岔或脱轨时,应尽快确定列车车次和被挤道岔号码、受影响区段;确定挤岔车辆号和具体轮对、列车首尾位置和是否侵入邻线,如影响邻线及时扣停接近列车;如救援需要,通知电调断开挤岔区段接触网的供电。

(3)脱轨事故中,需要时组织一列客车清客或工程车前往救援,连挂脱轨列车限速 15km/h 运行进入就近的存车线(折返线),待运营结束后再安排事故客车回车辆段检修。如脱轨车辆损坏接触网,则通知接触网工班派人到现场检查抢修;若需拆轨及时组织人员进行事故处理。

(4)列车司机发现区间线路异常时,应立即采取停车措施,并检查车辆走行部有无悬挂脱落、线路上是否有异物,如均无异常,则向后检查线路是否有坍塌、下沉,迅速判断故障原因。行调可安排列车限速通过,封锁区间抢修。

第 2 篇　轨道车辆维修

第8章 维修概述

高速列车是高速铁路的运输载体及主要技术装备，是实现高速铁路功能的关键。为了保证高速列车快速、高效、安全、舒适运行，必须经常对列车进行整备、检查、保养和修理等维修工作。

8.1 维修的定义及基本范畴

8.1.1 维修的定义

依据 GB/T 3187—1994，维修的定义为："为保持或恢复产品处于能执行规定功能的状态所进行的所有技术和管理，包括监督的活动。维修可能包括对产品的修改。"

维修的要素：

(1)维修的主要目的是使产品保持、恢复或改善其规定的技术状态，即预防故障及其后果；在发生故障或损坏后使其恢复到规定的状态；动车组维修的目的是保持、恢复改善动车组的可靠性。

(2)近代的维修概念已将维修扩展到对产品进行改进，局部改善产品的性能，这样的维修又称为改进性维修，即利用完成产品维修任务的时机对产品进行改进或翻新，以提高产品的固有可靠性、维修性和安全性水平。

(3)维修贯穿于产品服役的全过程，包括使用和存储过程。维修是对产品进行维护和修理的简称。维护是指保持产品良好工作状态所做的一切工作，包括擦拭、清洗、涂油润滑、校调检查，以及补充能源、油、水、砂等消耗材料的整备工作；修理是指恢复产品良好工作状态所做的一切工作，包括检查、判断故障、排除故障以及全面翻新作业等。

(4)维修既包括技术性活动，如检测、隔离故障，拆卸、安装、更换或修理零部件、校正、调试等，还包括有关的管理、培训工作。

8.1.2 动车组维修的作用和意义

1. 维修是提高效能的重要途径

良好的维修提高了动车组的可用性，使其具有较高的利用率和完好率，保证其安全正点运行；同时还保持了动车组的固有能力，使其具有较高的可靠性。因此完善动车组的维修是提高效能、扩大运输能力的有效途径。

2. 维修是铁路安全运输的重要保证

动车组的高速性要求有好的舒适性，以及较短的整备和维修时间，对维修提出了更加严格的要求。除要求达到较高的可靠性外，还应具有良好的维修性、可测试性和依靠先进的远程通信及时交换信息的能力。

3. 完善动车组的维修是降低寿命周期费用(LCC)的重要措施

动车组的维修费用在整个寿命周期费用中占有很大的比例，为其购置费用的3～9倍。通过采用现代化维修技术、改进维修工艺，制订合理的维修制度来降低维修费用，会使高速列车的寿命周期费用得到大幅度下降。据有关资料介绍，投入 1 美元改善维修，可取得寿命周期费用减少 50～100 美元的效果。

8.1.3 动车组维修的基本范畴

维修是理论与实践密切结合的一种创造性活动，是在科学理论指导下，在深入研究维修客观规律的基础上，通过优化维修内容，整合维修资源，创造新的维修保障模式，实施科学管理，实现维修综合效益最佳化的系统工程活动。

动车组维修的基本问题是在复杂多变的铁路运输需求下积极探索动车组维修的客观规律，科学地确定维修内容，合理配置和高效利用有限的维修资源，采取科学的方法，组织实施合理、适度、有效的维修，以保持、恢复、改善动车组可靠性。

1. 优化维修内容

维修什么、什么时候维修、在什么地方实施维修、采用何种维修策略，这是动车组维修实践面临的首要问题，也是动车组科学维修应着重解决的关键问题。

(1)动车组维修应该做到维修适度。对动车组的维修是在对维修规律科学认识的基础之上，是以科学理论为指导的，维修活动归根到底是为了保持、恢复和改善装备的可靠性；维修是一种系统工程活动。必须统筹规划，从设计入手，全程监控，系统管理，正确使用。只有建立了对动车组维修科学的认识，才能为动车组维修创造一个良好的维修平台，为动车组维修内容的优化提供有效的方法和理论基础。

(2)维修内容的确定与优化是一个非常复杂的问题，必须采用科学的分析方法和技术工具。传统维修是建立在直觉和经验基础之上的，由于主观认识的局限性，往往导致该维修的没有维修，不该维修的工作做了很多。而以 RCM 为代表的现代维修理论是建立在对装备设计特性、运行功能、故障模式和故障后果科学分析的基础上的，综合运用了可靠性理论、逻辑决断、数理统计等理论和技术方法，科学地确定维修的必要性、可行性和有效性，最终制订出实用、合理的维修计划或大纲，为动车组维修内容的优化提供了技术支持。

(3)从辩证的角度来看，维修内容的优化工作是一个循序渐进、螺旋式上升的认识过程。在这一过程中，维修客体——动车组具有相当的复杂性，且在不断地改进、变化；维修主体——维修人员和管理人员都是有限理性的人，认识上都存在一定的缺陷或不足；使用需求、运用条件是多样的。因此，维修内容必须随着动车组技术的发展、维修认识的深化和运用条件的变化而不断优化。

2. 优化维修资源，合理布局维修机构

维修资源是指动车组维修所需的人力、物资、经费、技术、信息以及时间等的统称。维修机构是执行维修任务，完成维修工作的执行机构。维修资源和维修机构是构成动车组维修系统的基本要素，是实施动车组维修的物质基础和重要保证，它直接关系到动车组的使用效能，影响动车组的寿命周期费用和维修费用的有效使用。

动车组结构复杂，高新技术含量高，价格昂贵，使用可靠性和安全性要求高。必须对维修资源实施有效管理，建立与动车组相匹配的经济而有效的维修系统，科学地利用各种维修资源，以最经济的资源消耗，及时、快速有效地保持、恢复动车组的规定技术状态，保证运输任务的完成。

动车组所配置的维修资源是有限的，必须对维修系统实施科学管理，合理设置维修机构

的地点、级别，形成维修能力的梯次机构，合理布局，最大限度地发挥维修资源的作用。

3. 科学的维修管理

动车组维修的科学管理必须解决以下问题：运用现代管理理论、方法和手段，依托先进的科学技术，树立科学的维修指导思想、制定科学的维修目标、确定科学的维修内容和时机、选择科学的维修方式和策略、进行科学的维修资源调配。

(1) 规划维修任务。对维修任务进行预测和规划，是维修科学管理的重要任务之一。既是科学制订维修计划的重要前提，也是合理使用维修力量的基本依据。

(2) 制订维修计划。维修计划是对维修各项工作内容、步骤和实施程序所做出的科学安排和规定。在预计维修任务、明确维修目标的基础上，应当根据各级维修任务、维修目标和维修能力等实际情况，分别制订出维修计划。

(3) 调配维修资源。按照系统优化的原理，统筹规划，组织不同维修能力的机构进行不同层次的维修，科学配置维修资源。

(4) 组织维修实施。

(5) 监控维修质量。综合运用质量监督、维修技术标准、维修计量和维修信息等技术手段，建立动车组维修质量信息管理系统，建立质量管理体系，严格执行维修技术标准，对维修工作和维修质量实行全系统、全员参与、全过程管理，不断提高维修质量科学管理的能力水平。

8.2　维修理论概述

8.2.1　维修理论的范畴

动车组的维修理论范畴如图 8-1 所示。可以概括为两大范畴。一部分是维修的组织管理理论，包括维修的指导方针和对策等的研究，这是对维修进行宏观研究，寻求维修工作组织的最佳途径。另一部分是维修技术及手段的研究，这是对维修进行微观研究，以寻求解决维修工作中的具体技术问题。

1) 失效分析理论

这里的失效分析主要是指对动车组及其零部件失效(故障)的微观机理分析，而失效(故障)的宏观分析，则包括在可靠性工程的范畴内。失效(故障)分析涉及多门学科：断裂力学从裂纹萌生与发展的角度来研究失效的原因；材料力学以材料强度为出发点来研究失效的可能性；金属物理化学则从金相组织和成分的观点来研究失效的生成和机理；机械工艺学又从加工工艺的立场去分析故障的产生、防止和修复。

2) 维修工艺理论

研究维修的工艺技术和方法。第一是维修工艺技术方面的研究；第二是维修技术手段的研究；第三是故障诊断技术的研究。

8.2.2　近代维修理论的支撑点

1. 可靠性工程与维修性工程

近代维修理论是以可靠性工程理论为基础的，可靠性工程学科的发展对技术装备的维修

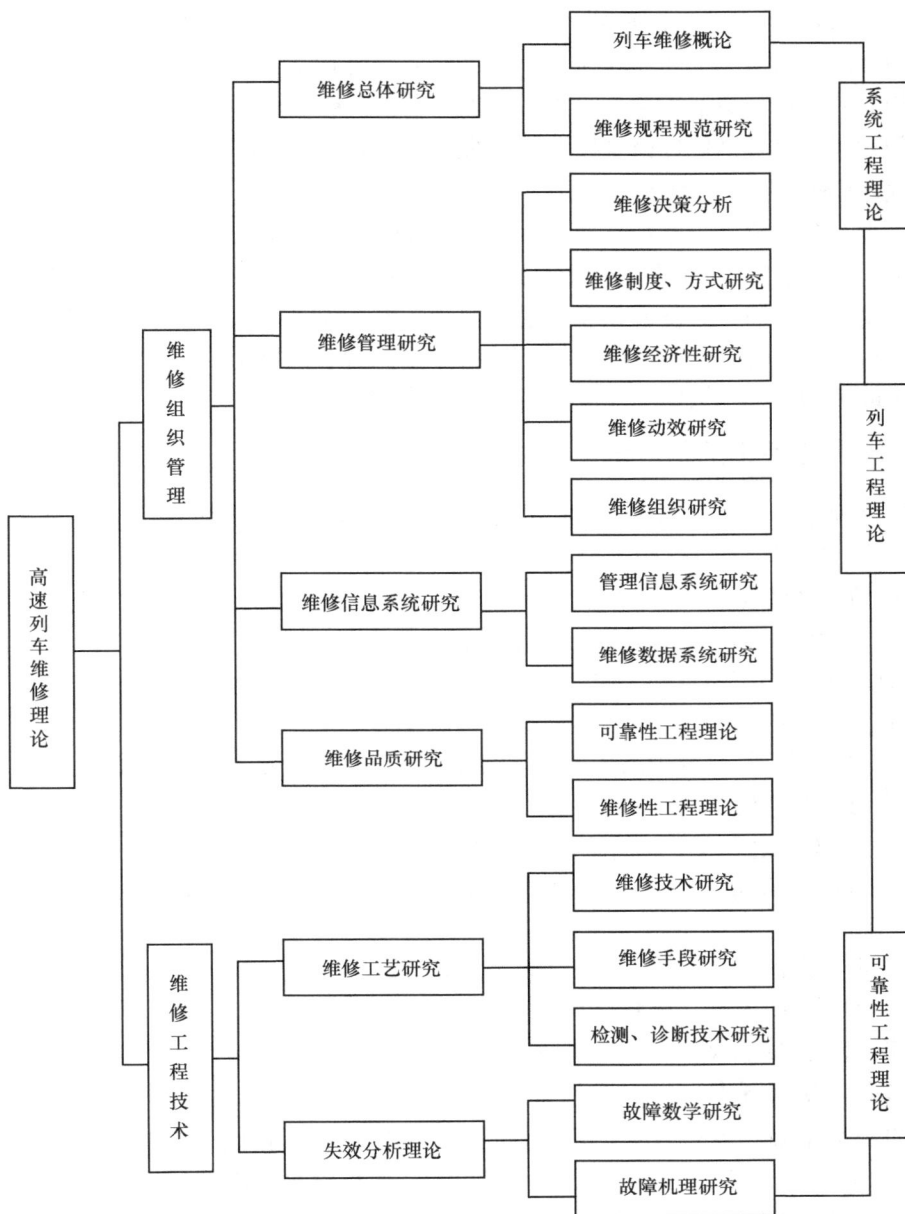

图 8-1 动车组维修理论的范畴

行业产生了重大的影响：其中可靠性、维修性指标作为装备维修质量的评价及验收标准；可靠性、维修性作为装备维修的设计特性，在产品研制阶段就受到重视；故障模式、影响及危害度分析(FMECA)是维修、维修保障分析和维修决策的重要方法；故障树分析(FTA)是维修安全性分析的有力工具；可靠性试验及其数据分析为维修质量的评定和验收以及寿命评估打下了基础；可靠性管理也为维修管理提供了理论保障。

2. "以可靠性为中心"的维修理论

　　"以可靠性为中心"的维修理论是在传统的计划预防维修理论的基础上发展起来的，提出按照装备各机件的功能、故障原因和故障后果来确定需要做的维修工作。提出了维修方式的"逻辑分析决断图",对重要维修项目逐项分析其可靠性特点及发生功能性故障的影响,来确定应采用哪种维修方式。"以可靠性为中心"的维修理论从 20 世纪 60 年代开始,首先在美国民航业中得到应用,以后迅速在军事、航天、电车、核工业、交通等行业和部门普及,取得了极好的效果。这种维修理论对技术装备的维修产生了巨大的影响。

3. 技术经济学的有关理论

动车组自动化程度高,结构复杂,不但购置费用大幅度提高,而且使用维修费用也急剧增长,达到购置费用的 3～9 倍。技术经济理论开展如技术经济评价方法,评价动车组大修的经济界限,动车组更新的经济寿命和费用效能分析等。特别是动车组的寿命周期费用分析,能够权衡分析动车组的设计制造费用,改进 RAMS(可靠性、可用性、维修性和安全性)特性,对于动车组的采购决策、运用维修策略都具有重要的意义。

8.2.3　近代维修理论的新观念

近代维修理论的特点是不孤立地看待维修本身,而用系统工程的观点和方法来看待、分析和研究维修,即用全系统、全寿命和全费用的观点认识和看待维修。

1. 维修的全系统观点

(1)将动车组及其相关部分看成一个系统。
(2)重视动车组的可靠性和维修性。
(3)重视保障系统。
(4)树立大局观,结合我国具体情况从实际出发对整个维修系统进行优化。

2. 维修的全寿命观点

动车组的全寿命过程又称为寿命周期(Life Cycle,LC)。"寿命周期"分为 5 个阶段,即概念与定义、设计与研制、制造与安装、使用与维修、处理阶段 (GB 6992)。维修的全寿命观点主要指:

(1)在寿命周期的各个阶段都有相关的维修活动。
(2)寿命周期各阶段相互关联,互相影响。
(3)重视维修多信息反馈,形成闭环信息系统。

3. 维修的全费用观点

维修的全费用观点就是要考虑动车组从论证、研制直至报废处理的整个寿命周期的费用(Life Cycle Cost,LCC)总和。其中研制和制造费用称为获取费用或采购费用,属于一次性投资;而使用维修费用则是需不断付出的费用,称为再现费用。维修的全费用观点包含以下几点。

1)只有 LCC 才能衡量装备的经济性

在进行装备系统的各种权衡分析时,只有 LCC 才能真实地反映动车组的经济性;只有当 LCC 最小时,动车组才是最经济的。

2)重视再现费用

表 8-1 给出了若干装备采购费、使用维修费及两者的比值的示例。从表中可以看出,为降低装备的 LCC,必须对再现费用给予足够的重视。在购置动车组时除考虑性能和价格外,也要充分考虑该动车组投入使用后,运用维修需要支出的费用,在合同中包含 LCC

计算的内容。

表 8-1　装备采购费和运用维修费的对比

装备名称	采购费/%	使用维修费/%	维修费/采购费
机车车辆	12～34	66～88	2.9～8.3
战斗机	30～50	50～70	2.0～3.3
装甲车辆	20～30	70～80	3.3～5.0
驱逐舰	25～40	60～75	2.5～4.0
空调装置	30	70	3.3
通风装置	21	79	4.8

图 8-2 说明了再现费用的重要性，再现费用往往都是隐藏在"冰山"下面的，是不可见的，如果没有给予充分重视，就会像图中的船只一样，撞上冰山。

3）LCC 具有先天性

寿命周期的各个阶段对 LCC 的影响是不一样的，越是前面的阶段对 LCC 的影响越大，图 8-3 给出了寿命周期各阶段活动对 LCC 的影响。由图可见，论证、研制阶段对 LCC 影响就已达到 80% 以上，虽然使用维修费用占 LCC 很大的比例，但其大部分却是由前期论证、研制阶段中的各种决策所决定的，因此从装备的整个 LCC 来看，越早应用 LCC 方法越好。

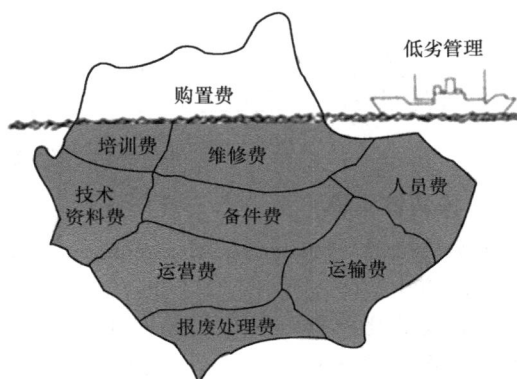

图 8-2　全寿命周期费用冰山图

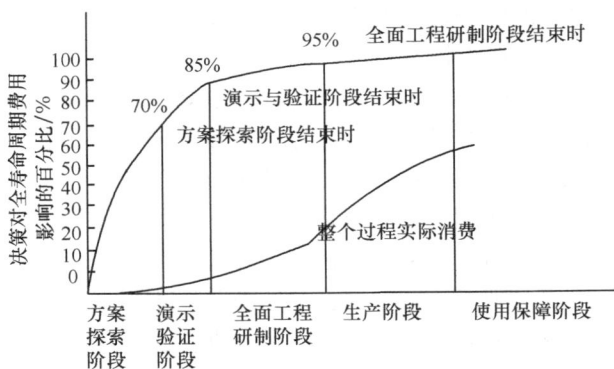

图 8-3　装备寿命周期各个阶段对 LCC 的影响

8.3　动车组维修的分类

从不同的角度和立场出发，维修有不同的分类方法。迄今还未有动车组维修的全面、系统的分类方法，现将常用的一些维修分类表述如下。

8.3.1　按维修目的与时机分类

按维修时机即故障前或故障后进行维修来分类，有预防性维修和修复性（校正）维修。按维修目的分类，则有预防性维修、修复性维修和改进性维修，如图 8-4 所示。

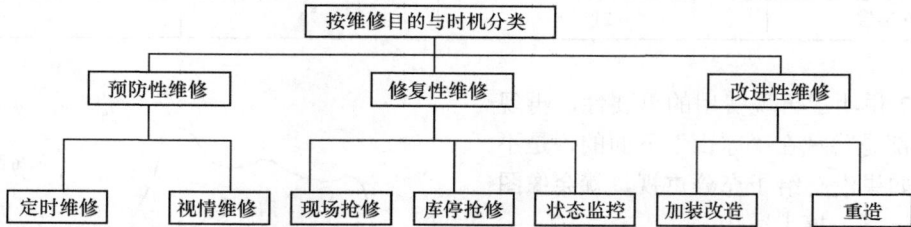

图 8-4　按维修目的与时机分类图

1. 预防性维修

预防性维修(Preventive Maintenance，PM)是指"通过对产品的系统检查、检测和发现故障征兆以防止故障发生，使其保持在规定状态所进行的全部活动。包括：调整、润滑、定期检查和必要的修理等"。维修活动在故障发生前预先进行，目的是消除故障隐患，防患于未然。预防性维修又可分为定时维修和视情维修。

(1)定时维修 （Hard Time Maintenance）。指"以上次检查后经历的工作小时数或日历时间为依据对产品进行维修"。

定时维修是指装备使用到规定时间予以维修，使其恢复到规定的状态。此处的"规定时间"可以是规定的间隔期、累计工作时间、日历时间、运行里程和循环次数等。定期维修的工作范围可以是定期调整、润滑和定期检查，可以是定期拆卸，从装备分解清洗直至全面翻新，也可以按照规定的寿命予以更换或报废。

(2)视情维修(On-Condition Maintenance，OC)（ 状态维修、预知维修、预兆维修）。指"对产品参数值及其变化进行连续、间接或定期的监测，以确定产品的状态，检测性能下降，定位其故障和失效部位，记录和追踪失效的过程和时间的一种维修"。

视情维修认为故障不是瞬间发生的，而是有一个从发生到发展，最后形成故障状态的过程，总有一段有征兆可寻的时间。如果找到跟踪故障迹象过程的方法，将观察到的装备运行状态和规定的标准进行比较，则可以采取措施预防故障发生或避免故障后果，从而决定装备是继续使用到下一个检查期还是需加工修理后使用，或者进行零部件的更换或报废。

2. 修复性维修

修复性维修(Corrective Maintenance，CM)又称校正维修，是指"产品发生故障后，使其恢复到规定状态所进行的全部活动。它可以包括下述一个或全部步骤：故障定位、故障隔离、分解、更换、再装、调准及检测等"（GJB/ Z 91—1997）。修复性维修按照发生故障后修理是否及时可以分为及时维修和延迟维修，其中常用的维修类型有现场抢修、库停抢修和状态监控维修。

1)现场抢修(On-Site Maintenance,OSM)

现场抢修指"在产品使用所在地或附近对产品进行维修"(GJB/Z 91—1997)。对动车组来说,现场抢修是在执行运输任务过程中发生故障后采取快速诊断或应急修复措施,对装备进行车上修理,使之逐渐全部或部分恢复必要的功能或自救能力的过程。

2)库停抢修

库停抢修是动车组一种特殊的修复性维修,是指动车组故障后无法在运输中完成维修,而利用规定的库停时间,在库内进行抢修,使其恢复性能。

3)状态监控维修(Condition Monitoring Maintenance,CMM)

状态监控维修是指"通过对使用中的具体产品的全部总体数据进行分析,指出是否需要对技术资源进行分配,确定应采取的维修"。状态监控维修不是一种预防性维修,它允许故障发生,并根据对使用信息的分析指出需要采取的适当措施。(WATOG—1991)

状态监控维修是对那些产生故障,但这些故障又暂不影响安全和生产任务的装备进行总体连续监控,以判断其是否能够继续使用,从而决定修理时机。

3. 改进性维修

改进性维修(Improvement Maintenance,IM)是利用完成动车组维修任务的时机,对动车组进行改进或改装,以提高其效能、固有可靠性、维修性和安全性水平。

改进性维修是近代维修工作的一个新概念。这种结合维修工作进行的改进和改装是维修工作的扩展。在动车组维修中常用的改进性维修有:

(1)大修时的加装改造。大修时,除了执行大修规程所规定的检修范围,对于那些可靠性不高的零部件进行技术改造,或为了提高安全性而加装一些装备,还包括出于改进性能而进行的加装改造。

(2)重造。对经过多年使用和多次大修的动车组,利用大修的时机进行彻底的修理和现代化改造,从而使其性能、可靠性、维修性和安全性有明显的提高。

8.3.2 按维修的计划性分类

按维修的计划性可分为计划维修和非计划维修两类。

1. 计划维修

计划维修(Scheduled Maintenance,SM)是指"在产品寿命周期中,按预定的安排所进行的预防性维修"(GJB/Z 91—1997)。

计划维修内容和时机事先加以规定,并按照规定的计划进行,属于预防性维修的范畴。

2. 非计划维修

非计划维修(Unscheduled Maintenance,UM)指"不是按预定安排,而是根据产品的某些异常状态或某种需要而进行的修复性维修"(GJB/Z 91—1997)。

非计划维修的维修内容和维修时机带有随机性,不能事先做出确切安排,修复性维修属于非计划维修范畴,也包括动车组的事故维修。

8.3.3 按维修方法分类

在一定维修时机、维修条件和维修范围内,有原件修理、换件修理、拆拼修理和集中修理四种维修方法。

1. 原件修理（现车修）

原件修理是对故障或损坏的零部件进行调整、加工或其他处理而使其恢复到所要求的功能后继续使用的修理方法。又可分为等级维修和原形维修。

1）等级维修

为消除配合表面的磨损或损坏，而改变原件配合尺寸为几个尺寸的修理方法。为了便于配合零部件的更换，一般选择配合尺寸的等级不宜过多，否则会给零部件的更换造成麻烦，使备件增多，甚至有时还会影响使用性能。

2）原形维修

采用表面工程有关技术，消除配合表面的磨损或损坏，并使其到原来的设计尺寸。这种修理方法利于零部件的互换性，并用某些新技术还可改善其部分技术性能。

原件修理通常需要一定的设施、设备和一定技术等级的人员维修资源的支持，而且在多数情况下不能在零部件原位进行，耗时较长，不便于及时快速维修。

2. 换件修理

换件修理是用完好的备用零部件、元器件或模块更换故障、报废的零部件、元器件或模块的修理方法。

换件修的优点：能满足快速维修的要求，对维修级别和维修人员的技能要求也不高，在高速运输条件下，换件修可缩短修理停时，保证维修质量，节省人力，是动车组维修的一种非常重要的方法。

换件修的缺点：并不适用于所有的装备和各种条件；要求装备的标准化程度高、备件要具有互换性；同时还必须科学地确定备件的品种和数量，对换下来的零部件是废弃还是修复或者降级使用，也要进行权衡分析。

3. 拆拼修理

拆拼修理是将暂时无法修复或报废装备上可以使用或有修复价值的部分或零部件拆卸下来，更换到其他的装备上，从而利用故障、损坏或报废装备重新组配成完好装备的修理方法。这种方法只适于某些特殊需要情况下的装备修复，经上级批准后才能实施。

4. 专业化集中修

专业化集中修是指将动车组及其主要零部件的修理进行专业化分工，按照车型及零部件种类相对集中到技术力量较强的单位进行维修的方法。专业化集中修的特点是：

（1）采用换件修的方法将损坏的零部件拆下来进行专业化集中修，可大大缩短检修停时，提高装备利用率。

（2）便于集中专业人才，提高维修质量。

（3）能充分利用专业设施，减少装备重复投资。

（4）生产组织较为复杂。

（5）需一定数量的备品储备，占用较多的资金。

8.3.4　按维修等级和机构分类

动车组的维修按性质、范围和深度分为 D1、D2、D3、D4、D5 五个级别，分别在运用所、检修基地两种级别的机构实施，如表 8-2 所示。

表 8-2　维修等级和机构

	D1 级维修	D2 级维修	D3 级维修	D4 级维修	D5 级维修
运用所	◎	◎			
检修基地	◎	◎	◎	◎	◎

注：◎表示具备该级别能力

习　　题

1. 结合动车组的维修，阐述维修的定义及其要素。
2. 简述动车组维修的基本范畴。
3. 换检修、专业化集中修各有哪些优缺点？两种维修方式有何联系？
4. 动车组的维修涉及哪些学科知识？简述近代维修的理论基础。
5. 何为维修的全费用观点？简述其指导意义。

第9章 车辆寿命及维修制度

车辆及其主要零部件的寿命是设计制造、运用维修，特别是运用维修中的一个重要问题。有了车辆及其主要零部件的寿命值，在运用维修中才能制定合理完善的维修策略，保持和改进车辆及其主要零部件的可靠性、延长它们的寿命。

9.1 寿命的定义及分类

产品寿命的类别是多种多样的，各个行业由于装备的用途和使用习惯不同，而有自己的产品寿命定义。即使同一行业，世界各国所采用的寿命参数也有不同，对各类产品所选用的寿命参数也不一样，但其基本概念和理论基础则是相同的。表 9-1 列出了各种寿命类别的类型及定义。

表 9-1　寿命类别的类型及定义

寿命类型	定　义
使用寿命	产品从制造完成到出现不可修复的故障或不能接受的故障率时的寿命单位
储存寿命	产品在规定的条件下存储时，仍能满足规定质量要求的时间长度
经济寿命	产品从使用开始到因经济效益原因而淘汰的寿命单位
总寿命(物质寿命)	产品从开始使用到规定报废的寿命单位
安全寿命	采用大分散系数所获得的具有极低疲劳开裂概率的使用寿命，即结构的无裂纹寿命
百分比寿命(可靠寿命)	产品未达到其极限状态的概率为 γ 百分比的总寿命单位，即给定可靠度所对应的寿命单位
大修间隔期	产品两次相继大修间的寿命单位
技术寿命	产品从开始使用到因技术落后而被淘汰所经历的寿命单位
疲劳寿命	承受疲劳负载的产品从使用到出现大裂纹的总寿命单位
全寿命周期	产品从构思论证到淘汰的全部过程时间
首次大修间隔	产品从使用开始到首次大修的间隔寿命单位
不拆卸寿命(相当于 MTBF)	产品在不拆卸情况下使用的寿命单位

产品寿命类型种类繁多，在选择寿命参数时要考虑产品的类型和特点、产品的维修方式、产品是否可修复、产品发生故障时对系统安全的影响程度、产品的工作状态是单一的工作状态还是多种状态，以及产品运输及存储状态。对于动车组来说，常用的寿命类型有：使用寿命、总寿命(物质寿命、自然寿命)、经济寿命、大修间隔期及技术寿命。

1. 使用寿命

使用寿命的定义：产品从开始使用到出现不可修复的故障或不能接受的故障率时的寿命单位。此处的寿命单位使用时间来度量，它可以是工作小时、日、月、年，可以是运行公里或循环次数等。使用寿命主要根据产品的故障情况，即可靠性来决定，常用故障率 $\lambda(t)$ 曲线来表示。对于有耗损期的产品，影响其寿命的主要因素是摩擦副的有形磨损，可以根据耗损期的故障率曲线的上升来确定其使用寿命。但是对于复杂设备来说，若没有占支配地位的耗损型故障模式，则没有明显的耗损故障期，因此寿命就不能凭故障率来确定。一般常用安全寿命、经济寿命或技术寿命作为复杂设备的寿命。

2. 大修间隔期

大修间隔期表示产品两次相继大修之间的寿命单位。这是机车车辆最常用的寿命称谓。

3. 总寿命（物质寿命或自然寿命）

总寿命也称为物质寿命、自然寿命或物理寿命，是指产品从开始使用到规定报废的寿命单位。对于有耗损期的产品来说，它可以包括一个或多个大修间隔期。如果开始阶段产品处于库存状态，则该寿命还应包括产品的储存寿命产品的总寿命和产品的全寿命周期是不同的，总寿命只是全寿命周期的后半段，即产品的使用维修直至报废的阶段；而全寿命周期还要包括产品的前半段，即研制和生产阶段。

4. 经济寿命

经济寿命是指产品从投入使用直至由于经济效益原因再继续使用已不经济，而淘汰所经历的寿命单位。在产品的寿命周期费用中，按年度折算的购置费随服役时间的增长而逐年减少，使用维修费用则由于磨损、疲劳、老化等而逐年增加，作为两者之和的年度总费用则是使用时间的函数，其最小值则为产品的经济寿命，如图 9-1 所示。

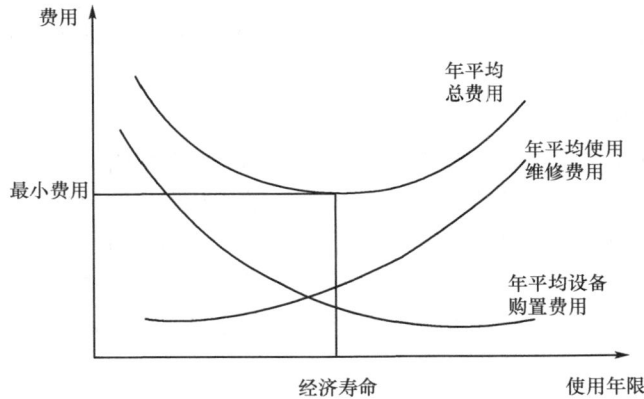

图 9-1　经济寿命

5. 技术寿命

技术寿命是指产品从开始使用到因技术落后而被淘汰所经历的寿命单位。在动车组的维修制度中出现了一个新的维修等级——重造，就是依据技术寿命的概念而来的。重造的定义是："对经过多年使用和多次大修的机车车辆，利用大修的时机进行彻底修理和现代化改造，以满足不同运输目的的需要。"一列动车组、一台机车或车辆，设计寿命往往 20~30 年，在其漫长的寿命周期中，科学技术有了很大的发展，当初的设计水平已经落后，不能满足市场的需要。解决的办法有两种：一是报废整个旧车，购买新车；另一种方法是报废其中的某些技术落后的零部件对旧车进行现代化改造，也就是重造。这些报废的旧车或零部件从开始使用到因技术落后而被淘汰所经历的寿命单位（运行公里或时间）就是它们的技术寿命。

9.2　车辆及其零部件延寿措施

9.2.1　影响寿命和可靠性的因素

影响车辆寿命和可靠性的主要因素有：设计、材料、加工工艺、使用环境、使用和维修等。

1. 设计的影响

设计和研制过程对于车辆及其零部件的寿命和可靠性起决定性的作用，有些影响是在设计过程中造成的，而采取的补救措施也只能靠修改设计来实施。

2. 材料的影响

不同的材料对于车辆及其零部件的寿命也具有决定性的影响，特别是对于承受车辆主要载荷及运用载荷的结构件，材料的力学性能特点决定了结构的寿命。

3. 加工工艺的影响

车辆及其零部件的寿命和可靠性不仅取决于材料本身，而且还取决于其表面的完整性，这里的表面完整性指的是用机械加工和其他一些表面处理方法得出的表面状态。其中一方面是指表面的构形，即表面粗糙度；另一方面是指表面的冶金变化同加工表面层内力学物理性质的变化。此处特别要强调的是表面完整性对零部件疲劳强度的影响，以及所引起的残余应力及其对畸变和应力腐蚀的影响。

4. 使用环境的影响

(1)环境温度和压力的影响。环境温度和压力主要是对受热零部件的热应力起很大的作用；另外过低的环境温度还使金属发生低温脆化现象，使零件发生裂纹和断裂，从而影响寿命。

(2)环境湿度的影响。对我国西南地区和沿海一带运用的机车车辆，由于长期处于潮湿的环境中，能够加速某些零件的破坏过程。例如，零部件的锈蚀和电机绝缘的破坏，还有湿度往往使增压器压气机的铝合金叶片表面韧性降低，改变间隙特性，并使金属间颗粒与基体之间的界面变脆，扩大裂纹增长率。

(3)磨蚀的影响。由于风沙的作用而使某些零部件受到磨蚀的影响，从而使磨损加剧。

(4)腐蚀的影响。在潮湿和沿海地区使用的机车车辆普遍存在着腐蚀问题，例如，机车车辆车体的锈蚀、柴油机燃烧室零件和增压器叶片的热腐蚀和硫化腐蚀等。

5. 使用和维修的影响

(1)运用中的人为因素。例如，司机的操作失误，紧急情况下的处理不当，机务人员的维护措施不适当等。

(2)维修中的人为因素。例如，维修中不按规程和规范操作、维修和排除故障等。

(3)故障检测和诊断技术不完善，对故障误诊。

9.2.2　车辆及其零部件的延寿措施

1. 采用新的设计思想和研发方法

1)设计思想的转变——性能、可靠性和维修性的综合考虑过去，机车在设计时主要考虑其性能指标，例如，牵引力的大小及其性能，运行速度的高低及其结构形式，较高的强度及较轻的质量，对可靠性、维修性和可用性(完好率)不做特殊的考虑。近代机车车辆的设计中除考虑其性能，还重点考虑可靠性和维修性，将它们作为一个整体的过程，使其得到综合平衡。这种设计不但保证了性能，而且使其可靠性和寿命得以提高。

2) 系统化的研发方法——并行工程

并行工程是一种综合、并行地开发新产品的系统化方法。它改变了传统的按"需求—设计—制造—运用"的串行工作模式，而是在产品研发时，将产品整个寿命周期中的各个过程综合起来加以考虑，包括市场需求、投资分析、产品设计、加工工艺、装配检验、质量保证和销售服务等。在产品开发的各个阶段，由设计师、工艺师、质量管理师、经济师、技术工人和各类支持人员共同组成小组进行工作，从而可以利用各种专门知识和信息进行充分交流和有效合作。并行工程除可大大缩短产品开发周期外，还能明显提高产品质量和降低成本。

2. 采用先进的结构措施和分析技术

1) 先进的结构措施及技术进展

近代，机车车辆技术上取得了很大的进展，不但使机车车辆的性能得到了很大的提高，也使可靠性和寿命得到了极大的改善，如采用交流电传动技术、微机控制技术、自诊断系统等。

2) 采用先进的分析技术

(1) 可靠性分析技术，如 FMEA (故障模式及影响分析)及其风险分析；

(2) 三维有限元分析方法；

(3) 疲劳裂纹的萌生、增长机理分析和疲劳寿命估计与预测；

(4) 建模分析，包括各种任务模型、三维非线性结构分析、组合软件体系和自适应解算策略等。

3. 进行长期的试验研究

对机车车辆及其主要零部件进行性能、结构强度及可靠性试验，通过长期的试验暴露问题、解决问题，实现可靠性及寿命的增长。主要的可靠性试验有：

(1) 可靠性增长试验；

(2) 寿命试验；

(3) 环境应力筛选试验；

(4) 环境试验；

(5) 可靠性验证(鉴定和验收)试验等。

4. 状态监控和故障诊断

采用监控和诊断技术能够确定机车车辆主要部件和系统的技术状况，可以通过趋势分析预估它们的寿命，可以根据需要更换部件，可以缩短维修时间，节省维修费用，促进维修方式由定期维修向视情维修发展，还能将诊断和监控信息反馈到设计、生产中，以提高机车车辆的质量和可靠性，延长使用寿命。

5. 材料及其处理

近代，机车车辆主要零部件材料及其处理(热处理及镀层)的改善已经成为延长机车车辆寿命的关键措施。例如，车体材料采用铝合金的轻结构；闸瓦材料逐渐由普通铸铁向高磷铸铁、合成材料或塑料闸瓦过渡；采用喷丸等措施对车体、增压器涡轮叶片等进行强化处理。

9.3　维修制度的基本概念

9.3.1　维修思想与维修制度

维修实践需要一种思想作为指导，称为维修思想。在一定的维修思想指导下，制定出的一套规定与制度(维修计划、维修类别、维修方式、维修等级、维修组织和维修指标等)称为维修制度。

维修思想和维修制度大致可分为三个体系，即"事后维修"的维修思想、"以预防为主"的维修思想和计划预防修的维修制度、"以可靠性为中心"的维修思想及维修制度。

1. "事后维修"的维修思想

"事后维修"的维修思想是在装备发生故障以后才进行维修保养。

2. "以预防为主"的维修思想和计划预防的维修制度

"以预防为主"的维修思想以磨损理论为基础，以浴盆曲线(图 9-2)为维修指导。在设备及其零部件即将磨损到限或损坏之前，即进入耗损故障期(图 9-2 中 a 点)之前进行更换、修理等维修工作。其具体实施可概括为"定期检查、按时保养、计划修理"。计划预防维修制度的关键是确定装备及其主要零部件的修理周期，即图 9-2 中 a 点的位置，合理划分维修等级和维修周期结构，制定维修规则与规范。

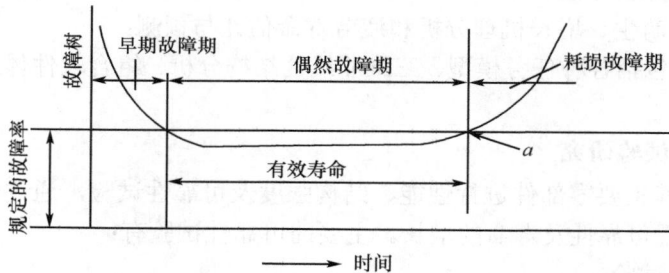

图 9-2　浴盆曲线

3. "以可靠性为中心"的维修思想及维修制度

"以可靠性为中心"的维修思想及维修制度是在"以预防为主"维修思想及计划预防维修制度的基础上发展起来的。认为装备的可靠性由设计制造所确定，其可靠性与时间无关，维修归根到底是为了保持和恢复装备的固有可靠性。在这种思想指导下，所制定的维修制度就是根据装备及其零部件的可靠性状况，以最少的维修资源消耗，运用逻辑决断分析方法来确定所需的维修方式、维修类型、维修间隔期和维修等级，制定出维修大纲，从而达到优化维修的目的。

9.3.2　维修方式

维修方式是指对装备维修时机的控制与掌握。目前的维修方式有定时维修、视情维修和事后维修。

1. 定时维修

定时维修以动车组及其零部件使用时间或走行公里作为维修期限，是一种强制性的预防性维修方式，其关键是如何确定维修周期。定时维修方式的优点是容易掌握维修时机，便于安排维修计划，维修组织管理工作简单、明确。缺点是其只适用于已知寿命分布规律，且有耗损故障期的装备。另外，定期维修中的大拆大卸方法也不利于发挥机件的固有可靠性。

2. 视情维修

视情维修又称状态修，是根据动车组及其零部件的实际技术状况来决定维修时机和项目。不规定装备的维修期限，不固定拆卸分解范围，而是在检查、检测、监控其技术状态的基础上确定装备的最佳维修时机。其优点是针对性强，可以充分发挥装备的工作寿命，提高维修的有效性，减少维修工作量和人为差错。缺点是维修费用高，需要适当的检测、诊断条件和较高的人员素质，适用于贵重的关键装备和危及安全的关键机件。

3. 事后维修

事后维修又称修复性维修或故障修，是指装备发生故障后，使其恢复到规定状态所进行的维修活动。装备发生故障后的修理（修复性维修）按照是否修理及时可分为及时修理和延迟修理。对于不影响安全和生产任务的故障可继续使用，严加监控，延迟修理。

随着信息技术的发展，监控手段的提高，事后维修逐渐形成了状态监控维修，即从总体上对装备进行连续监控，通过确定装备的可靠性水平来决定维修时机。状态监控维修不规定装备的维修时间，因此能最充分地利用装备的寿命，使维修工作量最少，是一种最经济的维修工作。也称此种维修为监控可靠性水平的视情维修或故障后的视情维修。

在维修实践中，如何选择维修方式是十分重要的。选择维修方式应该从故障后果，即装备发生故障后安全和经济性的影响来考虑。由上述三种维修方式的特点可以看出，定时维修和视情维修属于预防性维修，而事后维修（修复性维修）则是非预防性维修。三种维修方式各有特点，各有其适用范围。它们并没有先进落后之分，问题的关键是应该根据维修的具体情况，正确地选择维修方式（图 9-3）。在复杂装备的维修中，往往这三种维修方式并存，相互配合使用，以充分利用各个零部件的固有可靠性。

9.3.3　维修等级

动车组的维修等级是指按维修性质、维修范围和维修深度而划分的级别。维修等级的划分是制订动车组维修方案必须明确的首要问题，其划分的目的是合理配置维修资源，提高其使用效率；合理设置维修机构，形成维修能力的梯次结构，提高维修管理水平。

1. 我国机车维修等级

我国机车维修等级分为大修、中修、小修和辅修四类。

（1）大修。大修是对机车进行全面检查修理，恢复机车基本性能。大修的性质属于机车全面恢复性修理，即全面解体、更换或修复所有不符合技术标准和要求的零部件，使机车达到或接近新机车标准或达到规定的技术性能指标。

（2）中修。中修是对机车主要部件检查修理，恢复机车主要性能。中修的性质属于机车的平衡性修理，即修复机车某些部分，使其与其他未修理部分能配套继续使用。

（3）小修。小修是对机车关键部件检查修理，有针对性地恢复机车运行可靠性。有诊断技

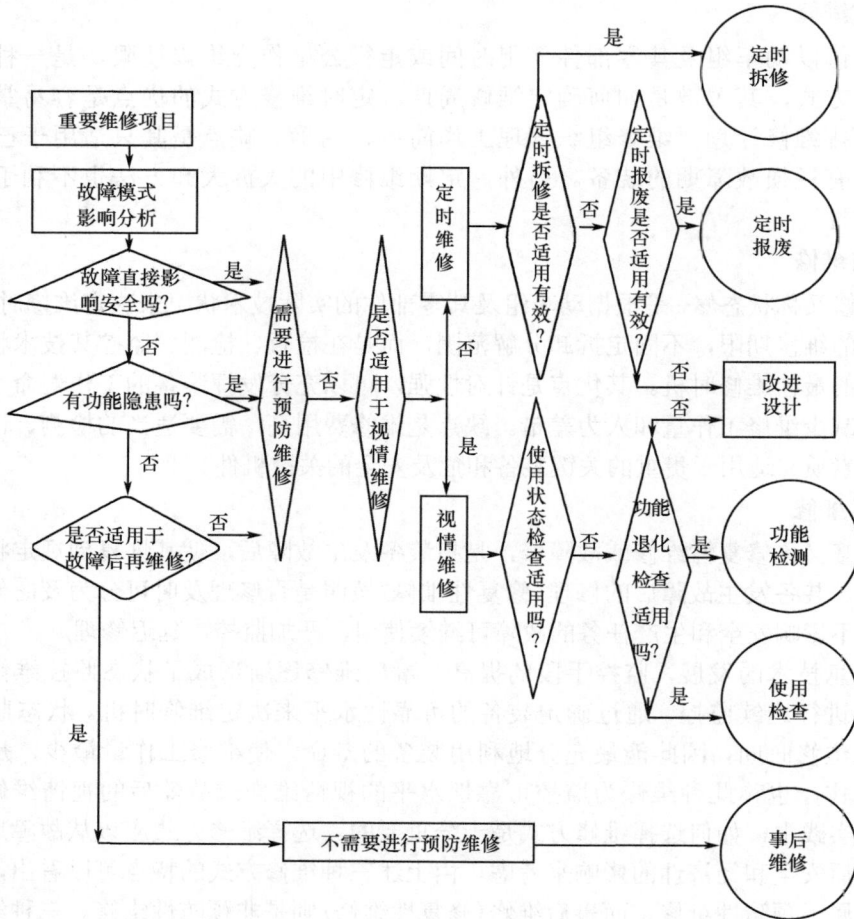

图 9-3　维修方式逻辑决断原理图

术条件的，可按其状态进行修理。小修的性质属于机车运行性修理。

（4）辅修。辅修是对机车全面检查，做故障诊断，状态修理。辅修的性质属于机车的临时性维修和养护。

若按维修地点来分，大修一般在工厂进行，称为厂修；中、小和辅修在机务段进行，称为段修。

2. 我国车辆维修等级

我国车辆维修等级分为厂修、段修、辅修和轴检四类。

（1）厂修。车辆厂修由车辆工厂负责，对车辆进行全面彻底的检查和修理。要求厂修后的车辆达到或接近新车的性能水平。

（2）段修。车辆段修由车辆段承担，对车辆进行全面的检查，根据规程规定的施修范围更换或修复其损坏和磨损过限的部分。

（3）辅修。车辆辅修是对车辆制动机和轴箱油润部分进行检修。货车辅修在检修所（线）进行，客车辅修一般在车辆段库停时间进行。

（4）轴检。轴检主要是对货车轴箱油润部分进行检查和修理，更换滑动轴承轴瓦和油线卷。

轴检在检修所(线)进行。

3. 动车组的维修级别

动车组的维修划分为五个级别:

(1)一级修作业。主要是对动车组进行检查、测试以及故障件的更换。

(2)二级修作业。包括关键部件状态检测、关键部件外观检查、内部检查、功能检查、解体检查及修理、列控装置状态检查。

(3)三级修作业。在二级修基础上,车组分解成单元,每单元同时架车,更换转向架,对牵引电机、动力驱动装置、制动装置等主要部件解体后检查,转向架检查完毕后,在基地的试验线路上进行运行试验。

(4)四级修作业。在三级修基础上,增加对车体内部及连接部的检查及修理工作。车组分解成每一单节,车上、车内、车下所有设备下车检修,主要部件互换修。高压布线在车上做耐压试验、车体气密检查等。进行整列车的性能试验,基地内运行试验,最后上线试验。

(5)五级修作业。对车体进行全部解体检修,更换重要部件,车体气密检查;整车性能试验和运行试验等。

另外,还有临修和整备两种维修方式,贯穿于各个级别之间。临修作业:主要是处理动车组临修故障,对动车组主要零部件进行扣车修理及动车组不落轮旋旋轮和各级修程以外的主要设备、零部件的更换,包括转向架、轮对、受电弓、空调设施、主变流器、主变压器等。整备主要为运用技术整备及客运整备。其作业内容也含上水排水、润滑油脂补充、车厢内部清洁、密闭式厕所系统地面接收及处理系统,车体外皮清洗、车内垃圾收集及转运等。根据需要可进行上砂作业和餐饮或餐料供给。

9.3.4　维修间隔期及维修周期结构

维修间隔期和维修周期结构的定义如下。

维修间隔期又称为维修周期,是指在规定的条件下,产品两次相继同等维修等级间的工作时间、运行里程或循环次数等,如大修间隔期。维修周期结构则是指产品所有维修等级的排列顺序和结构安排,如目前我国铁路机车的维修周期结构为:新造—中修—中修—大修—中修—中修—大修—中修—中修—大修—中修—中修—大修—中修—中修—报废。维修间隔期和维修周期结构都是计划预防维修制度的重要组成部分。

高速列车的维修间隔期与第 2 章所述列车各类零部件和分系统的寿命有密切的关系,维修间隔期是以各种寿命单位来度量的。由于各类零部件和分系统的寿命不可能同步,加之故障的随机性,因而具有不同的维修间隔期。

9.4　维修间隔期的确定

维修间隔期的确定应建立在产品可靠性的基础上,即保证在维修间隔期内列车有规定的可靠性。制订维修间隔期不但要考虑动车组运用与维修的要求,而且还要权衡维修人力和费用。也就是说,在制订维修周期时不但要考虑技术因素,而且还要考虑经济和管理因素,使寿命周期费用最小。

间隔期的长短主要取决于维修工作的有效性。新装备在投入使用前,由于信息不足,难以恰当地确定其维修间隔期。因此，一般开始都定得保守一些，在装备投入使用后，随着运用经验的增加，维修信息的积累再修正延长。

车辆及其主要零部件的维修间隔期是与其寿命相一致的，维修间隔期的确定实质上是确定各零部件的寿命。确定使用寿命相当于确定大修间隔期，确定技术寿命相当于确定重造期，确定经济寿命相当于确定列车的总寿命，即报废期。

9.4.1　使用检查间隔期的确定

对于有安全性影响和任务性影响的零部件，可通过其平均可用度来确定使用检查间隔期。假设部件的瞬时可用度为 $A(t)$，检查间隔期为 T，则平均可用度为

$$\overline{A} = \frac{1}{T}\int_0^T A(t)\mathrm{d}t \tag{9-1}$$

在检查间隔期内不进行修理，部件瞬时可用度即可靠度 $R(t)$，则式 (9-1) 变为

$$\overline{A} = \frac{1}{T}\int_0^T R(t)\mathrm{d}t \tag{9-2}$$

如果故障时间服从指数分布，故障率为 λ，可得

$$\overline{A} = \frac{1}{\lambda T}(1 - \mathrm{e}^{-\lambda T}) \tag{9-3}$$

由式 (9-3) 可知，要想 $\overline{A}$ 越大，则 T 应越短，若对某项使用检查工作使 $\overline{A}$ 达到规定的可用性水平时的检查间隔期短得不可行，则认为该工作是无效的，反之则有效。

9.4.2　功能检测间隔期的确定

对某些零部件，可通过检查次数 n 与潜在故障发展到功能故障 (P-F 过程) 的时间 T_C 的关系确定其间隔期。假设规定的安全性或任务性影响的故障发生概率的可接受值为 F，在 T_C 期间要检查的次数为 n。则有

$$F = (1 - P)^n \tag{9-4}$$

$$n = \frac{\lg F}{\lg(1 - P)} \tag{9-5}$$

式中，P 为一次检查的故障检出概率。

检查间隔期 T 等于 T_C 除以 n，若 T_C 很短，则该工作就是无效的。

9.4.3　定时拆修（报废）间隔期的确定

定时维修有定时拆修和定时报废两种类型，都只适用于有耗损期的部件。确定定时拆修（报废）的间隔期，应掌握部件的故障规律，特别是图 9-3 中 a 点的位置。这两类预防性维修工作间隔期的确定方法是相同的，在此以定时报废为例进行说明。

1. 两种定时报废的更换策略

零部件定时(期)报废是指部件使用到一定时间后予以报废并进行更换。按更换策略的不同，可分为工龄定时更换和全部定时更换。

工龄定时更换(age replacement)，又叫个别定时更换，是指按每个部件的实际使用时间(工龄)进行定时更换。动车组中的单个零部件，在使用过程中即使无故障发生，到了规定的更换时间(工龄)也要进行更换；如未到规定工龄发生了故障，则更换新品。无论是预防更换还是故障更换，都要重新记录该产品的工作时间，下次的预防更换时间，应从这一时刻算起。典型的零部件如油压减振器，以 18 个月时间为其更换标准。

全部定时更换又叫成批更换(block replacement)，是指在零部件使用过程中，每隔预定的更换间隔时间，就将正在使用的全部同类产品进行更换，即使个别产品在此间隔内发生故障更换过，到达更换时刻时也一起更换。

2. 工龄定时更换的间隔期

(1)确定受安全性影响和任务性影响的维修工作的间隔期。

其有效性准则为：工作的间隔期 T 应短于产品的平均耗损期 $\overline{T}_\mathrm{w}$。对任何部件，耗损期 T_w 是一个随机变量，如果知道 $\overline{T}_\mathrm{w}$ 的分布，并确定在工作间隔期 T 发生故障的概率 F 的可接受水平，则可确定间隔期 T。

(2)按任务可靠度要求确定工作间隔期。

根据任务可靠度的定义：

$$R(t + \Delta t \mid t) = \frac{R(t + \Delta T)}{R(t)} = \mathrm{e}^{-\int_t^{t+\Delta t} \lambda(t)\mathrm{d}t}$$

对于指数分布，有 $R(t + \Delta t \mid t) = \mathrm{e}^{-\lambda\Delta t}$，即如果故障特性服从指数分布，则其任务可靠度与任务开始以前所积累的工作时间无关，所以不宜做定时维修；对于威布尔分布，$r=0$，$m>1$ 时，有

$$R(t + \Delta t \mid t) = \frac{\mathrm{e}^{-\frac{(t+\Delta t)^m}{\eta^m}}}{\mathrm{e}^{-\frac{t^m}{\eta^m}}} = \mathrm{e}^{-\frac{(t+\Delta t)^m}{\eta^m}} \tag{9-6}$$

(3)以平均可用度最大为目标确定间隔期。

根据工龄更换策略的时序图(图 9-4)，在每一更换周期 T 内，平均不能工作时间为

$$\overline{T}_\mathrm{d} = R(T)\overline{M}_\mathrm{pt} + [1 - R(T)]\overline{M}_\mathrm{ct} \tag{9-7}$$

式中，$\overline{M}_\mathrm{pt}$ 为定时更换的平均停机时间；$\overline{M}_\mathrm{ct}$ 为故障更换的平均停机时间；$R(T)$ 为 T 时刻系统可靠度，即 T 时间内系统不发生故障的概率。

在一个更换间隔期 T 内，平均能工作

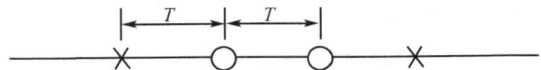

图 9-4　工龄更换策略

╳-故障后更换；○-定时更换

时间为 $\overline{T}_u = \int_0^T R(t)\mathrm{d}t$，则稳态可用度 A 为

$$A = \frac{\overline{T}_u}{\overline{T}_u + \overline{T}_d} = \frac{\int_0^T R(t)\mathrm{d}t}{\int_0^T R(t)\mathrm{d}t + R(T)\overline{M}_{\mathrm{pt}} + [1 - R(T)]\overline{M}_{\mathrm{ct}}} \tag{9-8}$$

为求得最大可用度的最优更换间隔期 T^*，将式 (9-8) 对 T 求导数，令其为零，得

$$R(T)\{R(T)\overline{M}_{\mathrm{pt}} + [1 - R(T)]\overline{M}_{\mathrm{ct}} + \int_0^T R(t)\mathrm{d}t\} - \int_0^T R(t)\mathrm{d}t\{R(T) - f(T)\overline{M}_{\mathrm{pt}} + f(T)\overline{M}_{\mathrm{ct}}\} = 0$$

化简得

$$R(T)(\overline{M}_{\mathrm{pt}} - \overline{M}_{\mathrm{ct}}) + \overline{M}_{\mathrm{ct}} = \lambda(T)(\overline{M}_{\mathrm{pt}} - \overline{M}_{\mathrm{ct}})\int_0^T R(t)\mathrm{d}t \tag{9-9}$$

因为定时更换是计划好的，预先明确更换的产品；而故障后更换是随机的，要临时进行故障诊断，还要考虑故障后引起的其他修复问题。所以故障后更换的平均停机时间一般要大于定时更换的停机时间，即 $\overline{M}_{\mathrm{ct}} > \overline{M}_{\mathrm{pt}}$。式 (9-9) 可进一步写为

$$\frac{\overline{M}_{\mathrm{pt}}}{\overline{M}_{\mathrm{ct}} - \overline{M}_{\mathrm{pt}}} = \lambda(T)\int_0^T R(t)\mathrm{d}t - [1 - R(T)] \tag{9-10}$$

利用此式难以直接解出最佳更换间隔期 T。当寿命服从指数分布时，$\lambda(t) = \lambda$ 为常数，代入式 (9-10) 右边得

$$\lambda\int_0^T \mathrm{e}^{-\lambda t}\mathrm{d}t - [1 - \mathrm{e}^{-\lambda t}] = 0 \tag{9-11}$$

此时无法解出 T 来，且 $\overline{M}_{\mathrm{pt}} = 0$。这说明指数分布时，如果希望获得最大可用度，应不进行定时更换。只有当故障率 $\lambda(t)$ 是时间的增函数时，才需进行定时更换。最佳预防更换间隔期常用实测统计数据作图的方法求出。

3. 全部定时更换的间隔期

采用全部定时更换策略时，因时序图和时间的计算方法与工龄更换策略不同，所以最佳间隔期 T 的求法也不相同。全部更换策略的时序图如图 9-5 所示。

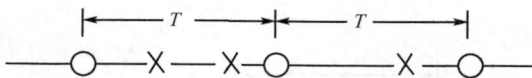

图 9-5　全部更换策略

〇-定时更换；╳-故障后更换

每一更换间隔期内，平均不能工作时间 $\overline{T}_d = \overline{M}_{\mathrm{pt}} + \overline{M}_{\mathrm{ct}} \cdot H(T)$。式中 $\overline{M}_{\mathrm{pt}}$ 为全部定时更换的平均停机时间；$\overline{M}_{\mathrm{ct}}$ 为故障后单个更换的平均停机时间；$H(T)$ 为更换间隔期内故障发生的平均次数。

假设在一个更换间隔期内，产品故障后仅进行小修，即可修复，则有

$$\overline{T}_d = \overline{M}_{\text{pt}} + \overline{M}_{\text{ct}} \int_0^T \lambda(t)\mathrm{d}t \tag{9-12}$$

系统可用度

$$A = \frac{\overline{T}_u}{\overline{T}_u + \overline{T}_d} = \frac{T - \overline{T}_d}{T} = \frac{T - (\overline{M}_{\text{pt}} + \overline{M}_{\text{ct}} \int_0^T \lambda(t)\mathrm{d}t)}{T} \tag{9-13}$$

将式(9-13)对 T 求导，并令其为零得

$$T\lambda(T) - \int_0^T \lambda(t)\mathrm{d}t = \frac{\overline{M}_{\text{pt}}}{\overline{M}_{\text{ct}}} \tag{9-14}$$

如果产品的寿命服从威布尔分布，即 $\lambda(t) = \dfrac{m(t-r)^{m-1}}{\eta^m}$，代入式(9-14)得

$$T = \eta[\frac{\overline{M}_{\text{pt}}}{\overline{M}_{\text{ct}}(m-1)}]^{\frac{1}{m}} \tag{9-15}$$

可见：

$m<1$（早期故障）时 $T<0$，早期故障期全部定时更换不合理；

$m=1$（偶然故障，指数分布）时 $T=\infty$，随机故障期更换间隔期无限长，即不必进行全部定时更换工作；

$m>1$（耗损故障）时可确定 T，即耗损故障期可进行全部定时更换。

9.5　维修级别的分析

9.5.1　概述

维修级别分析是在装备的研制、生产和使用阶段，对预计有故障的产品，进行非经济性和经济性的分析，确定可行的修理或报废的维修级别的过程。维修级别分析应根据装备工作要求、装备技术特性以及维修保障的经济性、各种保障资源的利用程度等，确定装备故障时是报废或是修理，若修理，应在哪一级维修机构完成。

维修级别分析的目的是确定各项维修工作是否进行，以及在哪一级维修机构执行。合理配置维修资源，提高其使用效率；合理设置维修机构，形成维修能力的梯次结构，提高维修管理水平。

分析工作应在装备研制的早期开始，并随着研制工作的进展反复进行，不断细化。

维修等级的划分及设置因动车组的型号不同而不同，可以有不同的维修等级和设置。划分原则有以下几点。

(1)维修等级的划分应与列车任务及其复杂程度相适应。动车组的任务及其复杂程度直接制约维修等级的划分，维修等级的划分又直接影响高速列车执行运输任务的效果。分析列车的运用需求、任务复杂程度和所需的维修工作，合理地确定维修等级，明确各级维修工作的职责和范围，规划装备维修工作所需的各级保障资源。

(2)维修等级的划分应与维修机构相协调。维修等级的划分与维修机构密切相关，而维修

机构受铁路编制以及调度系统、后勤保障体系的直接制约。维修机构的人员及设施的规模，要适应铁路调度系统的指挥与管理，利于组织各种列车的各项维修工作。

（3）维修等级的划分应与维修保障系统相配合。维修保障系统直接制约动车组维修等级的划分。维修保障系统中的各种资源数量、规模和配置对维修等级的划分有直接影响。

（4）维修等级的划分应综合权衡各种影响因素。

（5）确定维修级别应按照非经济性分析和经济性分析两类准则进行。经济性准则为总费用最低；非经济性准则是要求考虑其安全性、可靠性、维修性、任务成功性以及其他战术技术因素。

影响维修等级的因素很多，除上述基本要素外，还有装备的修理方法、装备的各种特性和要求等也对维修等级的划分有影响，各种要求可能会产生多种方案，应对各种影响因素进行综合权衡，选择最合理的方案，以确保维修工作良好地进行。

9.5.2　维修级别确定的一般步骤

维修级别分析就是对装备实施修理级别分析的过程。维修级别的确定方法就是修理级别分析。它是装备保障性分析的重要组成部分，是确定维修级别的重要工具。图 9-6 是维修级别分析的一般流程。

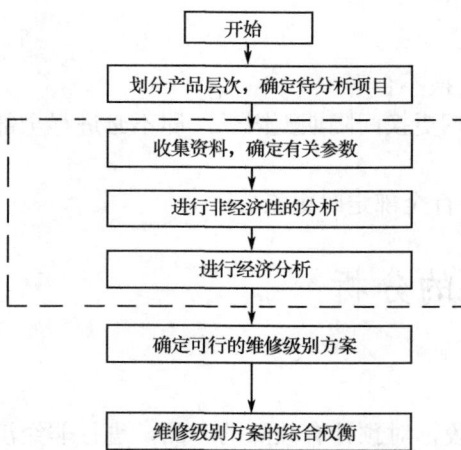

图 9-6　维修级别分析的基本流程

1. 划分产品层次并确定待分析产品

根据装备的结构及复杂程度对所分析的装备划分产品层次，进而确定出待分析项目。按装备设计构造及其故障情况对单元件、组件和部件确定维修约定层次。如动车组按机构可分为走行部、车体、牵引系统、辅助供电系统、控制系统等部分，每一部分又可细分为更细，直至零件级。

动车组修理级别分析是以换件修理为主的分析。通常，维修约定层次的划分基本上与维修级别的划分相一致。动车组的维修层次一般划分为三个维修约定层次：运用所级、动车段级和工厂级。运用所级指在运用所这类基层级维修机构，只需简单的工具就可分离更换的单元件、组件或部件；动车段级是对在运用所级更换下来的单元、零部件进一步分离，进行维修；工厂级是对组件、零件进行彻底拆卸、维修的过程。对专用设备的特定分级，由建议、要求和合同规定。如动车组网络控制系统、ATP 设备等。

2. 收集资料确定有关参数

按照所选的分析模型收集数据、确定参数。

3. 进行修理级别分析

维修级别分析的核心是实施、分析和记录维修分析中的两种分析方法，即非经济性分析和经济性分析，它们是既独立又紧密联系的两个部分。在实际维修级别分析工作中，非经济性分析所占比例较大，约占整个维修级别分析工作的 85%，经济性分析约占 15%。

4. 确定可行的维修级别方案

根据分析结果，确定出可行的维修级别方案。

5. 确定满意的维修级别方案

根据上述所确定的可行方案进行评价。若评价结论与初始维修方案有出入，从而影响系统设计和保障规划，这时需要进行综合权衡。在做出维修决策之前，充分评价维修方案变化所引起的后果，选择满足要求的备选方案。

9.5.3　维修级别分析模型

维修级别分析模型与装备的复杂程度、类型、费用要素的划分、分析的时机等多种因素有关。采用的各类分析模型有其特定的应用范围。

1. 维修级别分析决策树

维修级别分析决策树是一种定性分析方法。整个分析过程有四个决策点，见图 9-7。

(1) 在车上进行维修，不拆卸故障部件，在车上进行维修。这类工作比较简单，如保养、调校、检查和排除较小的故障等。其工作范围和深度取决于装备的维修性设计。

(2) 能否更换。当在装备上不能进行维修时，应考虑回运用所进行换件修，拆卸下的故障件是报废还是原件修复，应根据报废更新与修理的效费比作出决策。

(3) 当故障件复杂程度较高，或需要较高的维修技术和专用工具、设备时，必须在检修基地进行维修。

(4) 列车大部件破损(如车体)或已达到大修寿命时，应进行厂级维修。

如果很难辨识出哪级维修级别优先，则可采用经济性分析模型做出决策。

2. 经济性分析模型

维修级别经济性分析模型实质是一个经济决策过程。根据不同装备及其维修要求，有很多

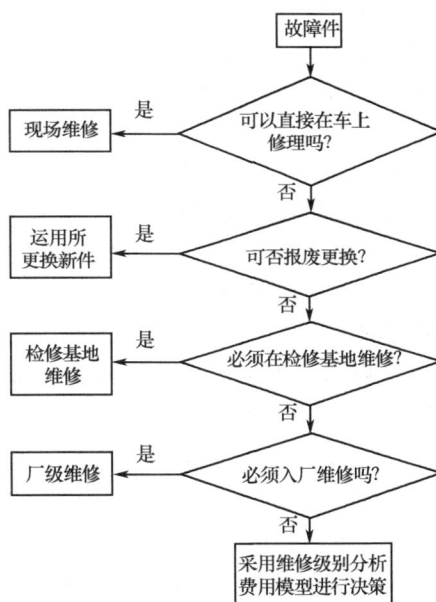

图 9-7　维修级别分析决策树

经济性分析模型。分析各种与维修有关的费用，建立各级修理费用分解结构，并制定评价准则。费用计算比较复杂，需要大量资料，作详细的分析研究，才能获得正确的决策。

9.6　以可靠性为中心的维修制度

9.6.1　维修制度的发展

维修制度的发展是在维修思想和理论的带动与指导下发展起来的，是随着维修实践的发展和需要而发展的。

1. "计划预防修"维修制度的发展

20世纪40年代中期到60年代中期使用的技术装备基本上属于机械装备,因此装备出现的故障大多数是磨损类型的机械故障,装备的可靠性是随工作时间的增加而下降的。随着生产力的发展,事后维修的思想发生了明显的变化。为了预防故障的发生,逐渐形成了"以预防为主"的维修思想,在这种维修思想的指导下,逐渐形成了"计划预防修"的维修制度。也就是在装备机件磨损到限以前按照时间计划进行维修,到20世纪50年代计划预防修制度才逐渐成熟。计划预防维修体制是按照计划对装备进行分解检查、更换翻修。这种维修与事后维修相比,在防止故障、减少停时、提高效益等方面具有较大的优越性,相继被各国采用,成为20世纪40年代中期到60年代中期,技术装备维修中占统治地位的手段。我国工业从第一个五年计划开始也从苏联引进了这种维修体系,机车车辆也不例外,从蒸汽机车开始直至今天的内、电机车一直采用这种计划预防修的维修体制。这种传统的计划由防修的维修制度具有如下的特点:

(1)认为装备的每个机件工作时都会产生磨损,从而引起故障。由于磨损随工作时间而加剧,因此每个机件的可靠性与时间有关。

(2)装备的故障率变化按照浴盆曲线的规律,即机件故障率作为时间的函数分为三个阶段:产品刚刚投入使用故障率较高的预期故障期;故障率低平的偶然故障期;磨损到限故障率激增的耗损故障期。

(3)由于把机件磨损或故障作为时间的函数,因此定时维修、拆卸分解就成为这种维修的主要方法,具体实施可以概括为"定期检查、按时保养、计划修理"。

(4)计划预防修的关键是确定装备及其主要零部件的检修周期,合理划分维修等级及维修周期结构,制定维修规程与规范。装备维修时间是以故障率曲线(浴盆曲线)中耗损故障期始点来确定的。

2. "以可靠性为中心"维修制度的形成与发展

传统的计划预防修的维修制度是基于复杂设备的每一个机件都有一个正确的使用期(使用寿命),到了这个寿命必须进行拆卸维修,以保证其安全性和可靠性。并且认为,维修得越勤,拆卸得越彻底,分解得越细,防止故障的可能性就越大;定时维修工作做得越多,设备的可靠性就越高。但在维修实践中发现,缩短维修间隔期,加大维修范围,加深维修深度,并不能减少故障的发生,甚至还导致故障率增长。频繁的维修,不仅限制了设备的使用,降低了设备的利用率,而且还消耗了大量的人力和物力,增加了维修费用。

1960年由美国联邦航空局和美国联合航空公司双方的代表共同组成了一个工作组,来调查和分析计划预防性维修的能力问题,并对维修间隔期和可靠性之间的关系进行研究。通过详细而全面的调查研究,根据多年实践积累下来的维修方面的丰富经验和大量数据,于1961年11月7日颁布了《美国联邦航空局/航空工业可靠性大纲》,1978年,美国联合航空公司诺兰等受国防部的委托发表了《以可靠性为中心的维修》专著,该专著对故障的形成、故障的后果和预防性维修工作的作用进行了开拓性的分析,首次采用自上(系统)而下(部件)的方法分析故障的影响,严格区别安全性与经济性的界限,提出多重故障的概念,用四种工作类型(定时拆修、定时报废、视情维修、隐患检测)替代三种维修方式(定时、视情、状态监控),重新建立逻辑决断图,使以可靠性为中心的维修理论又向前迈进了一大步,此书正式推出"以可靠性为中心的维修(RCM)"方法,确立了近代维修理论基础。自此,RCM理论在世界范围内得到推广，并不断发展；从此人们把制订预防性维修大纲的逻辑决断分析方法统称为以可靠性为中心的维修制度（Reliability Centered Maintenance，RCM）。20 世纪 80 年代开始，我国空军等军兵种相继引进、消化和应用这项技术，取得了较好的成效；20 世纪 90 年代以后，RCM 应用于世界上的各个技术部门和领域，其理论不断创新与发展。1991 年英国的莫布雷(J.Mowbray)撰写了《以可靠性为中心维修》（简称 RCM2）。

　　以可靠性为中心的维修制度建立在对设备设计特点、运用功能、失效模式和失效后果的分析基础上，应用得到的安全性和可靠性数据，判别零部件状态，以最大限度提高设备的使用可靠性为目的对维修要求进行评估，确定维修工作的适用性和有效性，最终制订出实用合理的维修计划。结合了预防维修、预测维修和主动维修三种方式，是维修制度的发展趋势。

9.6.2　RCM 基本观念

　　产品的可靠性是由设计和制造所决定的。产品的可靠性是设计、制造所赋予的固有特性，有效的维修只能保持这种固有特性，而不能提高它。

　　复杂设备的故障率曲线绝大多数不是浴盆曲线。磨损型的机械产品故障率曲线一般是浴盆曲线，对于复杂设备来说，其故障率曲线一般没有耗损故障期，除非它有薄弱环节，具有占主导地位的惯性故障；应该根据产品的故障规律采用不同的维修方式，控制维修时机。

　　故障后果严重的产品才需要做预防性维修。产品故障的后果和影响是不相同的，不应该采用单一的处理方法，而要采取不同的对策。

　　根据产品的故障特点选择合适的维修工作类型。产品的故障特点是指故障的严重级别、故障模式的影响、故障是否有功能隐患等。不同维修工作类型所消耗的维修资源、维修费用和维修难度、深度是不一样的，应该根据不同产品的需要，在保证可靠性的前提下，本着节省资源和费用的原则，按顺序选择适用而有效的维修工作类型。

9.6.3　RCM 主要内容

　　(1)辩证地对待定时维修，保留其合理有效的部分。

　　(2)提出潜在故障概念，开展视情维修。

　　产品的功能故障是指产品不能完成规定功能的事件或状态。指示即将发生功能故障的可鉴别状态称为潜在故障。潜在故障包含两层意义：一是指功能故障临发生前的状态；二是指这种状态经观察或检测是可以鉴别的。

　　产品的磨损、疲劳、腐蚀、老化和失调等故障模式大都存在着由潜在故障发展到功能故障的过程。因此利用检查和检测的方法及时发现和消除潜在故障，就可以防止功能故障的发生。

　　(3)提出隐蔽功能故障与多重故障概念，控制故障风险。隐蔽功能故障是指其发生后操作人员发现不了的功能故障。隐蔽功能包括两种情况：一是在正常使用情况下产品是工作的，其功能故障对操作人员来说是不明显的；二是在正常使用情况下产品是不工作的，而是处于备用状态，其功能故障在需要使用这种功能前，操作人员是发现不了的。多重故障是指连续发生的两个或更多的独立故障所组成的故障事件。它能造成其中任何单个故障所不能产生的后果。多重故障与隐蔽故障有密切的联系。如果隐蔽功能故障没有被及时发现和排除，就会造成多重故障，可能产生重大后果。

　　(4)区分不同故障后果，采取不同对策。故障后果可以分为安全性故障后果、任务性故障后果、经济性故障后果和可容忍的故障后果 4 类。

①安全性故障后果。安全性故障后果是指功能故障或由该故障所引起的二次损伤对装备使用的安全性会造成有害影响，即会导致人员伤亡或者装备严重损坏的故障后果。故障后果的评定应基于故障影响的可能性，并总是处于最保守的水平上。

②任务性故障后果。任务性故障后果是指功能故障妨碍装备完成任务的故障后果。主要包括：在故障发生以后，需要中断任务的执行；为进行非计划维修而延误或取消其他的任务；或是在进行维修之前需要做任务上的限制。对隐蔽功能故障来说，任务性故障后果则是指一个隐蔽功能故障和另一个或几个功能故障的结合所产生的多重故障对任务能力的有害影响。

③经济性故障后果。经济性故障后果是指功能故障对装备所造成的严重经济性后果。这里所说的"严重经济性后果"指的是故障所造成的设备和财产损失及其较高的修理费用。费用标准要根据具体的装备来确定。

对于动车组的维修来说，功能故障不能完成规定功能到何种程度，须按故障后果的严重程度来衡量，因此而划分故障等级。故障等级的划分原则是：按故障造成人员伤亡的情况；按故障造成设备和环境的损失情况；按故障造成的直接和间接经济损失情况进行划分。

(5)科学评价预防性维修的作用。有效的预防性维修工作能够以最小的资源消耗使装备达到固有可靠性水平，或者防止固有可靠性水平的降低。

(6)确定预防性维修工作的基本方法和思路。按照预防性维修工作内容及其时机控制原则，将预防性维修工作分为七种工作类型。按照所需资源和技术要求由低到高将其顺序排列如下：

①保养。

②操作人员监控。操作人员对装备及其零部件进行监控，其目的是发现它们的潜在故障。这类监控包括使用前检查、对仪表的监控、通过感官发现故障征兆或潜在故障。

③使用检查。由基层的检修人员按照计划进行定性检查，如通过观察、演示、操作等方法检查，以确定产品能否完成其规定的功能。目的是及时发现隐蔽功能故障，确保隐蔽功能的可用性，尽量减少多重故障发生的可能性。

④功能检测。指按计划进行定量检查，以确定产品的功能参数是否在规定的限度以内，其目的是发现潜在故障，预防功能故障的发生。

⑤定时拆修。指产品使用到规定的时间予以拆卸修理，使其恢复到规定的状态。拆修的工作范围可以从拆卸分解一直到翻修。

⑥定时报废。定时报废是指产品使用到规定的时间予以报废。

⑦综合工作。综合工作是指实施上述两种或多种类型的预防性维修工作。

按故障的不同后果并按维修工作既要技术可行又要值得做的基本思路，以逻辑决断的方式(图 9-8)来确定预防维修的工作类型。

9.6.4　RCM 的实施

(1)确定重要功能产品(FSI)。对装备中的系统和设备进行粗略的划分，将其故障影响安全性、任务性或严重影响经济性的产品定为重要功能产品，对其进行详细的维修分析；对其他不会带来严重和不利影响，或故障后果可以容忍的产品，可以不进行预防性维修工作，待其发生故障后再进行处理。

(2)故障模式及影响分析(FMEA)。对每个重要功能产品进行故障模式及影响分析，确定其所有的功能故障、故障模式和故障原因，为下一步选择维修工作类型提供所需的信息。

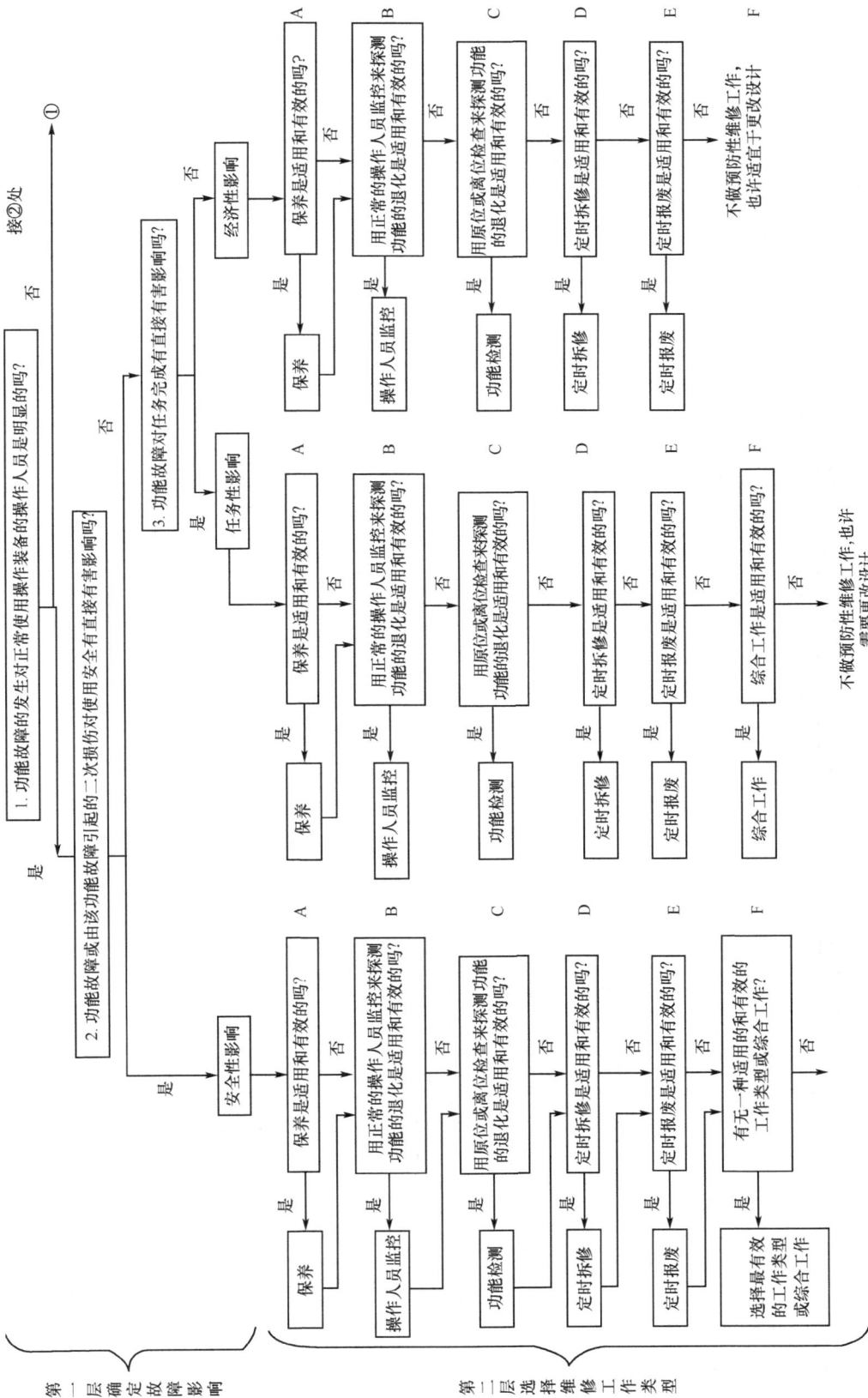

图9-8　RCM的逻辑决断图

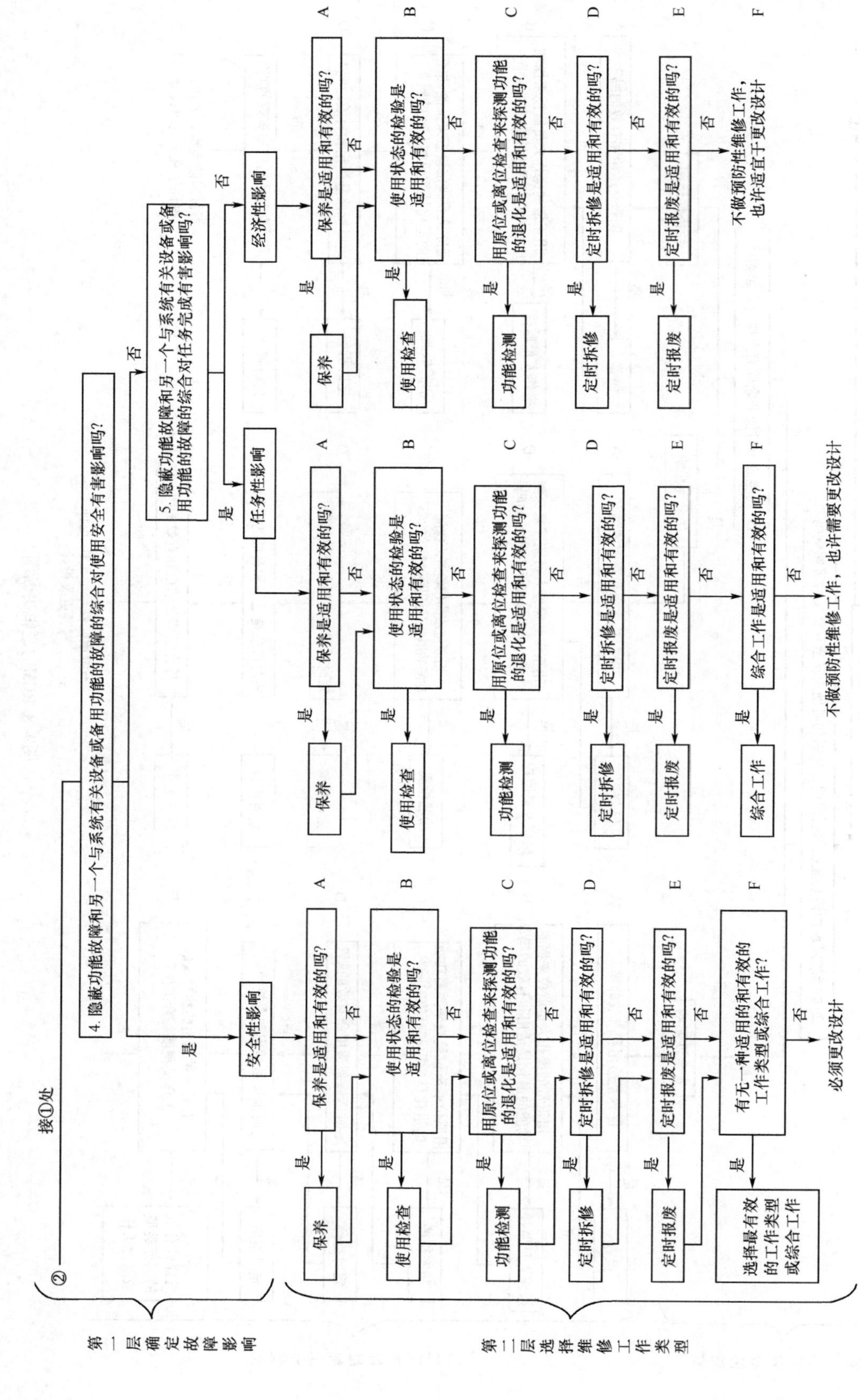

接①处
②

第一层 确定故障影响

4. 隐蔽功能故障和另一个与系统有关设备或设备用功能的故障的综合对使用安全有害影响吗?

5. 隐蔽功能故障和另一个与系统有关设备或设备用功能的故障的综合对任务完成有害影响吗?

安全性影响
- A 保养是适用的和有效的吗?　是→保养
- B 使用状态的检验是适用和有效的吗?　是→使用检查
- C 用原位或离位检查来探测功能的退化是适用和有效的吗?　是→功能检测
- D 定时拆修是适用和有效的吗?　是→定时拆修
- E 定时报废是适用和有效的吗?　是→定时报废
- F 有无一种适用的和有效的工作类型或综合工作?　是→选择最有效的工作类型或综合工作
- 否→必须更改设计

任务性影响
- A 保养是适用和有效的吗?　是→保养
- B 使用状态的检验是适用和有效的吗?　是→使用检查
- C 用原位或离位检查来探测功能的退化是适用和有效的吗?　是→功能检测
- D 定时拆修是适用和有效的吗?　是→定时拆修
- E 定时报废是适用和有效的吗?　是→定时报废
- F 综合工作是适用和有效的吗?　是→综合工作
- 否→不做预防性维修工作,也许需要更改设计

经济性影响
- A 保养是适用和有效的吗?　是→保养
- B 使用状态的检验是适用和有效的吗?　是→使用检查
- C 用原位或离位检查来探测功能的退化是适用和有效的吗?　是→功能检测
- D 定时拆修是适用和有效的吗?　是→定时拆修
- E 定时报废是适用和有效的吗?　是→定时报废
- F 不做预防性维修工作,也许适宜于更改设计

第二层 选择维修工作类型

图9-8 RCM的逻辑决断图(续)

　　(3)预防性维修工作类型的选择。应用逻辑决断图(图 9-8)，按所确定的每个功能故障模式和故障原因，对功能故障进行决断分析，选择适用而又有效的预防性维修工作。

　　(4)确定维修工作间隔期。往往由于信息不足，在一开始很难准确地确定维修工作间隔期。一般根据类似产品的经验和制造方的建议，结合有经验的维修人员的判断来确定。开始定得保守些，在装备投入使用后，通过维修工作间隔期的探索再进行调整。

　　(5)提出维修级别的建议。根据任务和使用要求、各级维修的技术条件(人员技能、设施、设备、备件储备等)和维修的经济性等，提出各项维修工作的维修级别的建议。一般应将维修工作确定在耗费最低的维修级别上。

　　(6)进行维修间隔期的探索。维修间隔期探索是指通过分析运用和维修数据、试验与技术资料提供的信息，确定产品的可靠性与使用时间(寿命单位)的关系，即故障率曲线。必要时调整其预防性维修工作类型和/或维修间隔期。

习　　题

1. 简述维修制度的三个体系。
2. 什么是维修等级？动车组的维修分为哪几个等级？
3. 简述 RCM 的主要内容。
4. 维修级别分析的基本步骤是什么？
5. 如何确定功能检测的间隔期？

第 10 章　动车组维修的组织与管理

10.1　高速动车组维修概述

作为在高速铁路中的运营车辆，高速动车组是系统集成、车体、转向架、交流传动与列车网络控制、制动系统和辅助系统等现代高新技术的大集成。高速列车的维修已经不再是为维持列车运行而被动进行的一种辅助性生产活动，而是高速铁路系统综合保障工程中的重要组成部分，是高速列车运用的前提和安全保障，是提高高速列车效能的重要途径，是提高车辆效率、提高可用性、安全运输、降低寿命周期成本的主要保证，是提高铁路运输企业竞争力的一个重要手段，已经从一种技艺发展成一门综合利用系统工程、可靠性工程、现代维修理论、管理科学、后勤保障学等学科的综合学科。

10.1.1　维修的特点

1. 计划预防修的总体框架

总体看来，动车组的维修制度仍然是计划预防修制度，即按照计划定期检修。例如，德国 ICE 高速列车检修规程规定，按不同走行公里进行 L 级日检，N 级周检，F1、F2、F3 级检修，随修程增加修理内容增多，直至 1.2×10^6 km 入厂大修。

2. 高科技支撑的状态修维修方式

虽然总体看来动车组维修属计划预防修，但是在具体维修中却有着灵活多变的维修体系，状态修占有越来越大的比例。而实施状态修的基础和可靠保证是完备的计算机维修管理信息系统、先进的通信手段和精密可靠的检测诊断设备。

3. 广泛实施换件修和集中修

在动车组维修过程中广泛实施换件修，即把发现故障或缺陷的部件、模块或零件换以功能完好的相应件(新的或经修复的)，而不做现场维修，这样可大大节省在修时间，提高列车利用率。同时这种换修方法也应用于厂修中相应机组的检修，称为大部件换修。对于可修复的主要零部件实行专业化集中修，即将它们送往专业化工厂、车间或工段，实行集中统一修理，则可提高维修质量，节约维修成本。

4. 严格寿命管理

对于一些已掌握寿命规律或对安全性和舒适性起关键作用的零部件严格执行寿命管理，例如，关键的橡胶件、弹簧和制动系统等，严格执行到期报废或更换的规定，以确保运输安全和舒适。

5. 降低维修成本

根据部件特点，细分维修层次，使维修设施的负荷尽量平衡，降低维修成本。

转向架等走行部件与运行公里有关、车体、空气系统、橡胶件等与时间有关、电子部件等与工作时间有关、接触器、继电器触头与动作次数有关。

10.1.2　维修理念

高速列车实行三线（三级）维修的理念，如图 10-1 所示。

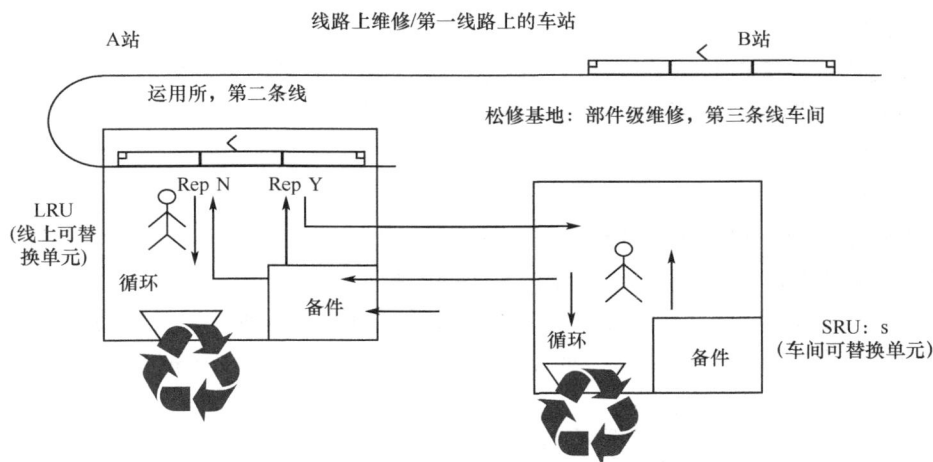

图 10-1　高速列车的三线维修理念

1. 一线（一级）维修

一线（一级）维修指列车上的维护。列车途中发生故障时，技术人员依靠车载诊断系统所提供的功能，可以得知故障的类型以及此类故障影响列车的情况，在系统所提供的维修指导书帮助下进行故障的隔离或简单修复，修复的目标是使列车维持运行，可以继续跑完全程，尽量减少乘客的不方便。

2. 二线（二级）维修

二线（二级）维修包括在运用所或检修基地实施的预防性和校正性维护，利用列车的运行间隙在不拆除的情况下检查重要部件，更换磨损部件或单元（如闸瓦、摩擦片等）。维护的目标是减少停顿时间，提高列车使用效率。

3. 三线（三级）维修

三线（三级）维修包括在检修基地所进行的零部件、单元级的维修。二级维修只是更换，并不对零部件进行维修。三级维修对部件进行解体，拆卸分解，对特殊的零部件，需要委托零件供应商或其他专业机构进行委外修。维修的目标是通过高质量的维修，保持零部件的可靠性，从而保证列车的可靠性。

10.1.3　检修方式

高速列车（动车组）检修作业方式在"检修基地"主要表现为检查、拆装、检测、试验，除转向架以外，其他大部件的检修采用换件的方式，委托该部件的制造工厂承担维修的方式。

1. 换件修

无论在低级修程中发现部件故障，还是在中、高级修程中需要检修或更换部件，都采用换件修的方式，拆下的部件均送制造工厂或其设立的派出机构进行检查、修理、检测、试验。修竣并经过检验后才能继续装车使用。

2. 集中修

动车组的检修都集中安排在"检修基地","运用所"仅承担日常的例行检查和部分临修作业；部件检修集中在相应的制造工厂或其设立的派出机构。

3. 状态修

服务性设施一般采取状态修，即随检随修，始终保持技术状态良好；同时部分设备或部件按照使用寿命的界定，在不能适应使用要求，即将发生故障前进行更换，采用监视型的状态修。

4. 均衡修

为减少停车时分，提高列车的使用效率，将预防性维修工作分为若干个小块进行，一般来说，将每个小块耗时控制在 4 小时之内，如图 10-2 所示，这样，对列车、对检修人员来说，每次的检修工作量都是相对均衡的。维修工作主要安排在日间交通不繁忙的时段或夜间进行，这样可避免预防性维修工作的堆积，形成耗时超过 4 小时的工作，提高检修效率。

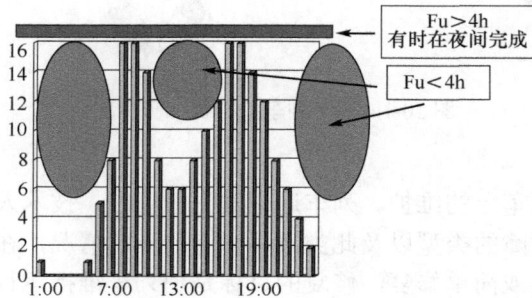

图 10-2　均衡维修示意图

10.1.4　主要检查、保养方法

动车组检修主要检查方法如表 10-1 所示。

表 10-1　动车组检修主要检查方法

检查方法	内容
涂料渗透检查	将有色试剂喷涂在检查部位，根据其染色变化进行判断
超声波探伤	对检查部位加超声波，根据反射回波判断有无裂纹
X 射线检查	气罐、压力容器的焊接部分等用 X 射线照射检查有无裂纹、空隙等缺陷
水压试验	气罐、压力容器等，加最高使用压力以上的水压，持续一定时间以上的试验
旋转试验	检查旋转体的不均衡性，有静态和动态的均衡试验
振动解析试验	分析振动次数及频率，判断劣化、磨耗状态
测量应变	用应变仪测量材料上所加应力，判断强度

10.1.5　试验及检修标准

动车组及其部件检修、组装完毕以后要进行一系列的试验、检验工作，以确保其工作状态良好。

1. 动车组主要试验部件及检测项目（表 10-2）

表 10-2　动车组主要试验部件及检测项目

检测项目	检测内容
自动门开关	绝缘电阻试验
连接装置	
密贴车钩及缓冲器	拉力试验及漏气试验
电线连接装置	绝缘电阻试验及绝缘耐压试验
综合检查	
电气回路绝缘特性	绝缘电阻试验及绝缘耐压试验
受流装置操作特性	试验
空压机及其附属装置功能	空气压缩机达到规定压力所需时间在 10min 内，调整器及安全阀的调整值误差为±20kPa
空气制动装置及一般空气装置的漏气状态	漏气试验：直通管及控制风管在关断风压时的空气漏泄限度为：直通管 20kPa/min 以下，控制风管 20kPa/min 以下；油压系统的漏油限度：增压缸行程表示棒的动程 3mm/min 以下
制动装置的控制功能	动作感应试验：操纵制动阀手柄，阀的升降动作感度限度为：SAP 压力 40kPa 以下
控制设备的控制及保护机能	试验
自动门装置及自动门安全装置功能	试验
信号、通话及广播设备功能	试验
连接器高度	连接器中心距轨面的高度 985~1010mm
车体倾斜	同一车辆在空车时端梁下端至轨面的高度差：前后 25mm 以下，左右 15mm 以下，对角 25mm 以下
转向架排障器橡胶高度	自轨面算 10±2.5mm

2. 绝缘测试标准（表 10-3）

表 10-3　绝缘测试标准

测定场所	电阻值/MΩ	备注
超高压回路——大地	25	
高压回路——大地	0.2	
低压回路——大地	0.1	
高压回路——低压回路	0.2	
低压回路相互间	0.1	
超高压导电部——大地	25	
高压导电部——大地	0.5	
低压导电部——大地	0.3	
牵引电机——大地	10	
辅助电机——大地	1	
高压导电部——低压导电部	0.5	
低压导电部相互间	0.3	
双重绝缘非导电金属部——大地	0.3	
双重绝缘导电部——非导电绝缘部	0.3	高压回路
真空断路器开路时两导电部	20	高压回路

注：绝缘电阻试验值在常温下要求如下：超高压电路使用 1000VMΩ 表，低压电路采用 500VMΩ 表，将晶闸管、硒整流器、晶体管短路，或是将其电路隔离

3. 耐压试验标准（表 10-4）

表 10-4　耐压试验

	加压位置	施加电压/V	备注
回路	超高压回路——大地	42000，7min	将主变压器电路断开
	主回路——大地	3500	将整流器、主硅控制装置、主电机短路，包括再生制动电路
	主回路——低压回路	3500	将整流器、主硅控制装置、主电机短路，晶闸管、硒整流器、晶体管电路及电压表等短路或切断
	低压回路——大地	1000	将晶闸管、硅整流器、晶体管电路短路或切断
	低压回路相互间	1000	
机器	超高压导电部——大地	50000	无
	超高压导电部——低压导电部	50000	无
	主变压器一次线圈——大地	42000，1min	采用感应法
	主变压器二次线圈——大地	7000	无
	主变压器一次线圈接地侧——大地	2800	无
	双重绝缘机器 高压导电部——大地	6000	主电阻器 4000V
	高压导电部——低压导电部	6000	无
	高压导电部——非导电金属部	4000	无
	低压导电部——非导电金属部	4000	无
	非导电金属部——大地	4000	无
	牵引电机导电部——大地	3500	无
	辅助电机导电部——大地	1000	无
	高压导电部——大地	5000	备用励磁装置为 4000V，主控制器及平波电抗器为 4500V
	高压导电部——低压导电部	5000	无
	低压导电部——大地	1000	无
	真空断路器开路时两导电部间	5000	无
	断路器开路时两导电部间	3500	无
	抽头切换器 T 开关极间	1500	无
	抽头切换器 K、S 开关极间	2500	无
	ECB 线圈——大地	1900	无
	主控制器与主触头间	3500	无

注：绝缘耐压试验是施加一定频率的交流电压（1min），观其耐压状态。在施加电压栏中，也有另行规定的加压时间

4. 试运（表 10-5）

表 10-5　试运行检查项目

检查项目	测量方法或确认方法
启动、加速及减速能力	测量启动及达到规定速度时的主回路电流
制动装置的主要功能	在规定速度下，施加一定制动力时的制动距离和制动时间，并确认紧急制动时的制动距离
异常声音及摇晃	牵引电机、动力传动装置、走行装置及车体有无异常声音和摇晃
仪表指示状态	司机室的速度表及其他仪表动作是否正常
试运行后的状态	牵引电机轴承是否过热　主回路机器是否过热及变色　轴承是否发生异常的过热及漏油

10.2　维 修 机 构

10.2.1　维修机构及功能

在动车组的维修机构设置上，遵循"集中检修、分散存放""优势设备相对集中"的基本原则，避免交叉作业和重复投资，设置了检修基地和运用所两种不同功能的维修机构，检修基地设置在主要的交通枢纽，根据运输组织需要以检修基地为中心设立若干运用所，形成了维修能力的梯次结构；并区分维修任务，进行科学组织，检修基地承担 D1～D5 级的所有修程，动车组的检修原则上集中在检修基地进行，运用所仅承担 D1～D2 级修程。

维修结构的设置地点要充分考虑高速铁路客流特点、高速车站的分布情况、铁路周围环境条件以及与其相关的既有铁路检修情况而确定。主要考虑如下因素：

(1) 始发、终到输送量、断面输送量；

(2) 列车空车回送、动车组的利用率；

(3) 提高主要客运站的始发能力，离车站的距离比较近的地方；

(4) 维修基地所需人员比较容易得到保证；

(5) 与既有检修设施的关系。

1. 检修基地

1) 功能划分

配属一定数量动车组，主要功能是动车组的定期维修、故障处理、车辆停留及整备清洗。承担所有维修级别的修程。负责本基地和外基地动车组的夜间停留和备用车组的长期停放以及旅客餐饮、车内清洁等整备作业。检修基地既要考虑整列编组的检修，也要考虑列车的到发及夜间作业。需要具备大修的设备条件。

动车检修基地功能区包括：基础线路、运用板块、检修板块、综合服务板块。基础线路包括出入段走行线和存车线。运用板块完成动车组一、二级检修和动车组临修工作。检修板块是实施动车组三、四、五级检修的区域。综合服务板块是办公区域和生活服务区域的总称。

2) 开通条件

动车检修基地的开通需要完成下列准备工作。

(1)设备配置和试验。为了实现动车组的高级检修任务，动车检修基地配备了大量设备。在布置设备时尽量按照工艺流程布置，以使得检修作业顺畅。

按照类型主要设备可以分为基础设备、检修设备、支撑移动设备、检测试验设备、表面清洁喷涂设备、工装器具。例如，侧移式刚性接触网、制动盘检修设备、移动式架车机、转向架静载试验台、转向架清洗机、升降平台。在开通前，上述设备应该进行试验，如接触网滑行试验、架车机试验等，达到生产要求。

(2)确定生产组织结构。动车检修基地根据生产特点设置相应的职能部门和生产车间。职能部门按照安全、技术、调度、物流等方面设置，生产车间一般有检修车间、转向架车间、调试车间、物流车间、设备车间、后勤车间等。在此基础上，针对不同部门、不同车间开展上岗资质培训、岗位职责和岗位技能培训。培训合格后方可上岗。

(3)规章制度齐备。动车检修基地规章制度齐全，能结合动车组高级检修生产流程执行。特别是安全卡控措施完善，作业中安全关键控制点得到有效控制。例如，架落车作业、调试调车作业等安全关键环节安全控制措施能落实到位。

(4)备品备件储备。按照实施的修程，并结合检修作业工作量储存各类必换件和偶换件，以提高检修效率。

(5)分层评估。在检修基地开通之前，应由检修基地、铁路局、铁道部分别进行自我评估、预评估和最终评估。评估的内容包括基础设施、设备工装、劳动组织、规章制度等方面。形成最终评估意见认为具备条件后方可投产。

2. 运用所

与检修基地相配套，在主要客运站设置若干动车组运用所。主要考虑因素有四点：

(1)有利于实现集中检修，分散存放。

(2)可以大幅度减少因动车组日常检修需要，造成的车体空送，提高动车组的运营能力和使用效率。

(3)可以提高主要客运站的始发能力，有利于安排开行方案。

(4)充分借鉴了国外动车组检修布局设置模式。

1)影响运用所能力的因素

动车运用所的主要设施包括检查库、临修库、洗车库、踏面诊断棚和存车线。在建设动车运用所时要充分考虑其总体能力，主要从如下三个方面介绍。

(1)库线能力，以日均完成一级检修组数衡量。限制库线能力的因素有检查库的股道数量和检查库布置形式。

要根据动车组开行规划进行测算，参照远近结合、一次规划、分步实施的原则规划，设置足够数量的检查库线。

动车运用所检查库布置形式是决定动车组能否快速进出检查库的关键因素。检查库平面布置可分为尽头式和贯通式两种。尽头式布置有一个出入所方向，其优点是占地面积及工程量较小；贯通式布置有两个出入所方向，其优点是出入灵活性好。显然在条件允许时采用贯通式布置能提高动车运用所的检修能力。

在库线能力确定后应配备足够数量的关键设备、作业人员以保证库线能力的实现。

(2)存车能力。在规划存车线时需要综合考虑检修作业量和停留量，预留足够数量的存车库线，同时还要便于调车。通过配置足够数量的、便于进出的存车线路，释放检查库的检修能力。

（3）出入能力。在设置动车运用所的主要设施时，需要以不干扰动车组出入所调车为原则。在动车组出入检查库的主轴通道上，尽量不设置对调车有影响的设备设施。例如，踏面诊断设备对调车没有干扰，可以设置在主轴通道上；而洗车机对线路的占用时间较长，所以一般设置与出入所线路平行的洗车线，而不布置在主轴通道上。

2）动车运用所的开通还需要下列准备工作。

（1）设备配置和试验。为了实现动车组检查及检修、整备、存放的功能。动车运用所要配备必要的基础设施和工装设备，如不落轮镟床、踏面诊断设备、空心轴探伤设备等。各项设备需经过实际验证，达到使用条件。

（2）人员准备。确定劳动组织结构，动车运用所主要生产人员包括地面检修人员（检修作业人员和质量检查人员）、乘务人员、调度人员、设备操作人员及辅助人员。要结合生产特点进行班组设置。

明确岗位职责。在劳动组织结构确定后，要编制、下发各岗位职责。关键是明确各环节职责分界，以保证检修生产流程中各工序顺利衔接。

完成岗位技能培训。各工种人员在上岗前需经过培训并取得相应的上岗资质。还应完成从事岗位的基本技能的培训。例如，地勤机械师经过一级检修作业能力实做培训，能独立完成检查和常见磨耗部件的更换；随车机械师经过车上实习，能独立完成值乘工作。

（3）备品备件储备。按照常用备件最低库存建议数量，并结合检修作业工作量储存常用备品备件和大型互换配件。

（4）生产作业流程验证。经过一级检修试修，验证动车运用所一级检修流程实施并测算时间节点。

（5）规章制度齐备。动车运用所基本规章制度齐全，能结合本所生产流程执行。安全卡控措施完善，作业中安全关键控制点能得到有效控制。

（6）建立一体化作业制度。除车辆部门外，动车运用所内作业单位还包括机务、电务、工厂售后部门、保洁公司和安保单位。在开通前建立一体化作业制度，明确各单位人员要在动车运用所协调指挥下开展一体化作业。

（7）分层评估。动车运用所开通之前，车辆段（动车检修基地）、铁路局应该按照铁道部对动车运用所评定的相关要求从安全管理、基础管理、检修装备等方面进行评估。认为具备条件后，方可开通。

10.2.2　维修机构的布局

1. 我国动车组检修基地、运用所的布局

我国动车组检修机构布局如图 10-3 所示。为合理地配置检修资源，在北京、上海、武汉、广州建立了现代化的动车组检修基地。截至 2014 年 7 月底，已在 13 个铁路局建成 37 个动车所 174 条检修库线。分别为：

哈尔滨局（1 个）哈尔滨西动车所；

沈阳局（4 个）沈阳、沈阳北、长春、大连动车所；

北京局（5 个）北京、北京西、北京南、石家庄、天津动车所；

太原局（1 个）太原动车所；

郑州局(2 个)郑州、郑州东动车所;

武汉局(2 个)武汉、汉口动车所;

西安局(1 个)西安北动车所;

济南局(3 个)济南、青岛、青岛北动车所;

上海局(6 个)上海南、南翔、虹桥、杭州、南京、南京南动车所;

南昌局(4 个)南昌、南昌西、福州、福州南动车所;

广铁集团(5 个)广州东、广州南、长沙、三亚、深圳动车所;

南宁铁路局(1 个)南宁动车所;

成都铁路局(2 个)成都东、重庆北动车所。

2. 检修基地的兼容性

CRH 系列动车组从检修角度看是基本接近的。其一致性主要表现在以下四个方面:

(1)动车组的构造原理基本一致,车顶、车端、车内和车下布置相近;

(2)不同动车组虽然检修周期存在差异,但在对应修程下的检修范围一致;

(3)检修基地将采用的检修方式相同,从而决定了动车组的检修流程基本相似;

(4)国外对应检修基地,其平面布置基本相近。

据此,检修基地的设施基本兼容。同时注意到不同动车组的检测与试验存在方法和参数的差异,部分设备和机具应根据需要分别配置。

3. 检修基地的管理

车组检修基地由铁道部统一管理,动车组检修基地对外引进和合作工作,统一由铁道部负责实施。

10.2.3　检修基地

1. 检修基地的功能

1)动车组管理功能

动车组检修基地应具有管理基地、连接周边、辐射全路的整体管理功能,对动车组使用、技术整备、检修试验及运行安全进行全面管理。通过信息中心的连接作用对动车组调度、整备、运用、维修、配件及设备管理进行有效管理。

2)检查整备功能

动车组检查整备功能包括整备与一、二级修和临修作业。

整备主要为运用技术整备及客运整备。其作业内容包含上水排水、润滑油脂补充、车厢内部清洁、密闭式厕所系统地面接收及处理系统、车体外皮清洗、车内垃圾收集及转运等。根据需要可进行上砂作业和餐饮或餐料供给。

一级修作业主要是对动车组进行检查、测试以及故障件的更换。

二级修作业包括关键部件状态检测、关键部件外观检查、内部检查、功能检查、解体检查及修理、列控装置状态检查。

临修作业:主要是处理动车组临修故障,对动车组主要零部件进行扣车修理及动车组不落轮镟和各级修程以外的主要设备、零部件的更换,包括转向架、轮对、受电弓、空调设施、主变流器、主变压器等。

3）检修功能

检修功能包括三、四、五级检修。

三级修作业：在二级修基础上，车组分解成单元，每单元同时架车，更换转向架，对牵引电机、动力驱动装置、制动装置等主要部件解体后检查，转向架检查完毕后，在基地的试验线路上进行运行试验。

四级修作业：在三级修基础上，增加对车体内部及连接部的检查及修理工作。车组分解成每一单节，车上、车内、车下所有设备下车检修，主要部件互换修。高压布线在车上做耐压试验，车体气密检查等。进行全列车的性能试验，基地内运行试验，最后上线试验。

五级修作业：对车体进行全部解体检修，更换重要部件，车体气密检查；整车性能试验和运行试验等。

4）零配件储备及配送功能

基地设立大型动车组零、配件及备品储存设施，包括材料库、材料棚、备品库等。零配件及材料备品储备采用立体存储方式，其信息管理纳入动车组信息化系统，并能根据维修信息自动进行配送管理。

5）信息化管理功能

信息支持系统包括生产调度指挥系统、动车组运行管理系统、现场作业监控系统、车辆配件寿命管理系统、车辆配件配送支持系统、入段检测管理信息系统和车载信息地面接收处理系统。各设备由广域网连接，实现统一管理和信息共享。

6）排污处理功能

检修基地设密闭式厕所系统地面接收及处理设施。

真空密闭式厕所系统的地面接收处理设施采用固定式；集便接收作业线应与日检作业线合并设置于库内。排污的主要设施置于检查库工作平台下，通过管道及快速接头可与车上排污口连接，并设移动式排污车。

2. 检修基地建设的基本要求

建设高标准、高效率、高可靠性、现代化的动车组检修基地。

高标准：建设理念和建设标准与国际接轨；高效率检修设施和设备有利于实现先进的作业方式，提高作业效率。

高可靠性：以高度的信息化管理为支撑，大量采用先进的检测和试验手段，确保动车组的检修质量，保证安全高效运行。

现代化：动车组检修基地的整体工作与现代化管理模式相匹配，有利于资源整合和减员增效，实现一体化管理，与国外动车组检修基地运行模式接轨。

在动车组检修基地整体建设上，结合动车组速度等级的发展和配属数量的变化，在检修范围上立足速度 200km/h，涵盖速度 300km/h 动车组。

在动车组检修基地设施配套上，彻底改变既有的、传统的专业分割模式，使客运整备、动车检修、配餐服务、集中调度指挥实现一体化管理，真正成为高效精干的动车组检修基地。

3. 检修库

检修库沿长度方向，每 100m 设联系库外道路的通道。检修库内可全部或部分股道架设接触网，接触线高度可与库外一致。车顶作业处，接触网必须装设分段绝缘器及带接地的隔离开关，以及与隔离开关连锁的标志灯和作业平台安全锁，以保障作业人员的安全。库内设低压电源和独立风源、水源。

1)库线

检修基地内根据不同的维修任务(整备、日常检修、更换转向架等),设置不同接入级别的维修库,不同的检修工作在不同的库线进行。

德铁在图 10-3 所示的库线上,进行 I1 转向架检查、I2 检查和 M1~M3 级维修的工作,在图 10-4 所示的库线上应用特殊的设备进行某些部件的更换,如落轮。图 10-5 为大修而特殊设计的轨道,在这些轨道上,可更换大部件。

(a) (b)

图 10-3　德铁 I1、I2 维修库

图 10-4　用于部件更换的库线

2)设计要求

(1)两条检修线的线间距宜为 10m。库内外侧股道距离检查库侧墙轴线不宜小于 5m。库内应设置动车组上水排水及排污设备。检查库净高应考虑作业人员车顶作业的高度要求。底层作业面至库内地坪的纵向运输,应设置坡度不大于 10% 的缓坡。修车库净高应根据修车工艺、动车组车辆限界、车顶作业需要、起重机结构尺寸等因素确定。库内起重机走行轨顶高程应不小于+8.8m,如图 10-6 所示。

(a)　　　　　　　　　　　　　(b)

(c)

图 10-5　大修库线

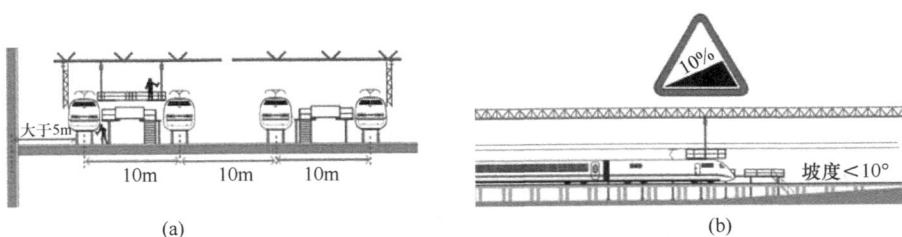

(a)　　　　　　　　　　　　　(b)

图 10-6　库线设计要求

　　库内应设有更换转向架、轮对、车顶、车下主要部件的设备。转向架和轮对更换，优选采用活动轨道桥及气垫技术进行。

　　(2)大修库设计要求。大修库设三层作业面立体大修线，库线间距为 12m，库内外侧股道距离修车库侧墙轴线应不小于 6.5m(图 10-7)。大修作业采用整列架车方式，实行部件换件修。设贯通式天车起重设备，库内股道上方接触网可设置活动式刚性接触网侧移及控制设备。应设安全保护措施以确保作业人员的安全。

　　为了进行并行作业，提高检修的效率，检修基地设置三层(图 10-8)或四层(图 10-9)作业面进行高速列车的维修。三层或四层作业面的第一层设在轨面以下 0.95m 标高处，为基本作业平台，用于走行部及下部设施检查、维修和材料运输；第二层设在轨面以上 1.25m 标高处，

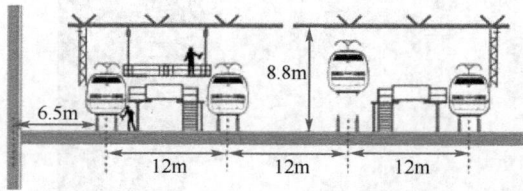

图 10-7　大修库设计要求

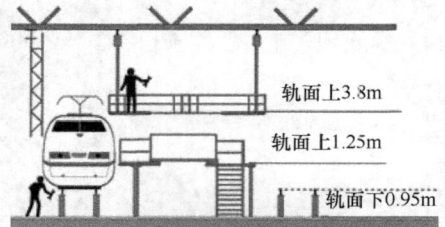

图 10-8　三层作业面

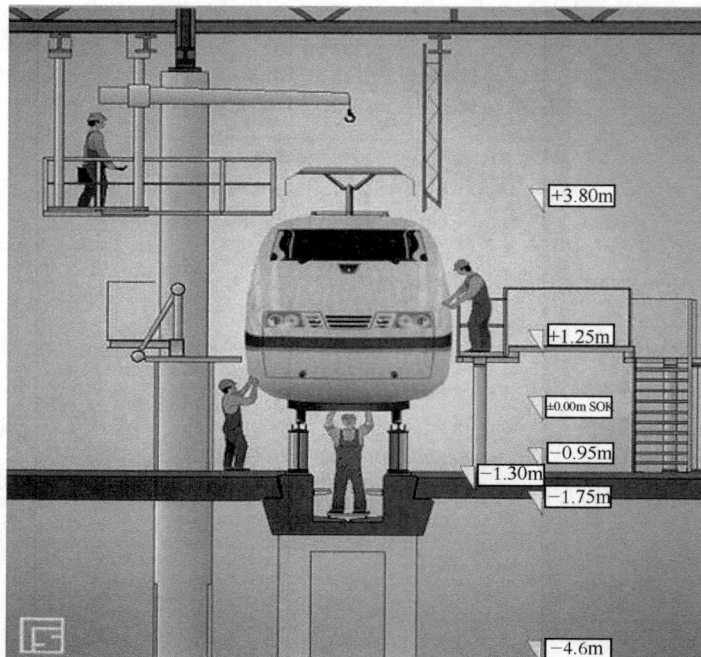

图 10-9　四层作业面

为车内及侧墙作业平台；第三层设在轨面以上 3.8m 标高处，为车顶作业平台。无车顶作业平台一侧一般设置防止车顶作业人员跌落的防护设施。

四层作业面的第四层设在轨面以下 4.6m 标高处，主要用于运输（如更换转向架作业），并安装所有的管线。

4. 作业面

5. 主要零、配件辅助检修设施

基地中设置适当场所供主要零部件开展必要的检修工作，主要有转向架间、牵引电机间、变压器间、变流器间、电气及控制设备间、受电弓间、制动设备间、空调设备间、车内设备间。设施能力满足生产需要，布局符合工艺流程要求。

检修基地配件的辅助车间主要有蓄电池间、计量仪表间、材料库等，以检修库为主体进行设置。

10.3　主要检修设备

10.3.1　检修基地和运用所主要检修设施配备

检修基地和运用所因为所承担检修任务的不同，在检修设施的配置上有所差异。

1. 检修基地主要维修设施

(1)车体自动清洗设备；

(2)地面吸污设备；

(3)不落轮镟装置；

(4)轮对踏面检测设备；

(5)列车监控系统地面接收及信息处理设备；

(6)足够的存放线路；

(7)车体检修库、油漆库；

(8)转向架检修库(间)及试验设施；

(9)轮对、轴承检修库(间)及检测试验设备；

(10)制动系统检修库(间)及检测试验设备；

(11)牵引系统检修库(间)及检测试验设备；

(12)辅助供电系统检修库(间)及检测试验设备；

(13)车钩及缓冲装置检修库(间)和检修检测设备；

(14)车体气密性试验设备；

(15)其他部件检修场所及检修、检测、试验设备；

(16)单车试验设施；

(17)ATC 试验设施；

(18)试运行线路。

2. 运用所主要检修设施

(1)车体自动清洗设备；

(2)地面吸污设施，必要时还要配置移动设备；

(3)不落轮镟装置；

(4)轮对踏面检测设备；

(5)列车监控系统地面接收及信息处理设备；

(6)足够的存放线路；

(7)检修库与临修库；

(8)必要的系统检测设备和机械动力设备。

10.3.2　主要检修设备

1. 地面吸污设备

用于车辆整备。有两种工作方式：一种如图 10-10 所示，检修基地设置污物处理车间，吸污后直接进行化学处理，这种方式需建设复杂的地下处理设施；另外一种是利用吸污设备吸入移动的污物车内，一次操作若干动车组，由污物车再转运至污物处理中心集中处理。

图 10-10　地面吸污设备

2. 车体自动清洗设备

动车组外皮清洗设备是检修基地和运用所必不可少的整备设备，用于列车回库、进段时的外皮自动清洗，需用专门的清洗剂。为了满足环保、节能的要求，必须同时建立水循环处理设施。图 10-11（a）为洗车机设备组成示意图，图 10-11（b）和（c）为实际图及洗车的场景。

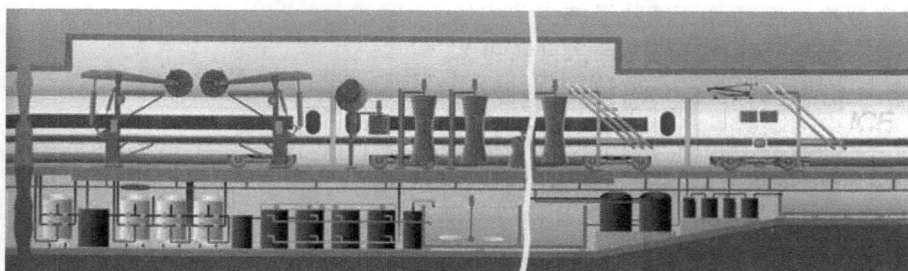

(a)

(b)

(c)

图 10-11　车体自动清洗设备

3. 轮对踏面检测设备

轮对踏面形状直接影响列车的舒适度和行车安全，高速列车尤为如此。轮对踏面诊断装置是检修基地、运用所最重要的检修诊断设备，具有检测踏面裂纹和擦伤、测量踏面形状和几何尺寸、测量踏面擦伤和同心度等功能。该装置同时具备数据的采集和处理功能，并与段内通信计算机联网，完成数据存储、显示、打印、传递等功能。该检测装置的准确度直接影响着整列车的检修效率。图 10-12 为该装置安装在线路上的示例。

(a)　　　　　　　　　　　　　　　(b)

图 10-12　轮对踏面检测设备

4. 不落轮镟装置

检修基地、运用所的另一个重要设备。当踏面诊断装置诊断出轮对有缺陷（擦伤等）或轮对踏面、轮缘磨耗到限时，应及时进行磨削和检修，以恢复动车组运行的舒适度并确保行车安全。图 10-13 给出了装置实例及工作场景。

(a)　　　　　　　　　　　　　　　(b)

图 10-13　不落轮镟装置

为作镟轮，要保证动车的精确定位，需要相应的调车设备，如图 10-14 所示。

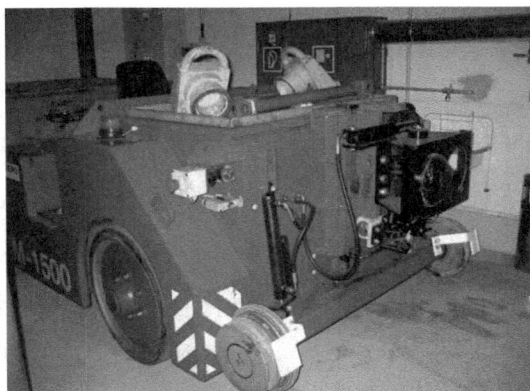

图 10-14　不落轮镟调车装置

5. 轮对及转向架更换设备

当高速列车的动车及拖车轮对和转向架出了故障时应进行更换。转向架更换设备是检修基地、运用所必不可少的重要设备，是提高检修效率、提高动车组周转效率的有力保证。从更换方式上来说，可分为两种：活动轨道桥转向架下降方式和同步架车方式。活动轨道桥转向架下降方式如图 10-15 所示。图 10-15(a)为更换场地图；图 10-15 (b)列车在该设备上，准备更换转向架；图 10-15 (c)为更换下的转向架下降到下层工作面的转运轨道，准备转运；图 10-15 (d)为转向架转出过程；图 10-15 (e)、(f)为转出后的转向架利用天车吊放在转运车上，转运到转向架车间进行拆卸修理。这种方式设备规模小、操作人员效率较高。

図 10-15　活动轨道桥方式更换转向架设备及过程

图 10-16 为同步架车更换转向架的方式。操作时，每个单元一般应用 4 个架车机，断开

转向架与车体的联结，架车机同时提升，架起车体，推出转向架。由于整列车通过密接式车钩连接，车钩配合间隙很小，所以，对架车机的同步性提出了较高的要求。这种方式设备规模大，一般以 4～8 辆为单位一同起重升起，需要多个操作人员同时工作，容易产生作业损耗。

(a)　　　　　　　　　　　　　　　　(b)

图 10-16　同步架车转向架更换设备

6. 落轮设备

对于拖车转向架，轮对发生故障时可以单独更换轮对，而不需要整体更换转向架。图 10-17 为单独更换轮对的落轮设备。

(a)　　　　　　　　　　　　　　　　(b)

图 10-17　落轮设备

7. 场内遥控调车设备

场内遥控调车设备(图 10-18)主要用于牵引动车组在检修基地、运用所不同场地(检修库、整备库、到发线等)、不同进路之间进行转换、调车作业。

(a)　　　　　　　　　　　　　　　　(b)

图 10-18　场内遥控调车设备

8. 磁粉探伤设备

设备原理如第 3 章所述，图 10-19 给出了应用设备检测车轴的简单原理。车轴两侧加磁极使车轴磁化，以一定装置喷洒磁粉，辅以一定的光照设备，则可以进行缺陷的检测。

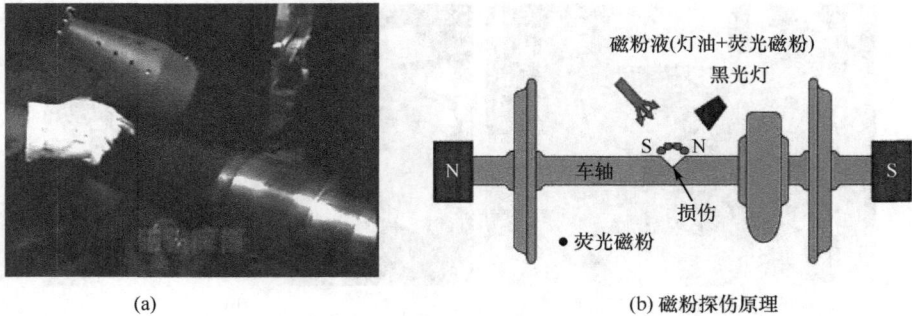

图 10-19　磁粉探伤设备

9. 超声波探伤设备

图 10-20 给出了几种超声波探伤设备。图(a)为超声探伤台位上检测车轴示例。图(b)示意出了其作用方式：超声探头从空心轴一侧进入，以一定速度缓缓深入，同时轮对低速回转，用于检测车轴内部缺陷。图(c)、(d)为这种检测方式的两种不同设备。图(e)、(f)为踏面超声检测设备。如第 3 章所述。

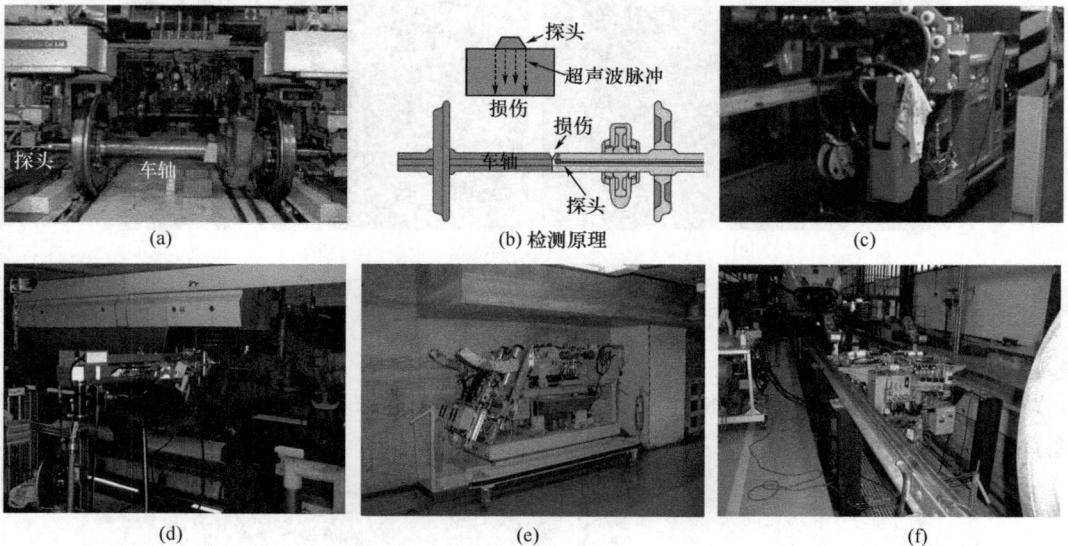

图 10-20　超声波探伤设备

10. 空调检验设备

空调检验设备(图 10-21)用以进行整车或单元的空调性能检验。

11. 牵引电机大修后测试

用于牵引电机大修后的加载磨合试验。图 10-22 为带发电机的磨合试验，所发出的电回馈电网或直接用于车间内其他检修设备。

图 10-21　空调检验设备

图 10-22　牵引电机大修后测试

12. 车轮压入设备

车轮压入设备用于车轮和车轴的组装或拆卸，其工作台位（图 10-23）及简单原理（图 10-24）。车轮和车轴采用过盈配合，装配时，车轮固定，一定位置上接入高压油，使车轮内径涨大，同时从另一侧推入车轴，完成装配。

此种设备也用于牵引齿轮与车轴的装配。

图 10-23　车轮压入设备

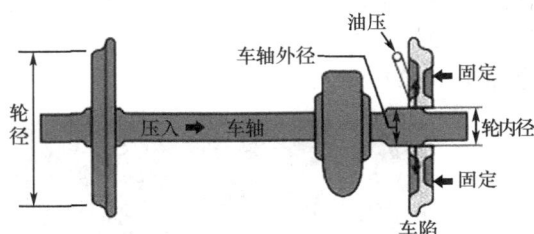

图 10-24　车轮压入设备原理图

13. 驱动设备轴承间隙调整设备

设备轴承间隙调整设备如图 10-25 所示，这是一台比较特殊的设备，用于调节大小齿轮轴承之间的间隙，从而调节两个齿轮的啮合度。

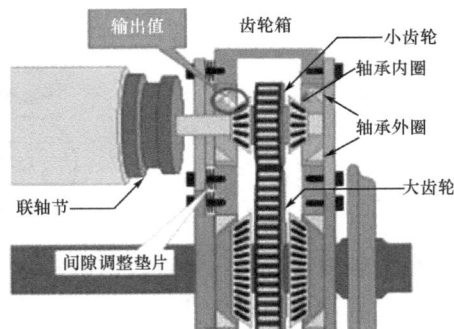

图 10-25　设备轴承间隙调整设备

14. 车轮检压设备

车轮检压设备(图 10-26)用于确认车轮安装在车轴上的状态。在车轮与车轴上加载力(约70t)判断偏移量,用于检测两个车轮的轮对内测距、垂直度等参数。

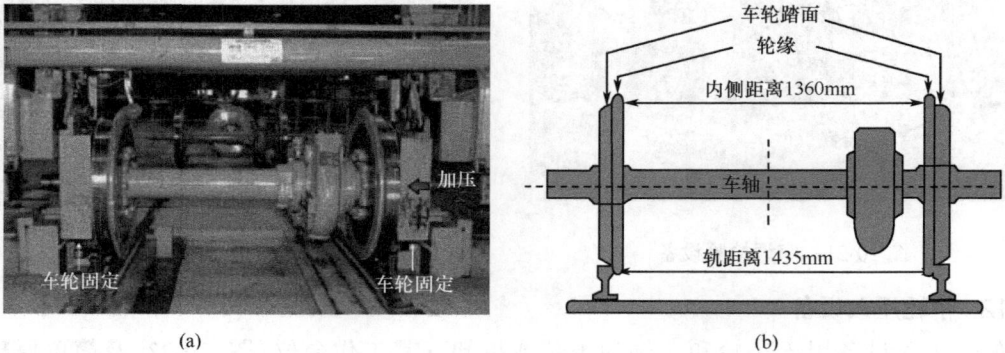

(a)　　　　　　　　　　　　　　　　(b)

图 10-26　车轮检压设备

15. 转向架测试设备

又称转向架滚动试验台,用于转向架组装完毕之后的测试工作,检测各部分组装情况,测试轴承温升、转向架振动、电机电压电流等指标。分为空载和模拟加载两种,空载以牵引拉杆固定转向架;模拟加载,除牵引拉杆固定外,在转向架空气弹簧位置采用液压方式模拟车体质量加载。试验时,回转速度较高,如新干线转向架试验,以 240km/h 的速度回转。其工位如图 10-27 所示。

(a)　　　　　　　　　　　　　　　　(b)

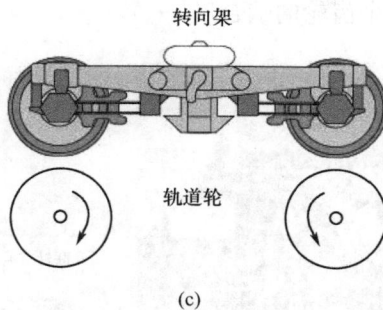

(c)

图 10-27　转向架测试设备

16. 车体气密性试验设备

用以验证车体气密性是否符合相关标准,一般为单节试验。试验方法:堵住车体两端,向车内加压,检查时间、压力变化,确认气密性能。为保证人体的舒适性,UIC、各个国家对气密性都有自己的标准，如日本要求车厢内气体压力从 4kPa 下降到 1kPa，下降时间应大于 40 秒。图 10-28 为日本新干线车辆试验车体气密性场景。

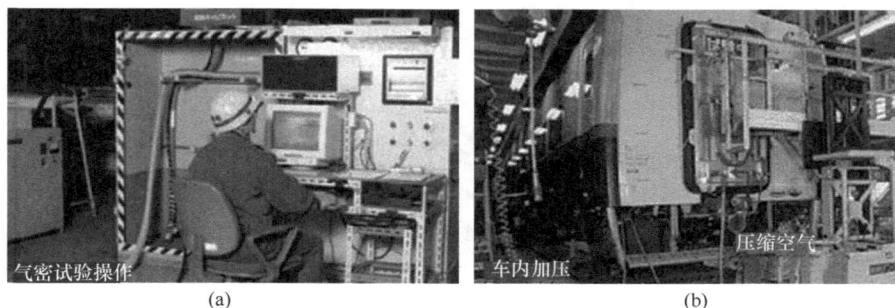

气密试验操作　(a)　　　　　车内加压　压缩空气　(b)

图 10-28　车体气密性试验设备

17. ATC 试验设备

ATC 试验设备(图 10-29)用于 ATC、ATP 设备的整机测试及单元测试。

(a)　　　　　(b)

图 10-29　ATC 试验设备

18. 远程通信设备

高速动车组装备有完备的状态监控系统，对列车的关键部位及容易出现故障的零部件在运行中采集数据信息，进行实时监测。检修基地、调度中心、运用所通过远程通信设备(GSM-R、GPRS 等)接收运行信息，随时掌握列车上主要部件的技术状态，并判断列车整体状态，结合计划预防修内容，调整列车检修计划，预先安排检修作业、准备检修材料，并通过远程通信设备，依靠现代化的铁路通信网和计算机相结合的方式，把列车上零部件的技术状态信息及时可靠地传送到检修段的技术管理子系统内，检修段的管理人员可以随时掌握高速列车的技术状态，对即将入段的高速列车做出准确快捷的检修、检查作业计划和配件的准备工作。这样可以提高检修效率，缩短列车在检修线上停留的时间。

要完成列车的维修工作，需要各种各样的工装设备，此处仅列出了几种典型的设备。

10.4　检　修　流　程

10.4.1　检修模式

高速列车的检修模式如图 10-30 所示。调度中心接收列车运行状态信息，结合预防维修计划内容，制订某一列动车组的具体检修计划，下达给维修机构(检修基地或运用所)，维修机构根据检修计划编制具体维修工作单，负责维修的实施，维修技术，把维修履历(换件情况、某些参数的测量值等)反馈给调度中心。

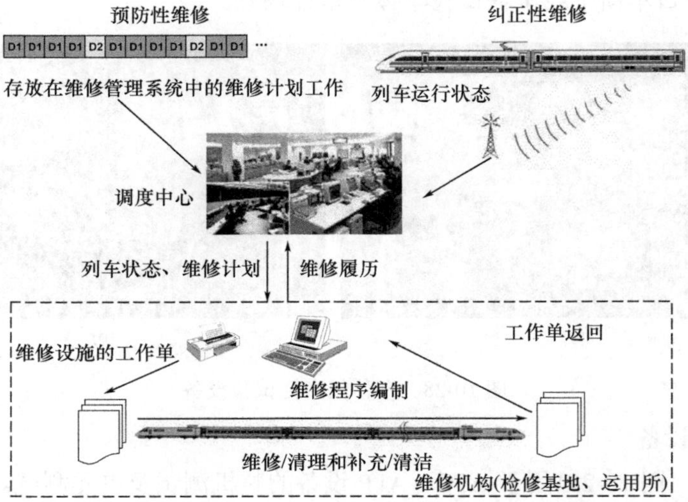

图 10-30　高速列车检修模式

10.4.2　基本维修流程

　　高速列车在基地、运用所内的作业过程如图 10-31 所示,包括入所、基地内不同进路的转线、外部清洗、集便处理、轮对诊断、定期检查、换件修、不落轮镟修等。检修基地根据调度中心所安排的维修计划,动车组回到运用所,首先进行车体的清洗工作,然后利用轮对踏面自动诊断装置进行走行部的检测,根据检测结果安排不同的检修作业。如果轮对的技术参数符合要求,则按规定的检修内容、检修范围进行维修工作(整备、一级修、二级修等),检修完毕,将动车组转线到发线,准备担当下次运输任务。如果检修过程中,发现临时故障(如走行部检测发现擦伤、裂纹等),则根据需要调整维修内容(镟轮、落轮等)。

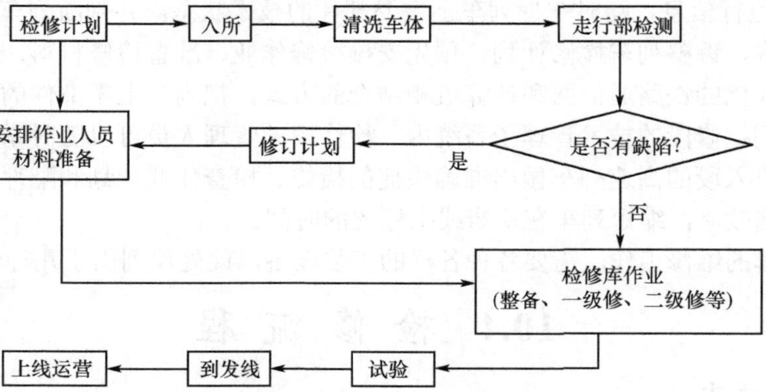

图 10-31　动车组基本检修流程

10.4.3　一级维修流程

　　一级、二级检修(图 10-32、图 10-33)是在运行整备状态下,完成消耗部件的更换、调整和补充等，同时对各部分的状态和性能进行检查，发现偶然发生的故障，在车辆使用的间隙进行维修作业。主要是利用车载故障诊断装置所提供的维修模式、自诊断功能进行。

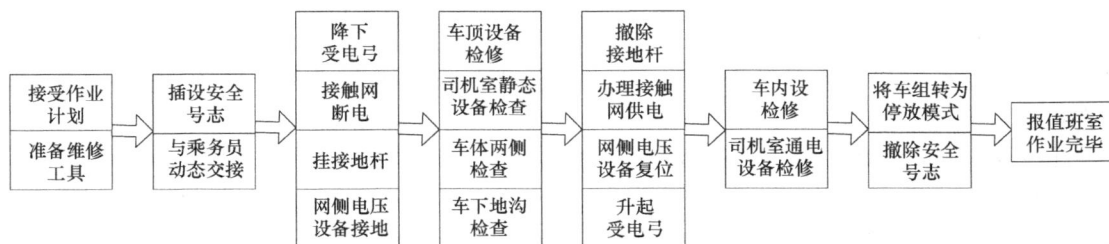

图 10-32　一级检修流程

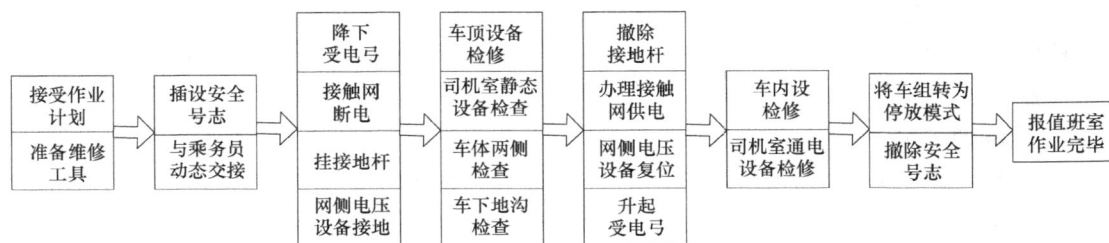

图 10-33　二级检修流程

1. 检修重点

动车组运行速度高，动车所日常运用检修的质量决定了动车组的运行安全和服务品质。因此，运用检修中一些关键环节要重点卡控。

(1) 故障预诊断。动车组的故障预诊断，主要由入库前的轮对故障诊断设备、受电弓检测设备，动车组车载故障诊断系统等自动完成。主要检测踏面、轮缘、轮辋和受电弓碳滑板磨耗、下载当日运营中的故障记录。通过核实数据，对问题项点在车组进库后人工复检，提高动车组的检修效率。

(2) 重点项目检查。在对车顶和下部进行例行检查时，要注意以下关键卡控项点。

① 车顶作业的重点是受电弓，其中绝缘子、风管、弓头和碳滑板四个部位最为关键。

② 下部作业的重点是转向架，一是防松，防转向架配件松动，确认各部防松状态完好；二是防脱，重点关注悬吊件、安装座、底板、裙板、盖板等的安装状态；三是防裂，检查车轮、车轴、受力杆件等是否有裂纹。在实行记名式检修的基础上，可以采取涂打粉笔标记等方式，加强对这些重点部位的检查。

(3) 润滑检查。润滑检查的重点是齿轮箱油位，观察油的颜色是否正常；检查联轴节、塞拉门等部位润滑情况。

(4) 更换作业。在闸片、碳滑板、变压器干燥剂、冷却液等更换作业后，要确保部件安装到位，螺栓螺母按标准扭矩紧固，涂打防松标记。作业完成后须经质检员确认。

(5) 出库联检。出库联检指的是由动车所组织，机务、电务、客运部门联合进行的动车组出库检查。重点是"三电"设备、牵引制动试验、空调状态、旅客服务设施、裙板及底板、行车防护用品等。

(6)零故障出库。动车组的转向架、高压供电、牵引制动、网络控制、旅客服务设施等设备一旦出现故障,将严重影响行车安全、运行秩序和旅客服务质量。因此,在检修作业中必须严格把关,确保零故障出库。

2. 检修作业分工

1)单列动车组

检修作业小组 1 个(4 名作业人员),辅助检查人员 2 名(可视工作量与多个检修作业小组配合作业)。

①、②号负责车内设施、司机室设备、车载信息系统、车顶设备检查及相关性能试验。③、④号负责车体、裙板、底板、转向架、钩缓连接、制动、车端连接等下部检查。(③、④号在检查各自侧驱动装置齿轮箱时,与齿轮箱连接的牵引电机归齿轮箱检查侧作业人员检查;③、④号地沟作业,前后需间隔 3m 左右。)2 名辅助人员协助检查,具体负责动车组进库清道、接车检查,接插外接电源和配合①、②号车顶作业时升降受电弓。

2)重联动车组,长编组动车组(16 辆)

检修作业小组 2 个(8 名作业人员),辅助检查人员 2 名(可视工作量与多个检修作业小组配合作业)。

3. 重联动车组

每个作业小组对 1 组动车组检修,作业流程和检修路线分别按单列车执行。主控钥匙、供断电申请、车载试验、管系漏泄试验等由动车组出检查库方向作业小组的①号负责。辅助检查人员执行单列车作业标准。重联端设备的检查由动车组出检查库方向作业小组负责。动车组重联端司机室的相关试验取消。

4. 长编组动车组

每个作业小组对 1 组动车组的 8 辆车进行检修,作业流程和检修路线分别按 8 编组动车组执行。主控钥匙、供断电申请、车载试验、管系漏泄试验等由动车组出检查库方向作业小组的①号负责,08~09 车间设备的检查由动车组出检查库方向作业小组负责。辅助检查人员执行 8 编组动车组作业标准。

5. 作业步骤

需要注意的是在保证作业内容不缺项的前提下具体作业步骤可根据作业场地情况进行调整。

1)接触网供电前检修

(1)①、②、③、④号共同到值班室接受作业计划、掌握运行故障及维修重点,检查检修工具后列队出发,在检查库等待动车组到达。

(2)①、②号与乘务员进行动态交接,③、④号共同插设安全号志。

(3)①号进入司机室降下受电弓,②号在车下确认受电弓降下。

(4)①、②号共同办理接触网断电。

(5)①、②号进行车顶设备检修,后转入司机室进行静态检查,③、④号进行地沟及车体两侧检修作业。

2)接触网供电后检修

(1)①、②号办理接触网供电,升起受电弓(升弓前用对讲机知会③、④号)。

(2)①、②号进行司机室设备通电检查试验和车内设备检修;③、④号继续进行地沟及车体两侧检修作业。

(3)①、②号在两司机室分别进行外门开关试验时，通知③、④号确认外门动作显示。

(4)①、②号在司机室降下受电弓将动车组转入停放模式；③、④号撤除安全号志。

(5)①、②、③、④号会合后共同到值班室，报告作业情况，等待下次作业。

10.4.4　二级检修作业流程

1. 检修要点

(1)更换作业。更换作业在二级修中较为频繁，易产生次生故障，因此要加强重点盯控，严格落实"三检"制度。

(2)牵引传动系统。重点是牵引电机轴承、联轴节、万向轴、齿轮箱润滑作业的周期和注油量。

(3)空心车轴探伤。重点：一是探伤设备日常校验和定期校验；二是轴端部件拆装，过程中注意紧固件按规定更换、紧固、涂打防松标记。

(4)镟轮。重点：一是调车作业，防止设备或异物侵线；二是防溜设置与撤除；三是尺寸控制，同转向架、同辆、同车组的轮径差不超限。

(5)预防超期。重点是科学合理的安排动车组检修计划，二级修不能超期，特别是空心车轴探伤、踏面修形、齿轮箱换油、轴承润滑等关键项目。超期动车组不能上线运行。

2. 检修作业分工

检修作业小组人员 4 名，自检自修。其中①、②号负责车内设施、司机室设备、车载信息系统、车顶设备检查及相关性能试验及维修。③、④号负责车体、裙板、底板、转向架、钩缓连接、制动等下部检查、维修及外门试验的动作确认。

3. 作业步骤

1)供电前检查

(1)①、②、③、④号共同到值班室接受作业计划、掌握运行故障及维修重点，检查检修工具后列队出发，在检查库等待动车组到达；

(2)①、②号与乘务员进行动态交接，③、④号共同插设安全号志。

(3)①号进入司机室降下受电弓，②号在车下确认受电弓降下。

(4)①、②号共同办理接触网断电。

(5)①、②号进行车顶设备检修，后转入司机室进行静态检查，③、④号进行地沟及车体两侧检修作业。

2)接触网供电检查

(1)①、②号办理接触网供电，升起受电弓(升弓前用对讲机知会③、④号)。

(2)①、②号进行司机室设备通电检查试验和车内设备检修；③、④号继续进行地沟及车体两侧检修作业。

(3)①、②号在两司机室分别进行外门开关试验时，通知③、④号确认外门动作显示。

(4)①、②号在司机室降下受电弓将动车组转入停放模式；③、④号撤除安全号志。

(5)①、②、③、④号会合后共同到值班室，报告作业情况，等待下次作业。

附表：检修限度表

附表 10-1　CRH2A、2B、2E 型动车组一、二级检修限度表

序号	项目		原型	一级修程	二级修程	备注
一	车体					
1	排障器高度			20~28mm	20~28mm	空车状态下，轨面以上
2	车体倾斜					同一辆车在空车时端梁下端端角处至轨面的高度差
		前后(两端)		<25mm	<25mm	
		左右(两侧)		<15mm	<15mm	
		对角		<25mm	<25mm	
二	主电路					
1	受电弓碳滑板磨耗后高度			≥5mm	≥5mm	无因电弧产生变形和碎裂、缺陷或一定深度的凹槽。破损宽度小于 1/2
	受电弓两滑板的高度差			≤3mm	≤3mm	
2	受电弓接触压力			(70±5)N	(70±5)N	在高出车顶 1.6m 处测量，上推力和下降力两个值之差不应超过 20N
三	转向架					
1	空气弹簧高度				$(330+t)_{-3}^{+6}$ mm(每 3 万公里或每 30 天实施)	测量位置从车体到转向架印记之间，t 为调整板厚度
2	空气弹簧橡胶气囊龟裂					
		深度		≤1.5mm	≤1.5mm	
		长度		≤50mm	≤50mm	
3	牵引中心销与横向挡距离			20_{0}^{+2} mm	20_{0}^{+2} mm	
4	转向架辅助排障器高度			5~13mm	5~13mm	轨面以上
5	增压气缸行程检查显示杆行程			≤50mm	≤50mm，≤3mm/min(快速制动位回缩量)	快速制动时测量行程显示杆的动作值
6	齿轮箱油位表的油量刻度范围			距离中刻度线 0~2mm	距离中刻度线 0~2mm	
7	自动过分相天线距轨面高度			110_{0}^{+20} mm	110_{0}^{+20} mm	
四	基础制动装置					
1	制动盘厚度(单侧)					
		动车	21mm	≥18.2mm	≥18.5mm	
		拖车轴盘	16mm	≥11.3mm	≥12mm	
		拖车轮盘	15mm	≥9.3mm	≥10mm	
2	制动盘表面凹槽			≤1mm	≤1mm	
3	制动盘偏磨最高点和最低点之差			≤1.5mm	≤1.5mm	
4	闸片厚度					包括钢背厚度；到限时同缸两闸片同时更换
		动车	10.5mm	≥7mm	≥7mm	
		拖车	19.2mm	≥7mm	≥7mm	
5	轴盘摩擦面裂纹			≤70mm	≤70mm	沿半径方向
6	轮盘摩擦面裂纹			≤127mm	≤70mm	沿半径方向

续表

序号	项目	原型	一级修程	二级修程	备注
7	踏面清扫装置研磨块厚度	40mm	≥13mm	≥13mm	包括钢背厚度
五	轮对				
1	车轮踏面擦伤深度		深度≤0.5mm，长度≤70mm	深度≤0.5mm，长度≤70mm（每30天实施）0mm（镟修后）	
2	车轮踏面连续碾长		≤70mm	≤70mm（每30天实施）0mm（镟修后）	
3	车轮踏面剥离		一处长度≤20mm，二处长度每处≤10mm	一处长度≤20mm，二处长度每处≤10mm（每30天实施）0mm（镟修后）	
4	车轮直径	860mm	≥790mm	≥790mm（每30天实施）（镟修后限度待定）	轮径减少20mm时，必须在空气弹簧处加垫调整，保证车辆限界要求
	轮缘高度	28mm	≤33mm	≤33mm（每30天实施）28mm（镟修后）	
	轮缘厚度	32mm	≥26mm	≥26mm	
	车轮轮对内侧距离	1353^{+2}_{1} mm	1353^{+2}_{-1} mm	1353^{+2}_{-1} mm	
5	车轮直径之差				
	同一车轮		≤0.5mm	≤0.5mm	
	同一轮对		≤1mm	≤1mm	
	同一转向架		≤4mm	≤4mm	
	同一车辆		≤10mm	≤10mm	
	同一车辆单元内车辆间		≤40mm	≤40mm	

附表 10-2　CRH2C 型一阶段动车组一、二级检修限度表

序号	项目	原型	一级修程	二级修程	备注
一	车体				
1	排障器高度		20～28mm	20～28mm	空车状态下，轨面以上
2	车体倾斜				同一辆车在空车时端梁下端端角处至轨面的高度差
	前后（两端）		<25mm	<25mm	
	左右（两侧）		<15mm	<15mm	
	对角		<25mm	<25mm	
二	主电路				
1	受电弓碳滑板磨耗后高度		≥5mm	≥5mm	无因电弧产生变形和碎裂、缺陷或一定深度的凹槽。破损宽度小于1/2
	受电弓两滑板的高度差		≤3mm	≤3mm	
2	受电弓接触压力			(80±5)N	受电弓保持在0.5～2.4m高度范围内
三	转向架				
1	空气弹簧高度			$(330+t)^{+6}_{-3}$ mm（每3万公里或每30天实施）	测量位置从车体到转向架印记之间，t为调整板厚度
2	空气弹簧橡胶气囊龟裂				
	深度		≤1.5mm	≤1.5mm	
	长度		≤50mm	≤50mm	

续表

序号	项目	原型	一级修程	二级修程	备注
3	牵引中心销与横向挡距离		20^{+2}_{0} mm	20^{+2}_{0} mm	
4	转向架辅助排障器高度		5～13mm	5～13mm	轨面以上
5	增压气缸行程检查显示杆行程		≤50mm	≤50mm≤3mm/min（快速制动位回缩量）	快速制动时测量行程显示杆的动作值
6	齿轮箱油位表的油量刻度范围		下刻度线～（中刻度线+0.5刻度）	下刻度线～（中刻度线+0.5刻度）	首次四级检修之前，和谐2061C～和谐2070C，和谐2076C和谐2082C按"下刻度线以下一刻度～下刻度线+0.5刻度"执行
7	自动过分相天线距轨面高度		110^{+20}_{0} mm	110^{+20}_{0} mm	
8	接地电刷状态确认		视窗两刻度线之间	视窗两刻度线之间	
四	基础制动装置				
1	制动盘厚度（单侧）				
	动车	21mm	≥18.2mm	≥18.5mm	
	拖车轴盘	16mm	≥11.3mm	≥12mm	
	拖车轮盘	15mm	≥9.3mm	≥10mm	
2	制动盘表面凹槽		≤1mm	≤1mm	
3	制动盘偏磨最高点和最低点之差		≤1.5mm	≤1.5mm	
4	闸片厚度				包括钢背厚度；到限时同缸两闸片同时更换
	动车	10.5mm	≥7mm	≥7mm	
	拖车	19.2mm	≥7mm	≥7mm	
5	轴盘摩擦面裂纹		≤70mm	≤70mm	沿半径方向
6	轮盘摩擦面裂纹		≤127mm	≤70mm	沿半径方向
7	踏面清扫装置研磨块厚度	40mm	≥13mm	≥13mm	包括钢背厚度
五	轮对				
1	车轮踏面擦伤深度		深度≤0.5mm 长度≤70mm	深度≤0.5mm，长度≤70mm（每30天实施）0mm（镟修后）	
2	车轮踏面连续碾长		≤70mm	≤70mm（每30天实施）0mm（镟修后）	
3	车轮踏面剥离		一处长度≤20mm，二处长度每处≤10mm	一处长度≤20mm，二处长度每处≤10mm（每30天实施）0mm（镟修后）	
4	车轮直径	860mm	≥790mm	≥790mm（每30天实施）（镟修后限度待定）	轮径减少20mm时，必须在空气弹簧处加垫调整，保证车辆限界要求
	轮缘高度	28mm	≤33mm	≤33mm（每30天实施）28mm（镟修后）	
	轮缘厚度	32mm	≥26mm	≥26mm	
	车轮轮对内侧距离	1353^{+2}_{-1} mm	1353^{+2}_{-1} mm	1353^{+2}_{-1} mm	
5	车轮直径之差				
	同一车轮		≤0.5mm	≤0.5mm	
	同一轮对		≤1mm	≤1mm	
	同一转向架		≤4mm	≤4mm	
	同一车辆		≤10mm	≤10mm	
	同一车辆单元内车辆间		≤40mm	≤40mm	

注：一阶段动车组车号为 CRH2061C～CRH2090C

附表 10-3　CRH2C 型二阶段动车组一、二级检修限度表

序号	项目	原型	一级修程	二级修程	备注
一	车体				
1	排障器高度		20～28mm	20～28mm	空车状态下，轨面以上
2	车体倾斜				同一辆车在空车时端梁下端端角处至轨面的高度差
	前后(两端)		<25mm	<25mm	
	左右(两侧)		<15mm	<15mm	
	对角		<25mm	<25mm	
二	主电路				
1	受电弓碳滑板磨耗后高度		≥5mm	≥5mm	无因电弧产生变形和碎裂、缺陷或一定深度的凹槽。破损宽度小于 1/2
	受电弓两滑板的高度差		≤3mm	≤3mm	
2	受电弓接触压力			(80±5)N	受电弓保持在 0.5～2.4m 高度范围内
三	转向架				
1	空气弹簧高度			$(330+t)_{-3}^{+6}$ mm (每3万公里或每30天实施)	测量位置从车体到转向架印记之间，t 为调整板厚度
2	空气弹簧橡胶气囊龟裂				
	深度		≤1.5mm	≤1.5mm	
	长度		≤50mm	≤50mm	
3	牵引中心销与横向挡距离		40_{0}^{+2} mm	40_{0}^{+2} mm	
4	转向架辅助排障器高度		5～13mm	5～13mm	轨面以上
5	齿轮箱油位表的油量刻度范围		下刻度线与上刻度线之间	下刻度线与上刻度线之间	在空车且停车状态20min后，确认油量
6	接地电刷状态确认		视窗两刻度线之间	视窗两刻度线之间	
7	自动过分相天线距轨面高度		110_{0}^{+20} mm	110_{0}^{+20} mm	
四	基础制动				
1	轮盘磨耗厚度(单侧)	3mm	a 磨耗量≤2.8mm b 同一车轮两侧磨损差不超过2mm	a 磨耗量≤2.5mm b 同一车轮两侧磨损差不超过2mm	可将钢尺放置在摩擦盘的摩擦面边缘，检查磨耗量
	轴盘磨耗厚度(单侧)	5mm	a 磨耗量≤4.7mm b 同一车轮两侧磨损差不超过2mm	a 磨耗量≤4.5mm b 同一车轮两侧磨损差不超过2mm	
2	制动盘表面凹槽		≤0.8mm	≤0.7mm	
3	制动盘偏磨最高点和最低点之差		≤0.8mm	≤0.7mm	
4	制动盘表面刻痕		≤1mm	≤1mm	
5	轮盘摩擦面裂纹检查		细微裂纹(发纹) 裂纹 a裂纹<80mm b裂纹<60mm 80mm≤a裂纹<100mm 60mm≤b裂纹<80mm a 裂纹≥100mm b裂纹≥80mm	细微裂纹(发纹) 裂纹 a裂纹<80mm b裂纹<60mm 80mm≤a裂纹<100mm 60mm≤b裂纹<80mm a 裂纹≥100mm b裂纹≥80mm	对于运行没有影响 (具体见注表1) 允许 一定条件下允许 不允许

续表

序号	项目	原型	一级修程	二级修程	备注
5			穿透裂纹	穿透裂纹	立刻更换，不能继续运行
6	轴盘摩擦面裂纹检查		细微裂纹（发纹）	细微裂纹（发纹）	对于运行没有影响
			表面裂纹 a裂纹＜80mm b裂纹＜50mm 80mm≤a裂纹＜100mm 50mm≤b裂纹＜80mm a裂纹≥100mm b裂纹≥80mm	表面裂纹 a裂纹＜80mm b裂纹＜50mm 80mm≤a裂纹＜100mm 50mm≤b裂纹＜80mm a裂纹≥100mm b裂纹≥80mm	（具体见注表1） 允许 一定条件下允许 不允许
			初始裂纹 a裂纹、b裂纹＜50mm 50mm≤a裂纹、b裂纹＜70mm a裂纹、b裂纹≥70mm	初始裂纹 a裂纹、b裂纹＜50mm 50mm≤a裂纹、b裂纹＜70mm a裂纹、b裂纹≥70mm	（具体见注表1） 允许 一定条件下允许 不允许
			穿透裂纹	穿透裂纹	立刻更换，不能继续运行
7	踏面清扫装置研磨块厚度	40mm	≥13mm	≥13mm	包括钢背厚度
8	闸片厚度	17mm	动车闸片≥7mm 拖车闸片≥7mm	动车闸片≥7mm 拖车闸片≥7mm	同夹钳两闸片同时更换 同一夹钳闸片厚度差≤3mm 包括钢背厚度
五	轮对				
1	车轮踏面擦伤		车轮直径＞840mm 长度≤30mm 深度≤0.25mm 车轮直径＜840mm 长度≤25mm 深度≤0.25mm	车轮直径＞840mm 长度≤30mm 深度≤0.25mm 车轮直径＜840mm 长度≤25mm 深度≤0.25mm	镟轮，使裂纹完全消失后，再加工厚度至少为1mm，为避免缺陷蔓延及随之发生的范围缺陷尺寸扩大
2	车轮踏面硌伤		车轮直径＞840mm 长度≤30mm 深度≤0.25mm 车轮直径＜840mm 长度≤25mm 深度≤0.25mm	车轮直径＞840mm 长度≤30mm 深度≤0.25mm 车轮直径＜840mm 长度≤25mm 深度≤0.25mm	
3	滚动接触疲劳		车轮直径＞840mm 长度≤30mm 深度≤0.25mm 车轮直径≤840mm 长度≤25mm 深度≤0.25mm	车轮直径＞840mm 长度≤30mm 深度≤0.25mm 车轮直径≤840mm 长度≤25mm 深度≤0.25mm	裂纹带沿着车轮踏面均匀分布时不需要镟轮； 出现滚动"接触疲劳＋剥离"时需要镟轮
4	车轮踏面剥离		车轮直径＞840mm 长度≤30mm 深度≤0.25mm 车轮直径≤840mm 长度≤25mm 深度≤0.25mm	车轮直径＞840mm 长度≤30mm 深度≤0.25mm 车轮直径≤840mm 长度≤25mm 深度≤0.25mm	当剥离位于踏面中心和轮辋外表面之间时不需要镟轮； 当局部材料沿着缺陷长度方向脱离时需要镟轮
5	车轮直径	860mm	≥790mm	≥790mm	轮径减少20mm时，必须在空气弹簧处加垫调整，保证车辆限界要求
	轮缘高度h	28mm	27.5mm≤h≤33mm	27.5mm≤h≤33mm （镟修后28mm）	
	轮缘厚度e	32mm	26mm≤e≤33mm	26mm≤e≤33mm	
	车轮轮对内侧距离	1353$^{+2}_{0}$mm	1353$^{+2}_{0}$ mm	1353$^{+2}_{0}$ mm	

续表

序号	项目	原型	一级修程	二级修程	备注
6	车轮直径之差				注：镟轮后的尺寸： -车轮径向跳动≤0.3mm -车轮轴向跳动≤0.3mm
	同一轮对		≤1mm	≤1mm	
	同一转向架		≤4mm	≤4mm	
	同一车辆		≤10mm	≤10mm	
	同一车辆单元内车辆间		≤40mm	≤40mm	
7	车轴表面局部伤痕径向深度		≤1mm	≤1mm	打磨去除高点后使用，超限时允许车削加工修复，加工后轴身直径不低于 $\phi167mm$

注：二阶段动车组车号为 CRH2091C～CRH2110C，CRH2141C～CRH2150C

附表 10-4　CRH380A 型 8 辆编组动车组一、二级检修限度表

序号	项目	原型	一级修程	二级修程	备注
一	车体				
1	排障器高度		20～28mm	20～28mm	空车状态下，轨面以上
2	车体倾斜				同一辆车在空车时端梁下端端角处至轨面的高度差
	前后（两端）		<25mm	<25mm	
	左右（两侧）		<15mm	<15mm	
	对角		<25mm	<25mm	
二	主电路				
1	受电弓碳滑板磨耗后高度		≥5mm	≥5mm	无因电弧产生变形和碎裂、缺陷或一定深度的凹槽。破损宽度小于1/2
	受电弓两滑板的高度差		≤3mm	≤3mm	
2	受电弓接触压力			(80±5)N	受电弓保持在 0.5～2.4m 高度范围内
三	转向架				
1	空气弹簧高度			$(330+t)^{+6}_{-3}$ mm（每3万公里或每30天实施）	测量位置从车体到转向架印记之间，t 为调整板厚度
2	空气弹簧橡胶气囊龟裂				
	深度		≤1.5mm	≤1.5mm	
	长度		≤50mm	≤50mm	
3	牵引中心销与横向挡距离		40^{+2}_{0} mm	40^{+2}_{0} mm	
4	转向架辅助排障器高度		5～13mm	5～13mm	轨面以上
5	齿轮箱油位表的油量刻度范围		下刻度线与上刻度线之间	下刻度线与上刻度线之间	在空车且停车状态20分钟后，确认油量
6	接地电刷状态确认		视窗两刻度线之间	视窗两刻度线之间	
7	自动过分相天线距轨面高度		110^{+20}_{0} mm	110^{+20}_{0} mm	
四	基础制动				
1	轮盘磨耗厚度（单侧）	3mm	a 磨耗量≤2.8mm b 同一车轮两侧磨损差不超过2mm	a 磨耗量≤2.5mm b 同一车轮两侧磨损差不超过2mm	可将钢尺放置在摩擦盘的摩擦面边缘，检查磨耗量

续表

序号	项目	原型	一级修程	二级修程	备注
1	轴盘磨耗厚度（单侧）	5mm	a 磨耗量≤4.7mm b 同一车轮两侧磨损差不超过2mm	a 磨耗量≤4.5mm b 同一车轮两侧磨损差不超过2mm	
2	制动盘表面凹槽		≤0.8mm	≤0.7mm	
3	制动盘偏磨最高点和最低点之差		≤0.8mm	≤0.7mm	
4	制动盘表面刻痕		≤1mm	≤1mm	
5	轮盘摩擦面裂纹检查		细微裂纹（发纹）	细微裂纹（发纹）	对于运行没有影响
			裂纹 a裂纹＜80mm b裂纹＜60mm 80mm≤a裂纹＜100mm 60mm≤b裂纹＜80mm a裂纹≥100mm b裂纹≥80mm	裂纹 a裂纹＜80mm b裂纹＜60mm 80mm≤a裂纹＜100mm 60mm≤b裂纹＜80mm a裂纹≥100mm b裂纹≥80mm	（具体见注1） 允许 一定条件下允许 不允许
			穿透裂纹	穿透裂纹	立刻更换，不能继续运行
6	轴盘摩擦面裂纹检查		细微裂纹（发纹）	细微裂纹（发纹）	对于运行没有影响
			表面裂纹 a裂纹＜80mm b裂纹＜50mm 80mm≤a裂纹＜100mm 50mm≤b裂纹＜80mm a裂纹≥100mm b裂纹≥80mm	表面裂纹 a裂纹＜80mm b裂纹＜50mm 80mm≤a裂纹＜100mm 50mm≤b裂纹＜80mm a裂纹≥100mm b裂纹≥80mm	（具体见注1） 允许 一定条件下允许 不允许
			初始裂纹 a裂纹、b裂纹＜50mm 50mm≤a裂纹、b裂纹＜70mm a裂纹、b裂纹≥70mm	初始裂纹 a裂纹、b裂纹＜50mm 50mm≤a裂纹、b裂纹＜70mm a裂纹、b裂纹≥70mm	（具体见注1） 允许 一定条件下允许 不允许
			穿透裂纹	穿透裂纹	立刻更换，不能继续运行
7	踏面清扫装置研磨块厚度	40mm	≥13mm	≥13mm	包括钢背厚度
8	闸片厚度	17mm	动车闸片≥7mm 拖车闸片≥7mm	动车闸片≥7mm 拖车闸片≥7mm	同夹钳两闸片同时更换 同一夹钳闸片厚度差≤3mm 包括钢背厚度
五	轮对				
1	车轮踏面擦伤		车轮直径＞840mm 长度≤30mm 深度≤0.25mm	车轮直径＞840mm 长度≤30mm 深度≤0.25mm	镟轮，使裂纹完全消失后，再加工厚度至少为1mm，为避免缺陷蔓延及随之发生的范围缺陷尺寸扩大
			车轮直径≤840mm 长度≤25mm 深度≤0.25mm	车轮直径≤840mm 长度≤25mm 深度≤0.25mm	
2	车轮踏面硌伤		车轮直径＞840mm 长度≤30mm 深度≤0.25mm	车轮直径＞840mm 长度≤30mm 深度≤0.25mm	
			车轮直径≤840mm 长度≤25mm 深度≤0.25mm	车轮直径≤840mm 长度≤25mm 深度≤0.25mm	
3	滚动接触疲劳		车轮直径＞840mm 长度≤30mm 深度≤0.25mm	车轮直径＞840mm 长度≤30mm 深度≤0.25mm	裂纹带沿着车轮踏面均匀分布时不需要镟轮； 出现滚动"接触疲劳＋剥离"时需要镟轮
			车轮直径≤840mm 长度≤25mm 深度≤0.25mm	车轮直径≤840mm 长度≤25mm 深度≤0.25mm	

续表

序号	项目	原型	一级修程	二级修程	备注
4	车轮踏面剥离		车轮直径＞840mm 长度≤30mm 深度≤0.25mm	车轮直径＞840mm 长度≤30mm 深度≤0.25mm	当剥离位于踏面中心和轮辋外表面之间时不需要镟轮 当局部材料沿着缺陷长度方向脱离时需要镟轮
			车轮直径≤840mm 长度≤25mm 深度≤0.25mm	车轮直径≤840mm 长度≤25mm 深度≤0.25mm	
5	车轮直径	860mm	≥790mm	≥790mm	轮径减少20mm时，必须在空气弹簧处加垫调整，保证车辆限界要求
	轮缘高度 h	28mm	27.5mm≤h≤33mm	27.5mm≤h≤33mm （镟修后28mm）	
	轮缘厚度 e	32mm	26mm≤e≤33mm	26mm≤e≤33mm	
	车轮轮对内侧距离	1353$^{+2}_{0}$ mm	1353$^{+2}_{0}$ mm	1353$^{+2}_{0}$ mm	
6	车轮直径之差				注：镟轮后的尺寸 -车轮径向跳动≤0.3mm -车轮轴向跳动≤0.3mm
	同一轮对		≤1mm	≤1mm	
	同一转向架		≤4mm	≤4mm	
	同一车辆		≤10mm	≤10mm	
	同一车辆单元内车辆间		≤40mm	≤40mm	
7	车轴表面局部伤痕径向深度		≤1mm	≤1mm	打磨去除高点后使用，超限时允许车削加工修复，加工后轴身直径不低于 ϕ167mm

附表 10-5　CRH3C 型动车组一、二级检修限度表

序号	项　目	原　型	一级修程	二级修程	备　注
一	主电路				
1	受电弓碳滑板磨耗后高度（距离铝基板）		≥5mm	≥5mm	
	受电弓两碳滑板的高度差		≤3mm	≤3mm	
	受电弓碳滑板侧面裂纹		少于 2 个裂纹，且裂纹距离滑板边缘应大于 200mm	少于 2 个裂纹，且裂纹距离滑板边缘应大于 200mm	
	受电弓碳滑板纵向裂纹		无裂纹	无裂纹	
2	受电弓升弓气囊裂纹限度		无裂纹	无裂纹	
3	受电弓静态接触力			（90±5）N	2m、1.5m、1m 处
4	车顶各软鞭线破损的限度要求		破损率≤导流线横截面积的20%	破损率≤导流线横截面积的20%	
5	车顶各高压安装绝缘子破损的限度		无破损	无破损	
二	转向架				
1	空气弹簧破损限度		无鼓包和破损	无鼓包和破损	
2	空气弹簧橡胶气囊老化裂纹深度		橡胶与金属接触边缘≤3mm 其他处≤2mm	橡胶与金属接触边缘≤3mm 其他处≤2mm	
3	轴箱弹簧橡胶堆裂纹及破损限度		每平方厘米长度大于2~3mm，深度大于 2mm 的裂纹数不能超过 3 条	每平方厘米长度大于2~3mm，深度大于 2mm 的裂纹数不能超过 3 条	
4	牵引中心销与横向挡距离		20$^{+4}_{-2}$ mm	20$^{+4}_{-2}$ mm	测量左右两处之和的一半

续表

序号	项目	原型	一级修程	二级修程	备注
5	转向架扫石器距轨面高度		(54±2)mm	(54±2)mm	
6	感应接收器距轨面高度		(130±5)mm	(130±5)mm	
7	BTM(CAU)天线距轨面高度		(205±5)mm (300T) (202±5)mm (300S) 195~200mm(C3D)	(205±5)mm (300T) (202±5)mm (300S) 195~200mm(C3D)	
8	TCR 天线距轨面高度		(210±10)mm (300T) (155±5)mm (300S) (210±10)mm (C3D)	(210±10)mm (300T) (155±5)mm　(300S) (210±10)mm (C3D)	
9	Syope 降噪板(仅拖车)		径向脱胶<5mm 周向脱胶<20mm	径向脱胶<5mm 周向脱胶<20mm	轮毂侧
			径向脱胶<15mm 周向脱胶<100mm	径向脱胶<15mm 周向脱胶<100mm	轮辋侧
10	撒沙喷嘴距轨面		(67±2)mm(头车) (70±2)mm(IC 车)	(67±2)mm(头车) (70±2)mm(IC 车)	
11	轮缘润滑喷嘴距踏面		(25.5±1)mm	(25.5±1)mm	
12	闸片与制动盘间隙		1.5~3mm	(1.5~3)mm	
三	基础制动装置				
1	制动盘摩擦环厚度	80mm	≥66mm	≥66mm	
2	制动盘摩擦环表面刮痕		≤1mm	≤1mm	
3	制动盘摩擦环凹陷磨损		<1mm	<1mm	
4	制动盘摩擦环倾斜磨损		≤1mm	≤1mm	
5	制动盘两摩擦环厚度差		≤2mm	≤2mm	
6	制动盘裂纹				具体检查标准详见注表 10-2 a: 既未触及内径也未触及外径的裂纹和裂缝 b: 触及内径或外径的裂纹或裂缝
	轴盘		1.表面裂缝：b≤70mm 2.表面裂纹：a<100mm；b<100mm 3.在连接搭处不得出现穿透裂纹 4.不得出现从内径贯穿到外径以及贯穿到散热通道的穿透裂纹	1.表面裂缝：b≤70mm 2.表面裂纹：a<100mm；b<100mm 3.在连接搭处不得出现穿透裂纹 4.不得出现从内径贯穿到外径以及贯穿到散热通道的穿透裂纹	
	轮盘		1.表面裂缝：a≤100mm；b≤80mm 2.不允许出现从内径贯穿到外径以及贯穿到散热通道的穿透裂纹	1.表面裂缝：a≤100mm；b≤80mm 2.不允许出现从内径贯穿到外径以及贯穿到散热通道的穿透裂纹	
7	闸片厚度	17mm	5mm + 磨损余量(直到下一周期 I1 前都不得达到 5mm)	5mm + 磨损余量(直到下一周期 I1 前都不得达到 5mm)	在最薄处测量同缸任一闸片到限同时更换
四	轮对				
1	车轮踏面出现擦伤、金属堆积、脱层、剥落、氧化皮等		D>840 mm：深度≤0.25mm 长度≤30mm	D>840 mm：深度≤0.25mm 长度≤30mm	
			D≤840 mm：深度≤0.25mm 长度≤25mm	D≤840 mm：深度≤0.25mm 长度≤25mm	

续表

序号	项目	原型	一级修程	二级修程	备注
1	车轮踏面剥离、凹陷限度	踏面剥离、凹陷长度≤20mm	踏面剥离、凹陷深度≤0.5mm时，面积≤200mm²	踏面剥离、凹陷深度≤0.5mm时，面积≤200mm²	
2			踏面剥离、凹陷深度≤0.75mm时，面积≤150mm²	踏面剥离、凹陷深度≤0.75mm时，面积≤150mm²	
			踏面剥离、凹陷深度≤1.0mm时，面积≤100mm²	踏面剥离、凹陷深度≤1.0mm时，面积≤100mm²	
	涂层(干燥后)		底漆:60~90μm 面漆:车轴 3000~4200μm 车轮 120~200μm	底漆:60~90μm 面漆:车轴 3000~4200μm 车轮 120~200μm	出现涂层损伤见金属本色时补漆，必要时车轴进行探伤
3	QR		≥6.5mm	≥6.5mm	
4	车轮卷边		≤5mm	≤5mm	
5	车轮直径	920 mm	≥830mm(动车) ≥860mm(拖车) (镟轮标准待定)	≥830mm(动车) ≥860mm(拖车) (镟轮标准待定)	
	轮缘高度(H)		27.5≤H≤36mm	27.5≤H≤36mm	
	轮缘厚度(L_3)		D>840mm 时 22≤L_3≤33 D<840mm 时 25≤L_3≤33	D>840mm 时 22≤L_3≤33 D<840mm 时 25≤L_3≤33	
	轮对内侧距离(动车)	1353^{+2}_{0} mm	D≥840mm 时 1353^{+3}_{0} mm D<840mm 时 1353^{+3}_{-1} mm	D≥840mm 时 1353^{+3}_{0} mm D<840mm 时 1353^{+3}_{-1} mm	内测距在距轨面10mm以下距离处测量
	轮对内侧距离(拖车)	1353^{+2}_{0} mm	1353^{+3}_{0} mm	1353^{+3}_{0} mm	内测距在距轨面10mm以下距离处测量
6	车轮直径之差				
	同一轮对	≤0.3mm	≤1mm(镟轮或换轮后)	≤1mm(镟轮或换轮后)	
	同一转向架	≤2mm	≤2mm(动车) ≤15mm(拖车) (镟轮或换轮后)	≤2mm(动车) ≤15mm(拖车) (镟轮或换轮后)	
	同一车辆	≤2mm	≤2mm(动车) ≤15mm(拖车) (镟轮或换轮后)	≤2mm(动车) ≤15mm(拖车) (镟轮或换轮后)	

附表 10-6　CRH5 型动车组一、二级检修限度表

序号	项目	原型	一级修程	二级修程	备注
一	车体				
1	排障器底边距轨面高度		(185±10)mm	(185±10)mm	空车状态
2	排石器距轨面高度		22~25 mm	22~25 mm	
二	主电路				
1	受电弓碳滑板磨耗后高度	22^{+1}_{0} mm	≥5mm	≥5mm	无因电弧产生变形和碎裂、缺陷或一定深度的凹槽
	受电弓两滑板的高度差		≤3mm	≤3mm	
2	受电弓接触压力			弹簧秤匀速向下运动时，压力不大于95N; 弹簧秤匀速向上运动时，压力不大于65N	
三	转向架				
1	空气弹簧高度		(360±2)mm	(360±2)mm	

续表

序号	项目	原型	一级修程	二级修程	备注
2	空气弹簧橡胶隔膜龟裂				
	深度		≤1.5mm	≤1.5mm	
	长度		≤50mm	≤50mm	
3	横向缓冲器间隙		≤2mm	≤2mm	左右间隙差
四	基础制动装置				
1	制动盘摩擦环厚度	80mm	≥66mm	≥66mm	
2	制动盘摩擦环表面刮痕		≤1.2mm	≤1.2mm	
3	制动盘摩擦环凹陷磨损		<2mm	<2mm	
4	制动盘摩擦环倾斜磨损		≤2mm	≤2mm	
5	制动盘两摩擦环厚度差		≤0.5mm	≤0.5mm	
6	制动盘摩擦环裂纹		见注表2	见注表2	沿半径方向
7	闸片厚度	24mm	5mm	10mm	同缸任一闸片到限同时更换
8	闸片与制动盘间隙			2~3mm	
五	轮对				
1	车轮踏面的擦伤深度		≤0.5mm	≤0.3mm(每6万公里实施) 0mm(镟修后)	
2	车轮踏面的连续碾长		≤70mm	≤50mm(每6万公里实施) 0mm(镟修后)	
3	车轮踏面的剥离		1处长度≤20mm, 两处每处长度≤10mm	一处长度≤20mm,两处每处长度≤10mm(每6万公里实施)0mm(镟修后)	
4	车轮直径	890mm	≥810mm	≥810mm(每6万公里实施) ≥815mm(镟修后)	间接定义了轮辋的厚度极限
	轮缘高度	29mm	≤36mm	≤36mm(每6万公里实施) 29mm(镟修后)	
	轮缘厚度	32.5mm	≥22mm	≥22mm(每6万公里实施)(镟修后限度待定)	
	车轮圆度偏差		≤0.5mm	≤0.3mm(镟修后)	
	车轮轮对内侧距离	$1353^{+1.2}_{0}$ mm		$1353^{+1.2}_{-1}$ mm(每6万公里实施)	轮缘下60mm处测量
5	车轮直径之差				
	同一轮对		≤1.2mm	≤1.2mm	
	同一转向架		≤20mm	≤20mm	
	同一牵引单元内所有动轴		≤5mm	≤5mm	
6	轴身擦伤或弹伤		≤2mm	≤2mm	限度内消除锐角后继续使用,到限更换
六	自动过分相装置				
1	感应接收器底面中心位置距离钢轨面高度		110^{+10}_{0} mm	110^{+10}_{0} mm	
2	感应接收器底面中心位置距钢轨中心距离		(300±10)mm	(300±10)mm	
七	撒砂装置				
1	喷嘴距轨面上方		80~82 mm	80~82 mm	

10.4.5　三级检修流程

三级检修在进行大修之前，对于中途可能因不良而导致重大事故的转向架等主要零部件进行解体检修。主要检修内容包括：

(1)转向架、驱动装置的状态；

(2)主电机、控制装置的状态；

(3)基础制动装置的安装状态；

(4)综合检查动车组组装后各设备的安装状态；

(5)试运行，检查动车组在启动、加速、减速等各种工况下的状态。

下面以 CRH2 型动车组为例说明三级检修流程。

图 10-34 所示为三级维修时动力转向架的检修流程。更换下的转向架进入转向架检修车间，首先取下空气弹簧，在这个级别的检修中，空气弹簧只作外观检查；取下空气弹簧的转向架经过清洗后，依次拆卸牵引电机、减振器、轮对，牵引电机、轮对只作外观检查，然后进行基础制动部分的动作试验，确保状态完好；然后将检修好的轮对、牵引电机、减振器、空气弹簧轮等组装回转向架，最后进行落成检查、回转试验。

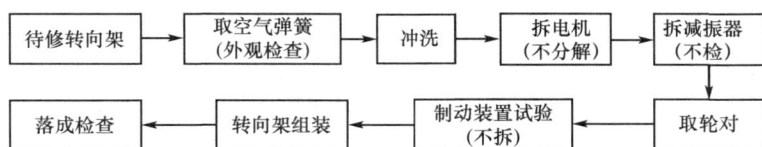

图 10-34　三级检修转向架检修流程

10.4.6　大修检修流程

1. 检修内容

大修时要对动车组全范围进行解体检查，并且进行车体的涂漆，主要检修内容包括：

(1)检查、修复转向架、驱动装置的损伤、裂纹以及腐蚀；

(2)检查、修复受电装置、主电机、控制装置、主控制器的损伤、裂纹以及腐蚀；

(3)制动手柄等的安装状态、空气制动装置的漏气试验；

(4)辅助电源装置的动作特性、绝缘特性试验，蓄电池、继电器、电磁阀的损伤以及安装状态；

(5)空气压缩机以及附属装置的性能试验，阀类、空气罐的安装状态；

(6)车体、车顶、车门开关装置、车底下的设备安装状态；

(7)广播装置、照明装置、各类显示装置的安装状态；

(8)综合检查各设备的安装状态，各装置的性能检查，ATS、ATC 装置的动作特性试验；

(9)试运行启动、加速及减速能力，制动装置的主要性能，试运行结束后的设备等状态。

2. 检修流程

CRH2 型动车组大修的简要流程如图 10-35 所示，需要大修的动车组进入检修基地，首先被牵引到转向架车间，拆离所有动车转向架和拖车转向架，拆解下的转向架在转向架车间进行分解解体检修；然后，车体转到组装车间，拆解车上的集电设备(受电弓、升降弓机构、真空断路器等)、牵引设备(变压器、逆变装置等)、辅助系统(空调、通风机等)、控制系统(网络控制系统、ATC、ATP 设备等）；最后，车体转场至车体车间，进行车体的清洗、车门、车钩的检查作业，并重新进行涂漆工作。车体检修结束后，进行上述拆卸分解的逆流程：组装车间安装车上、车下、车内各种设备、零部件，转向架车间安装完好转向架，恢复成完整车列，依靠车载故障诊断单元进行落成检查，最后，进行整列的试运行。运状态完好的动车组，结束大修修程，转入预备状态，准备担当列车牵引任务。

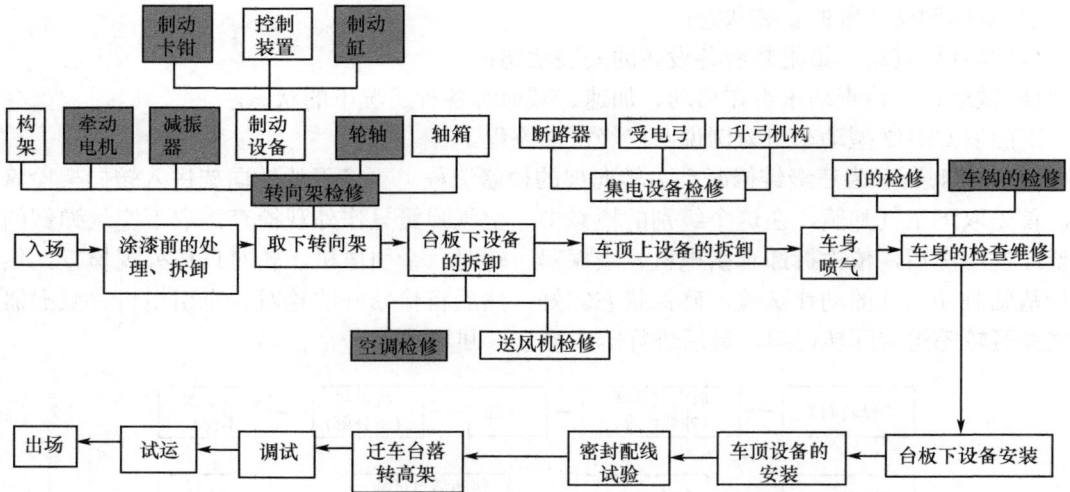

图 10-35　　CRH2 动车组大修流程

3. 四级修注意事项

（1）空气弹簧状态检修时，重点检查空气弹簧胶囊的损伤情况，损伤超过技术文件规定限度情况下分解检修空气弹簧。进、排气口的 O 形密封圈更换新品。

（2）轴箱弹簧表面进行喷丸脱漆处理和磁粉探伤检查，发现裂纹缺陷的弹簧禁止修复，做报废处理。

（3）轮对检修采取注油退卸车轮的方法，关注轮座有无退卸车轮造成的划伤。车轮重新组装时注意检查车轮直径符合配合要求。

（4）轮对动平衡超限时，采取注油的方法调整车轮的相位。

（5）制动盘检修时注意盘面的磨耗量、盘面反翘是否超限，超过技术文件规定的限度时镟修制动盘。

（6）齿轮箱高速跑合试验注意无异常温升及噪声，测量小齿轮侧轴承游隙。

（7）橡胶及有机材料零件（如弹性节点、油位计视窗、接地装置视窗等）严禁使用有机溶剂清洗，否则会造成零件老化和开裂。

（8）CRH2 型动车组橡胶节点进行外观检查及刚度测试。CRH3、CRH 5 型车所有橡胶节点更换新品。

（9）CRH2 型动车组轴箱轴承分解检修，重新组装轴承时更换油封及耐磨环，防止轴承油脂渗漏。CRH3、CRH 5 型动车组更换新品轴箱轴承。

4. 五级修注意事项

（1）五级修时将有大量的车轮磨耗到限，注意提前做好车轮配件的采购和储备。

（2）中心销、减振器托架的关键部位焊缝及构架、摇枕的所有焊缝进行探伤检查。

(3) CRH2 型动车组以下零部件应结合寿命管理在后续检修时更新：大齿轮侧圆锥滚子轴承隔次五级修时更换；空气弹簧的胶囊及橡胶座每运行 360 万公里(或 10 年)更换；空气弹簧整体每运行 720 万公里(或 15 年)更换。

(4) CRH5 型动车组空气弹簧在 360 万公里时更换。

10.4.7　检修安全

安全工作重在预防。为切实保障职工的人身安全，确保动车组检修作业顺利进行，在日常工作中，需增强安全意识，加强现场卡控，消除安全隐患。

1. 途中作业安全要点

随车机械师在动车组运行途中下车处理故障时，在作业期间需要设置防护信号；停车处理故障时，注意邻线来往的机车车辆；登顶作业前确认断电、挂接地杆。

2. 检修作业安全要点

地沟作业的要点是：确认动车组处于断电状态；在来车方向设置安全防护信号；检修人员按要求着装，做好劳动防护。

登顶作业的要点是：遵守三层平台门禁管理制度，严格登(销)记；作业前确认接触网已断电，接地杆已挂，且放电时间达到要求；作业完毕后，确认三层渡板已收起，避免刮伤车体。

设备操作的要点是：设备操作员必须经专业培训合格，持证上岗；上岗前应当正确穿戴防护用品；操作电器设备要有防触电措施；设备不能超负荷和带故障运转。

10.5　动车组检修管理与人员培训

10.5.1　检修配件管理

1. 检修配件含义

动车组高级修配件一般分必换件、偶换件。

(1) 必换件是指检修中必须更换新品的配件。它主要是易损易耗件和按照寿命管理要求必须在高级修中更换的重要部件。

(2) 偶换件是指检修中除必换件外更换的配件。偶换件具有偶发性和不确定性。

为缩短动车组检修时，使用备品代替待修部件，待修部件检修后作为备品待用，这些备品称为周转件。周转件一般为检修时间长、价值较大的重要部件，如牵引电机、减振器、万向轴、轮对等。

2. 配件管理的注意事项

进口配件采购周期较长，一般为 6 个月左右，有些配件采购周期在一年以上，该类配件需提前进行采购和储备，如轮对、油压减振器、轴承等。

周转件尽量不要混用于不同轮次不同修程的动车组上，如按照三级修标准检修的周转件尽量不要用于四、五修动车组上。

配件使用一般"先进先出"，对有存放时间要求的配件应在规定的期限内使用。橡胶品、油脂、密封胶等化学品超过存放时间时报废处理，其他配件超过存放时间时使用前进行必要的保养检查和试验。

结合寿命管理要求，在动车组高级检修中达到或接近使用寿命的重要部件，如轴承、空气弹簧、轴箱弹簧、油压减振器、万向轴、真空断路器等，如无法保证运用到下次高级检修，必须更换，以保证该类配件不超期使用。

10.5.2　动车组调度管理

动车调度主要职能有生产信息管理、作业组织协调、掌握车组状态、应急指挥处理等。

1.　调度日常管理

日常管理主要包括检修计划的编制与实施，动车组运行管理。

日计划要按照相对固定、灵活可调的原则编制，尽量实行"模板管理"。模板要做到固定径路、固定股道、固定时刻，以方便计划编制和检修工作快速有序进行。非正常情况下及时调整检修计划，以保证动车组正常运用。

在一级修过程中存在人员多、作业内容多、突发因素多的特点，动车所调度作为一体化作业信息的核心，需强化与相关部门的信息共享和交互，实现各作业环节之间的密切衔接和高效协调配合。

动车组运用管理主要包括计划换车和临时换车两种情况，计划换车用不同车型替换时，要考虑客运售票因素，提前编排计划并及时通知各相关部门，给客运售票系统充分调整时间。临时换车要以同车型、同定员为原则，以保安全、保畅通为前提，充分考虑各类相关因素，确保行车运营。

2.　信息处理的要点

调度是各种生产信息的第一接收者，由于动车组的高速运行，快速检修，需要对信息快速进行甄别判断，将有效信息及时上传下达。

调度信息要逐级上报，上报的信息要准确、具体，信息报告的主要内容应包括发生时间、地点、车辆故障情况、现场应急处置等情况。各级调度要做好信息的记录和交接班，避免交接过程中的信息丢失。

动车组涉及的专业多，各种专业调度集中办公，可以更全面、更准确、更快速地掌握信息。

3.　应急故障指挥的要点

熟练掌握行车组织和各项应急处置流程。

准确、全面掌握动车组故障信息，及时按规定上报或处理。

积极联系专家组，给随车机械师提供技术支持。保持与现场作业人员的联系，避免多方指挥。

需要出动备用动车组救援时，立即组织备用动车组出库。

10.5.3　设备管理

1.　动车设备维修的一般原则

动车检修设备大多具有技术含量高、自动化程度强、价值成本高的特点，因此设备维修一般遵循"专业设备专业维修、重点设备重点维修"的原则。对于不落轮镟床、踏面诊断、空心轴探伤机等专业性强的设备，委托设备制造厂家进行专业的检修维护。对于转向架更换设备、洗刷设备、吸污设备、移动接触网等重点设备，组建精干的维修队伍重点维护。

2. 设备检修管理

动车设备检修分为大修、中修、小修、项修和巡检。关键设备实行检定制度。如空心轴探伤机，开工前进行一次日常校验，验证使用前精度；收工后还要进行一次校验，检验使用中精度是否发生了改变，从而确认探伤的结果是否准确。不落轮镟床每月要进行一次校验，如有误差立即调整，以保证镟轮的精度。

3. 轨边设备的管理

轨边设备是指安装在轨道或轨道两侧的设备，不按规定使用或检修时可能会对通过的机车车辆安全产生影响。主要有清洗机、转向架更换设备、轮对踏面诊断设备等。

由于轨边设备影响动车组安全通过，因此应重点加强日常管理及状态的检查。轨边设备检修时，要提前向主管部门提报施修计划，按规定填写《行车设备检查登记簿》（运统-46），待批准后方可实施。作业前到调度室登记作业，作业中现场必须派人防护，作业后到调度室销记。

4. 设备故障管理

动车检修设备是动车检修的基础和关键，为使故障及时得到处理，通常采取如下措施。

（1）成立设备抢修 110。在动车段(所)由主管领导负责，专业人员组成设备抢修队伍。并建立信息反馈系统，形成快速反应的设备抢修体系。当关键设备发生故障时，相关人员能在第一时间赶到现场抢修。并与厂家售后人员建立联系，在需要技术支持时，可及时获得支持。

（2）启动远程维护。对有的重点设备，如信息管理系统及监控系统等，当发生故障时，设备厂家可通过网络远程维护，对控制系统的故障进行处理。

10.5.4　动车组技术管理

动车组技术管理是围绕动车组质量进行的动车组检修计划管理、动车组质量分析及质量鉴定、检测诊断技术应用及质量信息反馈、规章制度管理、技术履历管理以及故障数据库管理的技术活动，是动车组运用、维修过程中技术支持的重要内容之一，也是提升运用安全、维修质量的根本保证。因此，动车段(所)需设置专门的技术管理部门。

1. 动车组检修计划管理

1）检修计划的制订

检修计划的制订需根据动车组修程要求，按预计走行公里、结合技术状态、车载及地面检测诊断的实际记录信息，安排动车组一至五级检修计划。其中一、二检修计划由动车段(所)制订安排，三到五级检修计划由铁路局和铁道部根据动车段(所)上报的动车组走行公里及总体技术状态制订安排。

2）检修计划的落实

动车组检修计划的落实及兑现率是衡量动车组检修计划管理的一个重要指标，其一、二级检修计划由动车段(所)兑现落实，三至五级检修计划由铁道部组织铁路局兑现落实，动车段(所)要定期进行计划落实兑现情况分析会，提出存在的问题和改进措施。

3）动车组质量分析及对规鉴定

动车组质量分析及对规鉴定是技术活动的主要内容之一，主要包括运行故障分析、库检及检测诊断故障分析、动车组一二级检修超范围修原因分析、检修工艺对规、动车组质量鉴定等。

　　动车组质量分析的主要目的是查清运行故障、库检及检测诊断故障以及一、二级检修超范围修发生的原因，与制造、运用、维修之间的关系，需要吸取的经验教训，提供设计制造改进的措施，避免同类质量问题的重复持续发生。

　　动车组工艺对规主要是对动车组检修过程的工艺标准执行情况进行对标检查。

　　动车组质量鉴定主要是对动车组进行一次质量状态摸底，考核动车段（所）在动车组运用、维修中规章制度、暂行规定、技术措施落实情况。

　　4）检测诊断数据管理

　　动车组检测诊断分为车载诊断和地面诊断两部分。车载检测诊断主要记录在运行过程中各种参数变化情况及主要部件状态变化情况，是实现动车组状态维修的主要依据。地面检测诊断主要记录走行部主要部件运用参数变化情况和受电弓支撑滑动部件状态变化情况，是进行一、二检修作业对走行部主要部件及受电弓支持滑动部件实施超范围维修的重要依据。

　　检测诊断数据管理是实现动车组状态修和换件修必不可少的技术支持。其有助于故障信息的及时反馈和处理，有助于快速进行故障检修，及时恢复动车组的可靠性，提高动车组运用效率。

　　技术管理部门需对检测诊断数据进行及时有效的分析和提出改进措施。

2．规章制度管理

　　1）动车组技术规章制度的内涵

　　动车组技术规章制度分为基本规章制度和专业规章制度。

　　基本规章制度是技术管理的核心，分为铁道部、铁路局、站段三个层次。铁道部基本规章制度包括《铁路技术管理规程》（简称《技规》）、《铁路客运专线技术管理办法》等；铁路局基本规章制度包括《行车组织规则》（以下简称《行规》）、《客运专线行车组织细则》等；站段基本规章制度包括《车站行车工作细则》（以下简称《站细》）、《车站客运专线行车工作细则》等。

　　专业规章制度是对基本规章制度分层次、按专业进行细化的技术规定。对动车组而言，铁道部负责制定各型动车组一、二级检修作业办法；三、四、五级检修规程；轮对空心轴探伤等重要零部件的检修工艺规程。铁路局依照部颁检修规程、作业办法制定相应的检修工艺和作业标准；站段依照铁道部、铁路局规章制度制定相应的《段行车工作细则》（以下简称《段细》）或《动车段（所）客运专线行车工作细则》、操作规程和作业指导书等。

　　《技规》等主要反映铁路设计、施工、运营、维修的技术要求；《行规》等主要反映铁路局运用、施工、维修及作业的技术要求；《段细》主要反映站段技术管理工作的技术要求。

　　2）规章制度目录和文档管理

　　规章制度目录和文档管理实行纸质文件档案和电子档案双重归档管理方式。规章制度的制定、发布需按照铁道部《铁路技术规章制度管理办法》（铁科技〔2008〕69号）文件、《铁道部技术规章制度目录管理办法》（铁科技〔2008〕150号）通知以及各铁路局《铁路局技术规章制度管理办法》规定执行。站段需对铁道部和铁路局发布的动车组技术规章制度均须纳入技术规章制度编号管理，每半年或一年根据上级发布的技术规章制度目录对现行技术规章制度目录和文件档案进行整理、电子档案审核刷新和重新归档。

　　3）规章制度的落实

　　铁路技术规章制度是铁路运输生产实践的总结，动车组规章制度是根据动车组制造、运用、维修实际情况出台的时效性极强的技术规章制度，动车组规章制度的管理是为了更及时、有效、准确地解决在其应用上存在的问题，使动车组能够安全、可靠、高效运行。为此，动车组规章制度的落实须加强以下三方面的工作：

(1)对铁道部最新发布的规程、规范、规则以及技术文件或铁路局最新发布的检修工艺、作业标准、实施细则以及措施和办法应及时纳入规章制度的管理，并积极组织相关人员进行学习。

(2)按照规章内容要求，组织相关生产部门和技术人员对条文进行分解，编制落实的具体措施，包括相应的检修工艺和作业标准指导书、实施细则和落实到岗位的作业指导书、暂行规定。

(3)组织相关人员对规章内容及落实措施实施情况进行检查，看颁布的规程、工艺、标准、细则以及落实措施和作业指导书是否到位，操作性是否可行，还需要哪方面的技术支持，并及时改进落实措施、增加相应的补充规定，补充规定按规章制度管理办法管理。

3. 技术履历管理

动车组技术履历管理是对动车组质量技术状态的真实写真，是动车组实行计划预防修和状态维修的主要依据。

1)动车组技术履历

动车组技术履历分为纸质履历档案和电子履历档案。纸质履历档案主要作为履历的存档备查依据和随车资料，是随动车组的配属变更进行移交的文档。电子履历档案主要应用于各级修程以及发生临修时信息化数据实时交流的依据，是信息化管理的重要内容之一，主要侧重于信息的收集、统计、处理、分析的快捷性和时效性。

2)动车组技术履历主要内容

动车组技术履历主要内容包括：动车组类型、出厂日期、主要技术参数、部件概要、配属动态、主要部件动态、走行公里、检修动态、技术改造记录、破损记录以及特别记录等。

3)动车组技术履历管理

动车组技术履历实行一车一档管理。在运用检修(一、二级检修)及临修的作业中，相关作业组须按规定填写检修作业记录单，按要求将不属于一、二级检修的部件更换及原因、动态、破损记录归入履历档案。

在高级修程(三、四、五级检修)中，将履历要求的主要部件动态(换件修情况)、大部件破损情况、走行公里、技术改造记录以及特别记录等详细记录在履历档案中，形成可追溯的原始检修历史记录。

动车组技术履历须实行严格的调阅登记制度和随车交接规定。

4. 故障数据库管理

故障数据库管理是动车组检修管理的重要组成部分，其重要意义在于：首先故障数据库管理是动车组维修管理现代化的必要手段；其次故障数据库管理是动车组修制改革创新的重要内容；第三故障数据库管理是提高动车组制造、运用、维修质量的关键。为此，故障数据库管理需要加强以下三方面的工作：

(1)故障数据库的日常管理和维护。将日常发生的各种故障、地面和车载检测系统记录的各种故障以及动车组各级修程中检查出的各类故障纳入故障数据库的日常管理范畴，进行信息归类、统计、整理。

（2）对故障数据库的信息进行加工处理、统计分析，形成故障信息日统计、周分析、月总结的长效机制，对典型故障和倾向性问题实行专题分析报告制度，为上级部门及制造厂商及时准确地提供有效信息。

（3）应用故障数据库信息的有效信息，指导相关厂家提升产品可靠性设计；指导有关部门修改和提升动车组各级修程的检修规程和范围，修改和提升检修工艺、检修标准及作业指导书；作为故障案例指导培训相关技术人员。

10.5.5　人员素质培训

从事动车组运用检修的人员素质培训主要分资格性培训、适应性培训和尖子人才、技术业务骨干的培训。

资格性培训的目的是使从业人员取得上岗资格，主要是满足于持证上岗的要求；适应性培训是经常性的日常培训，其目的是使从业人员通过培训能够熟练掌握本岗位的作业技能，能够胜任本职工作；尖子人才、技术业务骨干的培训是有针对性的专业技术拔高培训。

培训方式主要是理论培训和实作培训两种。故障案例培训是一种理论与实作相结合的培训，属适应性培训的范畴。

在生产实践中，故障案例培训、实作培训和尖子人才培训是人员素质培训的关键和核心，是一项要常抓不懈、必须长期坚持的重点工作。

1. 故障案例培训

动车组故障案例培训的主要对象是随车机械师、动车调度、应急故障处置小组成员、动车组调试人员，目的是提高相关人员的动车组故障分析判断和应急处理能力。

1）编好故障案例教材

故障案例的收集一般由各单位安全管理部门负责，信息的来源渠道主要有：铁道部每月下发的车辆故障信息通报、本属动车组故障库、生产厂家故障处理情况的技术交流、兄弟局配属动车组故障信息等。通常由各单位技术部门组成专家组，根据故障案例按系统进行分类，认真分析判断、汇总整理，形成故障案例汇编，由教育部门印刷成册。一般地，故障安全汇编的周期为半年或一年，也可根据典型的、突发的或带有倾向性故障的特殊情况单独编制成册，逐年累积，并做必要的增删等编辑工作。

2）适时开展案例培训

案例培训分定期和不定期两种：

（1）定期进行的案例培训。通常，定期案例培训要纳入日常适应性培训计划，按月下达，可采取半脱产和不脱产两种方式，一般由车间组织实施。

（2）不定期进行的案例培训。当动车组发生较为典型的、突发的、带有倾向性的或集中一段时间内多发的故障时，要及时组织进行故障案例的专项培训，避免同类故障反复发生。

3）创新案例培训手段

在一些单位，在坚持不懈地开展正常的案例培训的同时，不断总结经验，创新案例培训手段和方法。一是通过案例分析开办技术讲坛、自办技术交流论坛，将案例培训上升到学术交流的层面；二是模拟再现动车组故障，组织人员进行排查，提高职工应急处置的动手能力；三是按动车组故障的类别分别找出处理方式相同或相近具有相通性的特点，创建快速处理法，规范处理过程中的几个步骤，编成口诀，简洁明了，一学就会，大大地提高了案例培训的效果。

2. 实作培训

动车组开行以来的职工培训经验证明，实作培训是日常岗位适应性培训的基石，实作培训搞不好直接影响动车组出库质量和运行安全。

1)定期开展实作培训

一般地，定期开展的实作培训要纳入各单位年度适应性培训计划，由各车间按计划项目和时间安排分步实施。动车组的实作项目很多，实施实作培训是一项长期性的工作，要有耐心、恒心，必须有步骤、有计划、科学地按培训工作量均衡组织，分步展开，逐项培训、逐项考试、逐项过关，不能走过场。如更换受电弓弓头等，要反复练，一遍不行十遍，直到能够熟练掌握。

在一些单位，开展以实作培训为主题的全员岗位技能达标考核活动，将全员的实作培训纳入绩效考核，严格考试纪律，大大提高了职工的实作技能，成效非常明显。

2)适时开展专项实作培训

针对调图、新线开通运营、车型更换、新规章颁布、加装改造、新检修运用设备板块投产运营及春运、暑运、冬季运输、军特运、黄金周、国家级大型会议或活动等不同情况，要根据不同情况，区别对待，积极组织开展专项实作培训。

特别是在车型更换、加强装改造、新线开通运营等非正常情况下，或在一段时间内连续发生带有倾向性、突发性的动车组典型故障，必须及时开展专项实作培训。例如，因车型更换未及时进行闸片更换培训，造成动车组在运行中闸片脱落；再如，CRH2 型动车组 153MR 加装改造后未及时对随车机械师进行实作培训，造成动车组救援时制动不缓解等。

3)开展全员岗位练兵和技术比武活动

充分利用开展好全员岗位练兵和技术比武活动这个平台，能够强化实作培训的效果，广泛调动职工参与实作培训的积极性和主动性。

3. 尖子人才的培训

1)尖子人才的选拔与培养

通常尖子人才的选拔和培养通常有以下几个途径：

(1) 从不同层面选拔动车组技术尖子，组成集训队，进行重点培养。同时建立首席工程师、首席技师聘用机制，在政策、待遇方面予以倾斜。优先选派技术尖子参加铁道部组织的高层次技术培训、中外技术交流等活动，促进骨干成才。

(2)利用主机厂培训资源对尖子人才进行培训。每年可根据需求与主机厂联合制订系统的培训计划，挑选优秀的技术人员到主机厂进行系统培训，通过理论和实作培训、协助处理故障等多种手段培养尖子人才。

(3)还可通过组织技术比武活动发现和培养技术尖子。要有目的地经常性地开展技术比武集训活动，通过层层选拔，让技术骨干苗子脱颖而出，然后有针对性地进行专项业务技术培训，让他们在省、部级大赛中得到锤炼，可成为各单位培养业务技术尖子行之有效的途径之一。事实证明，动车组开行以来，铁道部每年都组织了大型的动车组技术比武活动，为各铁路局、动车基地(车辆段)选拔和培养了一大批动车组业务技术尖子人才。

2)尖子人才的分类培训

我们知道，培养一个动车组全才型的技术专家非常困难，也不切合现场实际，人的精力和相对的知识水平有所不同，具体条件也不一样，有一定的差异性，动车组运用检修工作急需各系统方面的专才，所以在对尖子人才进行培训时要注意分类培训。

所谓分类培训是指要针对尖子人才的具体情况，结合各单位专业技术人才队伍结构的特点，将动车组专业技术分成若干个研究方向，有目的地安排他们参加动车组的专项系统培训，使之成为某一个领域或某一个系统方面的专家，如制动、高压牵引、转向架、辅助供电、列车网络技术、空调、给水等。

分类培训尖子人才具有周期短、见效快的优点，能够达到事半功倍的效果。

3) 积极发挥专家型人才的引领作用

我国动车组开行至今，通过不断积累运用检修的故障处理经验，已经形成了不同层次的专家型技术人才队伍，铁道部、铁路局、动车基地(车辆段)、动车所和生产厂家都建立了不同形式的动车组故障处理应急指挥中心或应急处置"110"，由若干专家型技术骨干组成，为动车组运输畅通和行车安全提供了可靠的技术支持。要充分发挥专家型业务技术骨干的引领作用，在政策、待遇上予以倾斜，建立长效的激励机制，鼓励他们带徒弟、开办技术讲坛、做专题技术报告、当教练、编教材等，以促进整体专业技术水平的提高，重在培养尖子人才。

4) 基层单位尖子人才选拔和培养的要点

(1) 注意对新分配的大学生进行有目的的培养，要让他们在不同的岗位上进行锻炼，反复摔打，周期尽量长一些，特别是要在工人的岗位上多待一些时间。

(2) 要善于在工人中发现技术专才，要不拘一格大胆使用，促进其岗位成才。

(3) 经常开展不同形式的各类技术交流活动，尤其是与主机厂、兄弟单位之间的技术交流要尽量安排多一些。

(4) 充分发挥师带徒的作用，有条件的可试行导师制。

(5) 利用好技术比武这个培养技术尖子的平台。

习　　题

1. 如何理解动车组的三线(三级)维修理念？
2. 什么是动车组的均衡维修？
3. 试述检修基地三级检修流程及所用设备。
4. 结合国外动车组的检修，试述我国动车组维修的维修体系。
5. 试述检修管理信息系统的功能及组成。

第 11 章　地铁车辆的计划维修

城市轨道交通车辆的计划维修是按车辆的运营里程数或运营时间，对车辆进行不同等级的周期性维修。一个科学的计划维修模型的建立及检修项目和技术标准的制订，是城市轨道交通车辆安全、准点运营的重要保障。同时，也将最大限度地降低城市轨道交通车辆的维修成本。

城市轨道交通车辆的计划维修的修程规定了必须进行计划维修的车辆运营里程数和运营时间，要求在车辆运营里程数和运营时间中有一个达到规定，就要安排车辆的维修。

一般地铁运营均实施日检、月检、定修、架修四种修程。

在地铁各级计划维修修程的制订中，根据车辆各设备的功能及安装部位的不同，通常分为车顶电气、客室电气、司机室电气、车下电气、转向架、车体、风动系统、空调、静态检查和动态检查十大部分。但不同等级的修程根据检修的深度和广度，对系统分类及检修内容进行相应增减及合并。

11.1　日　　　检

日检是对当天参与运营回库的电动列车所进行的检修维护，是最初级的检查。其主要目的是对主电路的受电弓、牵引电动机的安装及状态，走行部分的转向架构架、轮对、齿轮箱及联轴器、车载设备的控制单元及各类信号、指示灯等进行检查，其中除中控单元的检查以外，其余多以目测检查为主。以保证电动列车走行部分的安全和电气控制性能的良好。

11.1.1　车顶电气

地铁车辆车顶安装的电气设备有受电弓、避雷器和空调机组。日检检查受电弓和避雷器时，必须有车顶作业平台或其他安全措施，以保证作业人员的安全。

1. 受电弓的日检

检查受电弓外观，要求外观无变形，无悬挂物；检查电缆及连接螺栓，要求电缆无损伤，连接螺栓无松动；检查滑块磨耗及与底架固定状态，要求滑块无异常，滑块厚度不小于 3mm，裂纹不应裂至最小工作厚度(3mm)以下；检查绝缘子，要求绝缘子无裂纹。

2. 避雷器的日检

检查各连接线及连接螺栓，要求电缆无损伤，连接螺栓无松动；检查避雷器外表，要求外表无损伤；检查绝缘瓷瓶，要求绝缘瓷瓶应无裂纹，无损伤。

11.1.2　车内电气

车内电气主要包括司机室电气、前部照明、驾驶台显示屏、客室照明、客室车门状态显示、电气地图、电气柜和各控制单元。其中前部照明是指安装于地铁车辆前端的头、尾灯和运营灯。

1. 司机室电气的日检

检查司机室内所有指示灯，要求各指示灯罩外观正常，无损坏；检查照明灯、阅读灯及各种开关、按钮的外观及功能，要求无损坏，功能正常；检查蓄电池电压表、双针压力表、网压表、速度表，要求各表均正常；检查监控系统功能(司机室和客室)，要求外观无损坏，功能正常；检查警惕按钮测试功能，要求按下"警惕按钮测试"按钮，功能正常；检查风笛，要求功能正常；检查按灯检测按钮，要求各指示灯显示正常；检查网络、救援模式下的升弓、落弓操作，要求受电弓正常升弓，网压表有指示，DDU 显示正常，落弓动作正常；检查司机室间通信功能，要求前后司机室间通信正常；检查对客室广播功能，要求功能正常；检查司机室电气柜，要求旁路开关、断路器位置正确。

2. 前部照明的日检

检查头灯、尾灯外观，要求各头灯、尾灯外观无损坏。检查头灯、尾灯、运营灯功能，要求当 A1 车驾驶台的司机钥匙闭合且列车唤醒后，MS 置 OFF，A1、A2 车红色尾灯都亮；MS 置 RMR，A1、A2 车所有红色尾灯、白色头灯、运营灯都亮；MS 置 WASH，RMF 或 CM、ATO，A1 白色头灯、运营灯亮，A2 车红色尾灯都亮；当休眠按钮按下后，A1、A2 头、尾灯、运营灯均熄灭。

3. 驾驶台显示屏 DDU 的日检

检查 DDU 外观，要求外观良好；检查 DDU 显示功能，要求界面显示正常，按钮功能正常；检查故障记录，剔除假故障，记下真故障并到各相关子系统中进行故障读取，没有 DDU 显示故障，仍需进行故障读取；检查运行里程数，要求读取并记录里程数。

4. 客室照明的日检

检查客室照明灯罩，要求灯罩无损坏；检查客室照明功能，要求各照明灯亮。

5. 客室车门的日检

检查客室门按钮和指示灯外观、功能及蜂鸣器，要求无损坏，功能正常。

6. 电子地图的日检

检查电子地图外观及显示，要求外观及显示均正常。

7. 电气柜的日检

检查设备柜门、锁及电气柜内各开关、各类电气设备，要求无损坏、无异常。

8. IDU 控制单元的日检

检查 IDU 控制单元的外观和功能，要求外观完整，无裂纹，点阵显示无缺失。在 DDU 上设置 IDU 显示内容，所有 IDU 显示内容应与设置相同。

9. ATC 柜的日检

检查 ATC 柜外观，要求外观完好，基础稳固，螺丝紧固；设备清洁，插口牢固，无松动。

11.1.3　车下电气

车下电气设备包括 ATC 接收装置、各类电气箱、牵引电机、牵引箱、各类电缆、接地装置。

1. ATC 接收装置的日检

检查安装及紧固件，要求无损伤、无松动。

2. 各类电气箱的日检

检查前后箱盖及电气接插件，要求锁紧、无异常。

3. 牵引电机的日检

检查进、出风口，要求无异常。

4. 牵引箱的日检

检查车间电源盖板固定情况，要求车间电源盖板锁紧。

5. 各类电缆、接地装置的日检

检查电缆外表和连接状况，要求无损伤、无脱落、无松动。

11.1.4　转向架

转向架包括轮对、轴箱、一系悬挂、构架、二系悬挂、中央牵引装置、齿轮箱及其悬挂、联轴节、抗侧滚扭杆、液压减振器、轮缘润滑装置、高度调节阀、速度传感器。

1. 轮对的日检

检查踏面，要求踏面擦伤深度小于 0.5mm，剥离长度一处小于 20mm，剥离二处每处小于 10mm，沟状磨耗深度不大于 2mm；检查车轮注油孔螺堵，要求无丢失。

2. 轴箱的日检

检查轴箱盖螺栓及油脂渗透情况。要求无松动、无渗透。

3. 一系悬挂的日检

检查钢弹簧及簧座。要求无明显裂纹、无脱离。

4. 构架的日检

检查构架内外侧，牵引电机悬挂座，齿轮箱吊座。要求无裂纹。

5. 二系悬挂的日检

检查空气弹簧及其紧固件。要求无漏气、无松动。

6. 中央牵引装置的日检

检查紧固件，要求无松动、损坏；检查中央牵引橡胶件，要求无明显裂纹或脱离。

7. 齿轮箱及其悬挂的日检

检查齿轮箱外观及附件，要求无明显漏油、无松动；检查齿轮箱与悬挂装置连接螺栓，要求防松标记无错位；检查齿轮箱悬挂止挡保护螺栓，要求无松动、无丢失。

8. 联轴节的日检

检查联轴节。要求无损坏、无漏油、螺栓无松动。

9. 抗侧滚扭杆的日检

检查抗侧滚扭杆支座紧固螺母，要求无松动、无遗失、防松标记无错位；检查抗侧滚扭杆连杆橡胶密封件，要求无破损、无油脂渗出。

10. 液压减振器的日检

检查紧固件及漏油情况，要求无松动、无漏油；检查连接套筒，要求无明显损坏。

11. 轮缘润滑装置的日检

检查紧固件，要求无松动、无漏油；检查油箱及管路，要求无损伤、无泄漏；检查喷嘴，要求喷嘴位置正常、车轮踏面上油润滑痕迹正常。

12. 高度调节阀的日检

检查连接螺栓情况，要求无明显松动；检查高度调节阀联动装置，要求完好无损坏、高度阀调节杆应垂直、不准倾斜。

13. 速度传感器的日检

检查电缆外表和连接状况。要求无损伤、无脱落、无松动。

11.1.5　车体、车门及车钩

1. 客室的日检

查看扶手立柱、座椅、天花板、各墙面、窗玻璃、各类盖板等外观及固定情况，要求完好无明显损坏，紧固松动的紧固件；检查客室监控探头处外观，要求完好无损坏。

2. 客室车门的日检

检查客室车门外观、橡胶件和玻璃窗，要求完好、整洁、无损；检查开关门动作，要求动作灵活、开关门动作整齐到位；检查紧急解锁装置及面板(包括隔间门)，要求位置正确、罩完好；检查隔离装置，要求位置正确。

3. 司机室的日检

检查司机室座椅、天花板、各墙面板和风窗玻璃，要求完好无明显损坏；检查司机室遮阳帘、刮水器，要求功能正常，无损坏，无松动；检查司机室监控探头外观，要求完好无损坏；检查逃生门，要求逃生门铅封正常，锁闭到位。

4. 贯通道的日检

检查管通道内的踏板、侧护板、丁护板、渡板和折棚，要求安全牢靠，无明显损坏。

5. 全自动车钩的日检

检查全自动车钩各部件、橡胶托架、电缆和电缆夹、气管密封环、各紧固件等，要求各项目正常，无明显损坏，无松动。

6. 半自动车钩的日检

检查半自动车钩各部件、橡胶托架、电缆和电缆夹、各紧固件等，要求各项目正常、无明显损坏、无松动。

7. 半永久车钩的日检

检查半永久车钩抱箍、电缆和电缆夹、各紧固件等，要求各项目正常、无明显损坏、无松动。

11.1.6　空气气路及制动系统

空气气路及制动系统主要包括空压机单元及空气干燥器、各类气管及阀和单元制动机。

1. 空压机单元及空气干燥器的日检

检查空压机及空气干燥器外观、紧固件及工作状况，要求正常、紧固件无明显松动；检查空压机真空指示器，要求真空指示器无显示；检查空压机油，要求不乳化、油位正常。

2. 各类气管及阀的日检

检查各类气管，要求无明显泄漏；检查各类阀门，要求无明显泄漏；检查各截断塞门，要求位置正确。

3. 单元制动机的日检

检查橡皮保护套及其螺栓，要求无异常；检查管路及紧固件，要求无漏气；检查闸瓦拖及闸瓦，要求无异常。

11.2　月　　检

月检是对运营时间或运营里程数分别达到一个月或 10000km 的电动列车所进行的检修维护。月检的主要目的是对主电路中的受电弓、牵引电动机及其他电气箱，走行部分的转向架、构架、轮对、齿轮箱及联轴器、车载设备的控制单元及各类信号、指示灯等进行检查，以保证电动列车走行部分的安全和电气控制性能的良好及易损耗件具有足够的工作尺寸。

月检规程分为车顶电气、客室电气、司机室电气、车下电气、转向架、车体、空气气路及制动系统和动态调试 8 个部分。

11.2.1　车顶电气

车顶电气设备包括受电弓、浪涌吸收器。

1. 受电弓

受电弓是城市轨道交通车辆从供电接触网取得电流的电气设备。在月检中，要重点检查受电弓与接触网间的接触压力及滑块的炭块厚度。

检查电缆和各紧固螺栓，要求紧固螺栓无松动，电缆终端的接线头及电缆、导线无损伤；检查滑块磨耗及与底架固定状态，要求无异常，滑块厚度不大于 3.5mm，裂纹不应裂至最小工作厚度(3.5mm)以下；检查受电弓框架及上框架定位杆，要求受电弓框架无裂纹，无变形、定位杆无松动；检查集电弓羊角，要求紧固正确，无损坏，无变形，否则更换；检查、清洁四只支持绝缘子及传动拉杆处隔离绝缘子，要求清洁，表面无破损、裂纹，否则更换；检查平衡杆的功能，清洁、润滑平衡杆球铰部分；检查短连线，要求总断股不超过 10%，每小股断股不超过 1/3，否则更换；检查受电弓轴承的运动情况，要求转动灵活、无卡滞现象。

2. 浪涌吸收器

检查连接线和螺栓，要求连接线无损伤，紧固螺栓无松动；清洁、检查浪涌吸收器外表，要求清洁、外表应无损伤，如有损坏更换。

11.2.2　客室电气

客室电气设备的月检检查主要是对客室车门电气性能、客室照明、各控制单元和设备柜进行检查。

1. 设备柜及座位下

检查设备柜门、锁，电气柜内各开关、各类电气设备。要求安装牢固，无松动，接触良好，柜门锁无滑丝、旋转方向。

2. 客室电气

检查客室照明安装螺栓及锁扣。要求完好，无松动。

3. TIMS

清洁、检查 IDU(Indicator Display Unit，内部显示单元)、FDU(Frontal Display Unit)外观

及状态，要求清洁、外观完整，无裂纹；检查客室扬声器，要求声音正常，无杂音；检查PECU（Passengers Emergency Communication Unit，乘客紧急通信单元)，要求功能正常；检查司机室对讲功能，要求功能正常；检查客室广播功能，要求功能正常。

11.2.3　司机室电气

司机室电气的月检检查包括对设备柜和继电器柜、主控制器、司机室照明、驾驶台的检查。

1. 设备柜和继电器柜的月检

检查设备柜门、锁，电气柜内各开关、各类电气设备及接地装置，要求安装牢固，无松动，接触良好，柜门锁无滑丝、旋转方向；检查各旁路开关，要求功能正常；清洁电气柜及内部元件，要求用无纺清洁布擦拭柜底，并集合毛刷及压缩空气清洁，无灰尘，无积垢。

2. 主控制器的月检

检查主控制器联锁功能。要求将方向手柄处于断开，牵引手柄不能移动；牵引手柄在非断开时，方式方向手柄不能移动；方式方向手柄和牵引手柄同时在断开和惰行位时，主控钥匙方可取出；电气联锁功能正常；使用锁喷剂润滑钥匙孔。

检查主控制器各部件。要求无异常，功能正常。

3. 司机室照明的月检

检查头灯、尾灯外观及功能，要求各头灯、尾灯外观无损坏，功能正常。

4. 驾驶台的月检

检查指示灯、灯罩、操作开关、按钮和故障指示屏等，要求各部件清洁，无损伤损坏，功能正常；检查蓄电池电压表、双针压力表，要求背光灯亮，指示正确；检查升弓、落弓操作，要求工作正常。

11.2.4　车下电气

车下电气设备包括牵引电动机、空压机电机、制动电阻箱、蓄电池箱、牵引箱、低压箱、辅助逆变器箱、电感箱、ATC 接收装置和电缆线夹及接地装置。

1. 牵引电动机的月检

检查电机的进、出风口，要求清洁，完好无异常；检查速度传感器，要求无损坏，无松动；检查电机固定紧固件，防松标记，要求无损坏、脱落，防松标记无错位；检查注油孔盖，要求无遗失或损坏，否则更换，轴承油脂应无泄漏；检查牵引电机接线盒装置，要求完好无松动；检查牵引电机电缆线夹，要求完好无松动；检查牵引电机安全装置，要求完好无松动。

2. 空压机电机的月检

检查外观、电缆接头及安装固定，要求无损伤，无松动，无异常。

3. 制动电阻箱的月检

清洁并检查进、出风口，要求清洁、无异物；检查冷却风机电机，要求清洁，冷却风机电机转动正常。

4. 蓄电池箱的月检

检查蓄电池箱箱体及锁闭装置，要求无遗失，无损坏，功能良好；检查、清洁通风孔及漏液孔，要求通风孔及漏液孔通畅无杂物；测量蓄电池总电压。要求蓄电池电压总值大于 100V。

5. 牵引箱的月检

清洁并检查进、出风口及 AGATE 箱，要求清洁、无灰尘；检查车间电源盖板固定情况，要求车间电源盖板锁紧；检查进出风格栅，要求无异物、无损伤。

6. 低压箱的月检

检查所有电气元件及连接线，要求无损伤、接线无松动；检查全部空气开关，要求位置正常。

7. 辅助逆变器箱的月检

检查进出风口，要求无异物；清洁 AGATE 箱，要求清洁；检查内部连接线，要求无损伤，接线无松动；检查、清洁线路接触器和电容充电接触器的主、辅触头和灭弧罩，要求线路接触器主触头无发黑，辅助触头动作灵活，接触面正常，灭弧罩内无结瘤、结灰；测量自举电池电压；检查接地开关功能，要求切换功能正常。

8. 电感箱的月检

清洁检查进、出风口。要求无积灰。

9. ATC 接收装置的月检

检查天线安装座及紧固件。要求无损伤、无裂纹，色标正常无松动。

10. 各类电器箱外观的月检

检查各电气箱连接器，要求无异常；检查连接螺栓及悬挂处，要求无锈蚀，无松动，无损坏，无裂纹，安装牢固；检查箱盖和盖板的密封性，要求密封良好；检查警告标记，要求标记完好；检查箱盖锁舌标记及螺栓，要求无损坏，无松动，标记位置正确。

11. 电缆线夹及接地装置的月检

检查所有电缆、连接，要求无松动，无绞缠，无磨损；检查电缆固定夹，要求无变形、无松动。

11.2.5　转向架

转向架包括轮对、轴箱、速度传感器、构架、轴箱限位杆、一系悬挂、二系悬挂、液压减振器、中央牵引装置、齿轮箱及悬挂、联轴节、高度阀、抗侧滚扭杆、转向架上的气管路、垂向及横向止档、轮缘润滑装置。

1. 轮对的月检

检查车轴，要求轴身应无裂纹、碰伤；检查车轮注油孔、油塞，要求油塞无松动，无丢失；检查车轮踏面。

2. 轴箱的月检

检查轴箱盖螺栓固定，要求螺栓色标清晰，无松动，无冲击痕迹；检查轴箱油脂，要求无泄漏。

3. 速度传感器的月检

检查线缆及线缆夹，要求完好，无遗失，无松动；检查传感器与车体的接口，要求无松动。

4. 构架的月检

检查构架，要求无锈蚀、无裂纹。

5. 轴箱限位杆的月检

检查轴箱限位杆,端部开口销等部件,要求无松动,限位杆无弯曲、瘪痕(开口销完好)。

6. 一系悬挂的月检

检查转臂与构架连接的橡胶件及转臂组件,要求橡胶件无明显裂纹,裂纹长度<10mm,组件完好,无松动;检查一系弹簧(盘型弹簧)及其组件,要求无损坏,无裂纹。

7. 二系悬挂的月检

查看空气囊外表有无开裂损坏,要求橡胶网线层不得外露,损坏;检查与空气囊接触的金属部分,要求无粗糙锈斑,无积灰;检查空气弹簧定位销,要求定位销无遗失、无脱落;检查二系悬挂各零部件的紧固状况,要求螺栓色标清晰、无松动。

8. 液压减振器的月检

检查液压减振器连接螺栓及渗漏油情况,要求螺栓色标清晰、无松动,套筒表面无渗油、漏油;检查液压减振器两端连接套筒,要求完好。

9.中央牵引装置的月检

检查中央牵引装置螺栓,要求保险片无损坏,螺栓色标清晰,无松动;检查中央牵引橡胶件,要求无裂纹、剥落。

10. 齿轮箱及悬挂的月检

检查齿轮箱外壳及分箱面,要求无严重渗油及泄漏;检查齿轮箱紧急止挡及螺栓,要求紧急止挡无损伤,无裂纹,螺栓色标清晰、无松动;检查各紧固件,要求螺栓色标清晰、无松动,无遗失;检查齿轮箱轴端排油孔,如堵塞,清洁排油孔。

11. 联轴节的月检

检查联轴节,要求无损坏,无漏油,螺栓色标清晰、无松动。

12. 高度阀的月检

检查高度阀安装及连杆上的紧固件,要求螺栓色标清晰、无松动;检查高度阀阀体上管路接头的气密性,阀体出气口,要求出气口无泄漏、无堵塞。

13. 抗侧滚扭杆的月检

检查关节轴承两侧密封圈,要求密封圈完好,无油脂渗出;检查所有紧固件,要求螺栓色标清晰、无松动;检查扭杆与扭臂关节,要求无异声。

14. 转向架上的气管路的月检

检查管路、托架、夹子,要求完好,无遗失、无松动;检查管路接头密封,要求无漏气。

15. 垂向及横向止挡的月检

检查垂向、横向止挡间隙及固定,要求完好,无损伤;检查横向、垂向止挡缓冲橡胶,要求无缺损。

16. 轮缘润滑装置的月检

检查支架、套筒、弹簧杆、插销,要求完好,无遗失,无松动;检查碳块数量,要求碳块数量补齐至4块。

11.2.6　车体、车门、车钩

车体、车门、车钩包括司机室、风笛、灭火器、客室车门、逃生门、客室立柱、贯通道、折棚、客室内装饰、车体外部、全自动车钩、半自动车钩、半永久车钩。

1. 司机室的月检

检查侧门、通道门，要求开关门转动灵活，门锁功能正常，有阻滞现象应予以调整，门销完好、无松动；检查侧门门吸，要求无损坏，功能正常；检查司机室座椅功能和紧固件安装情况。要求无损坏，功能正常，紧固件无松动；检查顶板、风窗玻璃、刮水器及紧固件，要求顶板无破损，刮水器紧固件紧固，无松动，刮片无断裂且功能正常，风窗玻璃、窗封条良好，遮阳帘完好，功能正常；检查除霜器，要求功能正常；刮水器水箱加水，要求加满。

2. 风笛的月检

查看紧固件。要求无松动，部件良好；鸣叫试验。要求叫声响亮，持续。

3. 灭火器的月检

检查车载灭火器。要求灭火器无缺漏，安放位置正确，在有效期内，压力正常。

4. 客室车门的月检

(1) 检查客室车门的门控机构所有紧固螺栓。如有松动、错位，则清除旧的色标，重新复核扭力，打色标。要求色标无错位，螺栓无松动，各零件状态正常。

(2) 检查客室车门外观、橡胶密封条和门页玻璃。要求完好整洁，无损坏。

(3) 检查开关门动作。要求关门后门页平整，开门后与侧墙保持足够距离。开关门速度同步，车门无异响。

(4) 检查车门内外指示灯。要求内外指示灯正常。

(5) 检查客室内紧急开门装置的功能。要求紧急解锁功能正常。

(6) 检查车门的切除功能。要求能够正常切除，切除后内外指示灯常亮。

(7) 检查丝杆轴承上的弹簧卡子和导杆滑车的弹簧卡子的安装位置。要求装配良好，无丢失。

(8) 检查驱动单元中四个 SL 插销的安装位置。要求装配良好，无丢失。

(9) 检查门页定位销与导槽的间隙。要求底部间隙 2～3mm，侧面间隙 0.5～1mm，且开关门过程中与导槽无碰擦。

(10) 检查 S4 车门电源开关。要求功能正常。

(11) 检查客室外紧急开门装置的功能。要求紧急解锁功能正常。

(12) 检查障碍检测系统的功能。要求 6 次障碍检测后，车门完全打开，可以手动关闭。1 次障碍检测后，取出障碍物，车门能够关闭锁紧。

(13) 检查车门压轮的松紧。要求能够用手转动压轮并有一定阻力。

(14) 测量车门 V 形尺寸、S1 尺寸，不良调整。要求 V 形尺寸 2～5mm；S1 尺寸 3.5～4.5mm。

(15) 清洁车门密封条，重新喷涂橡胶抗老化剂。要求清洁、喷涂均匀。

(16) 清洁丝杆上的灰尘和旧油脂，并重新涂刷新的润滑脂。要求油脂涂抹均匀、润滑良好。

(17) 清洁导杆上的灰尘和旧油脂，并重新涂刷新的润滑脂。要求润滑良好。

(18) 清洁并润滑车门压轮。要求油脂涂抹均匀、润滑良好。

(19) 清洁并润滑车门上导轨、滚轮。要求油脂涂抹均匀、润滑良好。

(20) 清洁并润滑下导轨和下滚轮。要求油脂涂抹均匀、润滑良好。

(21) 检查下摆臂滚轮的位置及滚珠。要求滚珠完整，滚轮位置正确，转动正常。

(22) 检查紧急解锁机构的工作状态，钢丝绳调节状态，制动器的齿隙。要求解锁时制动器齿隙大于 0.5mm，弹簧螺栓的间隙约为 3mm。

(23)门页密封性试验。要求门页密封性好，无漏水现象。

(24)清洁车门下部定位销导槽。要求清洁、无异物。

(25)检查皮带轮张紧力。要求皮带轮张紧力为 20N·m/(8~11mm)。

5. 逃生门的月检

检查逃生门外观、橡胶封条和玻璃窗，要求表面无机械损伤，表面油漆无脱落，橡胶密封条密封良好，无脱落，玻璃完好；检查逃生门锁闭状态及铅封，要求逃生门锁闭且铅封完好；检查逃生门和逃生梯功能，要求逃生梯能正常打开和关闭，楼梯内部件、螺栓完好无松动，逃生梯、逃生门能够正常锁闭。

6. 客室立柱的月检

检查扶手、立柱连接紧固状况，要求完好，无松动；检查客室座椅，要求状态完整、无变形松动。

7. 贯通道、折棚的月检

清洁检查折棚及内侧墙，要求部件完好，内侧墙无断裂，无损坏；紧固件紧固，开口销无异常，吸尘器吸灰；打开过渡板清洁检查折棚底部垃圾，要求用吸尘器清洁；检查磨耗板，要求磨耗板活动自如，磨耗板厚度大于 1.5mm；检查折棚及与车体连接螺栓的色标，要求螺栓无松动，色标位置正确；检查防护弹簧，要求无损坏、无断裂；检查折棚解锁功能，要求解锁功能正常；检查渡板磨耗条，要求如磨耗到铆钉需更换磨耗条。

8. 客室内装饰的月检

检查顶板固定，要求无损坏、无松动；检查墙面、车窗、地板，要求墙面无破损，无开裂，车窗橡胶条及玻璃完好，无损坏，地板无破损；检查客室内拱形罩板的锁闭情况，要求拱形罩板锁闭，并确保红色标记位置正确。

9. 车体外部的月检

检查登车踏板及其紧固，要求踏板完好，无松动；检查外墙、车顶油漆及车头裙边，要求无大面积油漆剥落，裙边无损坏；检查车体外表、底架焊缝和底架上的设备吊挂，要求无损伤、裂纹、生锈松动。

10. 全自动车钩的月检

检查各部件及紧固件，要求零部件完好无损，螺栓无松动；清洁并润滑接合面及其内部，要求清洁、润滑；清洁电气盒、触点及转动轴的表面，要求清洁、润滑触点；检查缓冲器、连接螺栓及对中装置，要求缓冲器最大行程不大于 150mm，螺栓无松动，对中装置功能正常；检查挂钩动作，要求挂钩动作正确，手动解钩正常；检查防爬器，要求无损伤，无异常；检查车钩表面锈蚀情况，要求如有锈蚀或剥落，用砂纸打磨，刷 HS300。

11. 半自动车钩的月检

检查半自动车钩抱箍，橡胶托架，电缆和电缆夹，各紧固件，要求各项目正常，无明显损坏，螺栓色标清晰、无松动；检查气管连接，要求无裂纹、无泄漏；检查气路和电缆的绑扎带，要求无松动。

12. 半永久车钩的月检

检查半永久车钩抱箍，橡胶托架，电缆和电缆夹，各紧固件，要求各项目正常，无明显损坏，螺栓色标清晰、无松动；检查气管连接，要求无裂纹、无泄漏；检查气路和电缆的绑扎带，要求无松动。

11.2.7　空调

空调包括蒸发器箱、冷凝器箱、压缩机箱、系统及总成、空调机组控制、排水软管。

1. 蒸发器箱的月检

检查盖板固定螺栓、搭扣及铰链，要求无损坏、固定牢固；更换回风过滤网，并清洁框架，要求更换过滤网，清洁框架；检查接线端子排，要求无损伤、无松动、无异常发热现象。

2. 冷凝器箱的月检

检查空调冷凝风机，要求叶片完好，可自由转动，无异音。

3. 压缩机箱的月检

更换新风过滤网，清洁新风空气格栅。

4. 系统及总成的月检

制冷系统检漏，要求管路表面无损伤，无油污，管路接口无损坏、无松动，制冷剂无泄漏；检查紧固螺栓，要求螺栓无松动。

5. 空调机组控制的月检

检查空调控制部件及所有线路，要求无损伤，无松动、无异常发热现象；检查空调功能，要求功能正常；检查客室紧急通风功能，要求功能正常。

6. 排水软管的月检

检查软管及接口。要求无损伤、接口无松动，排水无堵塞。

11.2.8　空气气路及制动系统

空气气路及制动系统包括空压机单元及空气干燥器、各类气管和阀类、总风缸安全阀、软管与接口、风缸和单元制动机。

1. 空压机单元及空气干燥器的月检

检查空压机及空气干燥器外观，紧固件，要求外观良好，紧固件无松动，空压机悬挂钢丝吊绳无严重变形；检查压缩机油位，要求在刻度范围 1/2~2/3；检查空压机工作状态，要求空压机工作无异常；检查排泄口，要求排水、排气正常，出口无异物。

2. 各类气管和阀类的月检

检查各类气管，要求无泄漏；检查可见阀门，要求完好无泄漏，阀门开关灵活、位置正确。

3. 总风缸安全阀的月检

检查总风缸安全阀，要求排气功能正常。

4. 软管与接口的月检

检查软管与接口，要求软管无老化，接口无泄漏。

5. 风缸的月检

检查外观及固定，要求外观无损坏，无泄漏，紧固件无松动。

6. 单元制动机的月检

检查橡皮保护套及其螺栓，要求无异常；检查管路及紧固件，要求无漏气。紧固件无松动，色标清晰；检查闸瓦扦、保护销及保护钢丝绳，要求无脱落，无损坏；检查闸瓦厚度，要求闸瓦靠近轮缘的内侧最薄处，包括闸瓦背板，厚度小于 13mm 的更换；检查闸瓦复位弹簧，要求无异常；检查闸瓦托，要求无异常；检查停放制动释放拉销，要求无遗失，无断裂；检查单元制动机的固定螺栓，要求螺栓色标清晰、无松动。

11.2.9　动态调试

动态调试是对城市轨道交通车辆的运行性能考核，其包括牵引试验、制动试验和司机室显示屏功能检查。动态调试一般在试车线上进行，使用的测试仪器主要是便携式计算机或记录仪。

对列车各向基本功能测试。要求列车各项功能正常，符合出库要求。

11.3　定　　修

定修是电动车运营里程数每达到 100000km 或运营时间达一年时进行的检修，一般定修的周期为 10 天。前 5 天主要进行无电状态下的检修，后 5 天进行有电状态下的检修检查和静、动调作业。

11.3.1　车钩

1. 全自动车钩

目测检查是否存在损坏；修复漆面损坏；目测检查支撑弹簧是否损坏；检查车钩高度；检查车钩是否与水平车轴一致，如有必要进行调整；水平与垂直的摆动车钩；检查车钩的重新对中功能；检查软管是否有多个孔，如有必要则进行更换；用刷子涂抹肥皂水来检查所有气动部件的气密性。

2. 半自动车钩

目视检查有无损坏；维修受损漆面；检查车钩高度，并在必要时调整；水平和垂直转动车钩。

11.3.2　贯通道装置

检查渡板组成磨耗条；检查顶护板组成内部运动机构；检查侧护板组成内部运动机构；检查棚布的完整性；检查顶护板组成；查侧护板组成；检查渡板组成。

11.3.3　车门

1. 客室门

在进行维护和大检修工作之前，门系统必须断电；在进行任何维护工作之前，维护人员应先对门系统进行隔离（使其退出服务），当门开启时应使门系统退出隔离状态；清洁左右门密封胶条并重新进行保养；清洁左右门护指胶条并重新进行保养；清洁丝杆并重新进行润滑。

2. 司机室门

清洁左右门前门框胶条并根据润滑说明重新进行保养；清洁左右门密封胶条并根据润滑说明重新进行保养；清洁内外门槛下滑道并根据润滑说明对减摩条重新进行润滑；根据润滑

说明对上导轨进行加脂润滑；根据润滑说明对门锁各个转动部位进行加脂润滑。

3. 逃生门

进行开关门动作看是否可靠打开和关闭；检查门锁功能是否正常；检查气弹簧活塞杆的变形情况。

11.3.4　空调

(1)清洗或清扫单元机组各部，要求压缩机、干燥过滤器、汽液分离器外部清洁，无局部锈蚀，除锈补原油漆；冷凝器、蒸发器清洁干净，翅片无变形；其他各部清洁无积尘、油垢。

(2)检查压缩机接线端子无烧损、松动、虚焊或脱焊，压缩机安装座螺栓紧固。

(3)新风回风阀运转无异常，转动灵活。

(4)各用电器绝缘达到要求。

(5)检查制冷系统各部分无漏泄，各防振器、盖密封胶边、送、回风口密封胶条、盖及内部保温层完好无缺欠。

(6)机组各配线良好，连接插头良好，各芯无松动，高低压继电器整定值符合规定。

(7)压力继电器安装牢固，动作无误。

11.3.5　转向架

1. 轮对检查

目测检查车轴、车轴轴身无裂纹、碰伤；对轮作和齿轮座处进行超声波探伤，当探伤也难于确定缺陷时，必须用电磁探伤确定其缺陷；检查踏面有无擦伤和剥离，按标准判定是否进行镟轮；检查轮缘高度、宽度尺寸是否符合标准，使用内侧距尺测量轮对内侧距；检查车轮注油孔堵，应安装牢固，无缺漏。

2. 轴箱

轴箱在组装和拆卸过程中，轴承不应当受到碰撞；当修理时，轴箱前盖的安装钢丝应当更换；对轴承单元进行严格的检查，是否出现过热、润滑剂是否泄漏、密封件是否破损、轴承外圈是否出现裂纹、端盖和轴箱体是否出现裂纹等；在轴箱清洗之后，轴箱体装轴承的内表面涂抹适当润滑脂；在定修以上的修程，均应清洗和检查轴箱前盖；更换密封圈。

3. 构架

构架尺寸检查：

(1)轴距。

(2)左右轴距的差。

(3)两轴颈中心距。

(4)两轴颈中心距前后之差。

(5)一系弹簧座之间对角线差。

(6)一系弹簧座之间左右差。

(7)一系弹簧座之间距离。

(8)牵引拉杆之间的距离。

(9)牵引拉杆座距构架中心的距离。

(10)牵引电机吊座安装孔中心和车轴中心之间的距离。

(11)牵引电机吊座中心和转向架中心之间的距离。

(12)制动缸安装座横向尺寸。

(13)制动缸长螺栓安装导柱长度尺寸。

(14)构架探伤和气密性检查。

(15)在定修以上的修程，转向架构架的主要焊接部件应用电磁探伤来检查。如果发现转向架构架在任何处有焊接缺陷则必须焊接修理。但不能对原部位进行重复焊修。

(16)用焊接工艺修理转向架构架的零部件时，焊后必须回火。

(17)附加空气室漏泄试验。

(18)在确认构架没有任何缺陷后，对构架表面重新涂装，对机加工和配合面涂防锈油，并进行保护。

4. 差压阀

外观和漏泄检查；过滤器和阀的检查；调整垫的调整状态；螺纹紧固状态的检查；修理时调整垫、O 形圈的更换。

5. 车体高度调整

对新造或车轮经机械加工车体高度调整是在空气弹簧下面插入调整垫进行。

使用调整垫的厚度：

新造　　　　0～12mm

车轮镟削后　0～36mm

在插入调整垫的情况下，密封胶应当充满沟槽。

如果空气弹簧下面调整垫的厚度是 t mm，车体底架的空气弹簧上平面至构架侧梁基准块之间的距离为$[(255+t)\pm3]$mm，高度阀调整杆相应调整，同时需要在中心销座和枕梁之间插入相同高度的调整垫。

调整安全钢索的长度为$(565+t)$ mm。

6. 抗侧滚扭杆检查

金属件与橡胶脱离要求更换产品；橡胶与金属件之间产生开裂并长度超过 1/4 圆周，深度超过 5mm；橡胶表面产生周向贯穿裂纹并深度超过 3mm；橡胶表面出现溶胶并有明显的块状橡胶脱落；以上情况出现任一种要求对产品进行更换；检查扭杆、扭臂、连杆等是否发生变形，裂纹等现象，如有出现应及时处理(更换处理)；检查扭杆轴和支承座是否发生相滑动位移，如相对滑动位移超过 6 mm 时，需要调整处理(正常行驶中不会出现)；发现螺栓松动，要及时处理。

7. 安全钢索

清除外部污垢；特别要清理活动端头索具套环内孔两侧、尼龙套外侧的污垢；(调整端头)关节轴承球头表面的污垢。清理完毕后，在这些部位的表面涂抹锂基润滑脂。

11.3.6　空气气路及制动系统

空气气路及制动系统包括空压机总成、空气干燥器、电磁阀、压力控制开关、安全阀、双针压力表、单元制动机和风缸。

1. 空压机总成

检查安装紧固螺栓；检查减振弹簧；更换纸质过滤器；更换空压机油，油位为 1/2～2/3；

检查进、出口阀；检查安全吊绳，应完好，连接牢固。

2. 空气干燥器

清除排水出口积垢。

3. 电磁阀

检查电磁阀和插座的外观及安装状态。

4. 压力控制开关

检查压力控制开关的功能，要求当压力小于 0.75MPa 时，打开；当压力到 0.9MPa 时，关闭。

5. 安全阀

安全阀的功能检测十分重要，我们要检查安全阀外表及其功能，当压力到 1MPa 时，应排气。

6. 双针压力表

更换双针压力表。

7. 单元制动机

首先检查闸瓦，要求闸瓦厚度不小 12mm，并测量闸瓦与踏面间的间隙，应为 12±0.5mm。然后检查停车制动功能，包括人工缓解在内，功能正常。

8. 风缸

主要是进行风缸排水作业。

11.3.7　车内电气

1. 客室电气

客室电气设备包括设备柜及客室照明。

设备柜：检查电器设备状况；检查设备柜接地装置。再次清洁设备柜；检查滤尘装置，更换过滤网。

客室照明：检查镇流器、灯管接插件和其他附件，要求各部件完好、无松动；清洁日光灯格栅；电动列车客室照明灯罩采用隔机形式，长期运营后，积灰会影响客室照明效果和客室环境。对采用透明灯罩的电动列车，可根据实际情况进行。

2. 司机室电气

司机室电气设备包括设备柜和继电器柜、司机室照明、主控制器、正/副驾驶台和头灯、尾灯、运营灯、两侧指示灯。

(1)设备柜和继电器。检查电器设备状况；检查设备柜接地装置，再次清洁设备柜；检查滤尘装置更换滤尘网。

(2)司机室照明。清洁照明灯及其附件。

(3)主控制器。清洁主控制器；检查连接线；检查主控制器机械连锁功能。电动列车采用的是两手柄形式的主控制器，在定修中，要求对两手柄间及控制钥匙相互间的控制逻辑和手柄功能进行检查。对于其他形式的主控制器，也应有类似的功能检查。

(4)正、副驾驶台。检查驾驶台桌面各指示灯罩和显示屏，主控制器实际上是安装在主驾驶台上，但考虑到主控制器的重要性和相互独立，将主控制器单列检查内容。

(5)头灯、尾灯、运营灯、两侧指示灯。检查头灯、尾灯、运营灯工作状态，要求功能正常；检查两侧指示灯状态，要求功能正常。

(6)目的地和车次号显示装置。清洁并检查其功能。要求清洁、无损伤，功能良好且显示准确。

11.3.8　车下电气

1. 逆变器

目视检查逆变器外部：检查接地连接是否有损伤；检查电缆紧固头是否有损伤；检查扁平密封是否有损伤；检查悬挂支架焊缝。

目视检查逆变器内部：检查带散热片的紧凑型逆变器的冷风管以及温度传感器是否有污渍/灰尘积垢以及任何形式的损伤，如果需要可以进行清洁；检查风机电机周边空间是否有污渍/灰尘积垢以及任何形式的损伤，如果需要可以进行清洁；检查线路电抗器的通风区域是否有污渍/灰尘积垢以及任何形式的损伤；检查带有进风口过滤器上的盖板是否有污渍/灰尘积垢，如果需要可以进行清洁。

目视检查线路接触器和预充电接触器。

目视检查盖板的密封。

2. 高压箱

仔细检查内部，应无可见的水迹或进水。如果有潮气，应检查安装盖板的衬垫是否有老化的迹象或变形；压力插销易于操作；接地软线紧固，无可见的散头或腐蚀之类的损坏；所有插头、接地连接或插头电缆的底座应牢固。如果有连接松动，则应重新安装相应的连接；所有插头、接地连接或插头电缆没有类似热应力的损坏。如果有连接松动，则应重新安装相应的连接；使用真空吸尘器 [W278]清洁高压箱的内部；仔细检查闸刀开关有无损坏，紧固底座。

3. 车间电源

检查车间电源盖板固定情况，锁扣完好。

4. 高速开关

清洁高速开关；检查高速开关灭弧罩及主触头的状况，要求灭弧罩无损伤，无积尘，触头无发黑。

5. 司控器

检查所有的螺钉，确保其可靠连接对司控器的主要部件(控制手柄组件，换向手柄组件，电位器)进行检查。

6. 风机

清洁风机，必要时进行更换。

7. 蓄电池箱

对电池进行充、放电；将蓄电池拆下，按充、放电要求进行充电；将充电完毕的蓄电池安装到车辆上，使用万用表测量蓄电池总电压；检查各刀开关。

8. 主接触器箱

检查所有接触器(重点为牵引和制动接触器)及灭弧罩。要求若主触头表面有小面积烧结瘤，应刮去砂平。如有烧损结瘤面积大于触头面积 50%应更换主触头。如触头顶部磨耗超过 3mm 也应更换触头。新装触头用蓝印法检查其接触面积。灭弧罩导弧角无积瘤，无积尘，干净，转轴无移位。灭弧罩罩壁无严重烧损变形，烧损深度小于 3mm。灭弧罩内无铜粉遗落；清洁箱体；检查接触器安装紧固状况。要求箱体清洁无杂物，无灰尘，接触器安装良好，接线无松动。

9. 牵引电机

1)交流牵引电动机

(1)检查电动机的安装是否牢固。

(2)检查电缆接头及速度传感器的连接安装。

(3)检查电动机的进、出风口。要求清洁、无杂物堵塞。

(4)检查注油孔盖，要求油堵锁紧良好。

(5)检查轴承泄漏油脂情况并按标准补油。

2)直流牵引电动机

(1)打开换向器端下部观察盖，检查下部观察盖有无损伤及其密封橡胶圈有无破损或老化。

(2)清楚电动机内部的炭粉和灰尘。

(3)使用径跳测试仪测量换向器径向圆跳动量，一般要求径向圆跳动值小于 0.08mm 且无重突跳现象。

(4)检查换向器升高片和换向器表面。

(5)检查刷提系统，要求刷架绝缘子无裂纹、表面光洁及紧固螺栓无松动；要求刷握、刷盒、压指、压指簧无裂纹，无烧损，无铜瘤，刷盒边缘无毛刺和结瘤，压指有力；要求电刷无烧损，磨合后接触面大于 80%，磨耗面氧化膜均匀，电刷高度大于 25mm，并排电刷偏磨值小于 10%，且电刷安装位置正常，刷辫端紧固螺钉锁紧。

(6)检查刷圈螺母、接地排螺钉紧固状况。

(7)检查换向器端可见部分的无纬带表面和主负极连接线机器外包绝缘，要求无裂纹，不起毛刺，无烧伤。

(8)检查放电螺钉。

(9)检查牵引电动机两端轴承，应无漏油和发热迹象；按技术标准及时补油并用油堵将注油孔盖锁紧。

(10)检查电动机端盖。

(11)检查牵引电动机引出线及其压板，要求引出线良好、压板绑扎牢固无松动。

(12)测量引出线底部与轮对车轴距离，一般应保持 75～100mm 的距离，防止引出线与车轴发生摩擦。

11.3.9　车顶电气

1. 受电弓

用弹簧秤、专用扳手检查静态接触力；检查并调整轴承到自由活动；检查液压减振器是否漏油；检查升降弓时间是否少于 8 秒；用扭力扳手检查螺纹连接是否达到固定扭矩；休息位置指示器能否正常工作，如有必要需更换；检查受电弓销和轴承注入润滑脂，直至注油两侧排除新润滑脂。

2. 避雷器

检查避雷器的过载痕迹（法兰灭弧孔上黑色斑点或烧焦）。出现这种情况时必须更换避雷器；对硅护套进行清洁；只使用清水或肥皂水，并只能使用软布或海绵。

11.4　架　　修

架修是电动列车运营里程数每达到 500000km 或运营时间达 5 年时进行的检修，一般架修前期主要进行无电状态下的检修，后期进行有电状态下的检修检查和静、动调试作业。架修的周期控制与备品备件的供应密切相关，建议对关键部件采用更换修理。

11.4.1　车上电气

1. 司控器

(1)司机控制器外壳及内部吹扫及清洗作业，清除电气元件上灰尘及锈蚀等，对司控器外观进行检查，对零部件出现的磕碰或磨损进行修复或更换。

(2)检查线路绝缘层有无破损或擦痕等现象，检查各部位接线端子有无松动或脱落等现象，并对故障部位进行更换或修复。

(3)检查司控器手柄、方向手柄有无损伤，如裂化、过度磨损等，对损伤严重的部件进行更换。

(4)检查凸轮开关、微动开关、电位器、弹簧、凸轮、齿轮等有无损伤，对损伤严重的部件进行更换。

(5)确认司控器的力学性能完好：钥匙开关置于锁定位，司控器手柄置于零位，方向手柄置于零位，任意手柄均不能移动；将钥匙插入开关，确认钥匙开关转动灵活，无卡滞；将司控器手柄置于零位时，方向手柄可以自由选择方向模式；确认只有在方向手柄在向前和倒退位置时，司机控制器手柄才可以从最大制动位移到最大牵引位；确认操作时加适当力到司控器手柄，手柄即可平滑地移动。

(6)电位器检查：目视检查电位器有无褪色、裂缝或放电痕迹，检查电阻元件上有无放电现象，如出现上述现象须进行更换；手柄由最小牵引位→最大牵引位→最小牵引位，电位器的输出电压应平滑而连续的变化，否则进行更换；手柄由最小制动位→最大制动位→最小制动位，电位器的输出电压应平滑而连续的变化，否则进行更换。

(7)电位器的输出电压应随手柄的位置变化而变化，用电压表测量各手柄位置对应的输出电压。

(8)各项检测完成后，给司控器齿轮加注润滑油。

(9)在司机控制器试验台上对司机控制器进行功能模拟试验，各项参数要符合要求，并对功能性试验出具相关检测参数报告。

2. 转换开关

(1)拆卸头尾转换开关，检查头尾盘，转换正常、无阻滞、无异音。

(2)检查手柄、转换开关、连接器插头及电线，确认无损伤、无裂纹、无过度磨损。

(3)打开开关箱盖板，清洁箱体内部，并对凸轮开关接线柱接线进行紧固，确认接线紧固、无异常、无灰尘。

（4）对头尾转换开关进行功能性试验，根据开关接线表确认输出无误。

（5）重新正确安装头尾转换开关，安装良好，无松动，紧固件画螺纹标记，航空插头无松动。

11.4.2　车下电气

1. HSCB/IVHB 高速断路器

（1）高速断路器箱体外壳内外表面清洁，对箱体外观进行检查，对箱体出现的磕碰或裂缝进行修复或更换。

（2）对箱体内部电气元件进行吹扫及清洗作业，清除电气元件上灰尘及锈蚀等。

（3）取下高速断路器内部灭弧罩，检查弧角是否有损坏。如果弧角的厚度超过规定的范围，更换灭弧罩。

（4）检查电弧隔板内部电弧接触的区域，确认是否存在电弧损坏擦痕，是否存在由于电弧原因导致的电弧隔板击穿或毁坏，对电弧擦痕进行打磨，更换被电弧击穿或毁坏的隔板。

（5）检查触头的损坏或失效，确保触头间隙在 14^{+3}_{0} mm 的范围内，触头允许最大损耗为 1.5mm（单侧）。

（6）检查并测量电感线圈的阻值，确保电感线圈无短路和断路现象。

（7）检查电器元件上所有紧固件，对有螺纹磨损的紧固件进行更换，并对箱体内所有紧固件进行重新紧固，划防松标记。

（8）在高速断路器试验台上对高速断路器进行脱扣电阻、脱扣时间等功能性试验，各项参数要符合要求，并对功能性试验出具相关检测参数报告。

2. 蓄电池

（1）检查蓄电池箱体、各蓄电池外观是否完好，对箱体磕碰或开裂的部位进行修复，对有开裂的电解槽进行更换。

（2）清洗蓄电池单体外壳及电池盖套，更换损坏的部件。

（3）将蓄电池上所有紧固件、排气阀、连接片拆下并更换为新的部件，同时应对各螺栓连接处检查其紧固度。

（4）用去离子水清洗单体蓄电池极板，并且更换电解液，调整电池的液位，并测量电解液密度。

（5）用 1000V 的兆欧表分别测量单体电池正负极接线柱对外壳的绝缘值，绝缘值必须大于 10MΩ。

（6）对蓄电池进行充放电处理，同时进行容量测试。

3. 主隔离开关箱

（1）检查并清洁箱体及盖板，确认箱体及盖板无损坏、无变形，锁闭功能良好，箱体密封胶条存在 2mm 的裂纹时进行更换，插头或接线无磨损、腐蚀、污垢等。

（2）用压缩空气、毛刷清理箱体内部，确保箱体内部干净、无灰尘及污物。

（3）检查箱体各接线和电缆，外表无腐蚀、无变形，安装牢固，接线良好。

（4）操作刀开关检查接触面积，清除表面污。

（5）使用拉力机测量开关的操作力，调整螺钉和螺栓。

4. 制动电阻箱

(1)检查并清洁箱体外表及安装，箱体无变形、无污物、无灰尘、安装正常、接线良好。

(2)清洁并检查制动电阻片，无污物、无变形、无锈蚀。

(3)清洁并检查电阻绝缘子、串杆，确保无污物、无变形、无锈蚀、无裂纹。

(4)绝缘阻值≥20 MΩ。

5. 主熔断器箱

(1)检查并清洁箱体及盖板，确认箱体及盖板无损坏、无变形，锁闭功能良好，箱体密封胶条存在2mm的裂纹时进行更换，插头或接线无磨损、腐蚀、污垢等。

(2)用压缩空气、毛刷清理箱体内部，确保箱体内部干净、无灰尘及污物。

(3)检查箱体各接线和电缆，外表无腐蚀、无变形，安装牢固，接线良好。

(4)检查熔断器外观完好，无松动。

(5)检查安装螺栓和螺母，安装无松动、无裂纹、打防松线。

6. 接地开关箱

(1)检查并清洁箱体及盖板，确认箱体及盖板无损坏、无变形，锁闭功能良好，箱体密封胶条存在2mm的裂纹时进行更换，插头或接线无磨损、腐蚀、污垢等。

(2)用压缩空气、毛刷清理箱体内部，确保箱体内部干净、无灰尘及污物。

(3)检查箱体各接线和电缆，外表无腐蚀、无变形，安装牢固，接线良好。

(4)检查操作刀开关接触面积，清除表面污垢。

(5)用拉力机测量开关的操作力，并适当调整螺钉和螺栓以满足要求。

(6)检查安装螺栓和螺母，安装无松动、无裂纹、打防松线。

7. 避雷器

(1)清洁并检查外观、接线，表面光洁、无破损、无裂纹，安装螺纹完好。

(2)用酒精和软布清洁避雷器底部、端盖、瓷瓶，确保无灰尘，无破损。

(3)用绝缘兆欧表测量对地绝缘电阻，电阻值大于200 MΩ。

8. 母线高速断路器

(1)检查电缆、接线，无损伤、无老化。

(2)拆除灭弧罩，检查弧角，无任何拉弧引起的击穿和损伤。

(3)检查触头，无烧损、无结瘤、无明显氧化。

(4)检查并测量电磁线圈的阻值，线圈阻值：9.25±8%欧姆(20℃时)，无短路和断路。

(5)检查箱体外部和内部安装螺母和螺栓，无松动、无裂纹，有明显的防松标记。

9. 应急通风箱

(1)检查接线端子和电缆，无老化、无开裂、无异味、紧固良好、绝缘良好。

(2)检查箱体内部配线电线、铜排、母排表面、绝缘安装面、绝缘端子和绝缘柱，无褪色、裂纹、无变色、开裂、损坏、起皮或脱层。

(3)清洁箱体外部以及内部，无灰尘及污物。

10. SIV(辅助逆变器)箱

(1)检查并清洁箱体及盖板，确认箱体及盖板无损坏、无变形，锁闭功能良好，箱体密封胶条存在2mm的裂纹时进行更换，插头或接线无磨损、腐蚀、污垢等。

(2)用压缩空气、毛刷清理箱体内部，确保箱体内部干净、无灰尘及污物，箱内无进水印迹、无锈蚀、箱盖密封良好。

(3)清洁并检查逆变器外部插接件，清洁、无积尘、无严重烧黑、插头接触良好、锁口紧固。

(4)检查电阻表面无变色、开裂、损坏、起皮或脱层等现象，检查电阻接线端子紧固良好，连接线紧固良好。

(5)检查电容无漏油，电容接线端子的紧固良好。

(6)检查控制单元外观、印刷电路板、安装螺母、接线端子、插头，无缺陷、无松动、无褪色、无损坏、安装正常、连接良好。

(7)检查电压电流传感器，无损伤、褪色、开裂等现象、安装良好。

(8)检查 DBPS，外观完好，安装牢固可靠。

(9)检查清洁 HK 装置并打磨 HK 触点，主、辅触点无烧焦痕迹，安装状态完好，无松动，按压动作正常。

(10)检查箱体所有固定螺母和螺栓，螺母、插头无松动、无裂纹，打上防松线。

(11)更换 SIV 用电池，电池正负极安装正确。

11. 变压器箱

(1)检查并清洁箱体和盖板无损坏和变形，锁闭功能良好；密封胶条存在 2mm 裂纹时更换；插头或接线无腐蚀或污垢。

(2)检查变压器外表及安装外表无腐蚀、无变形，螺母无松动，无损伤和裂缝。

(3)检查变压器接线端子和电缆无老化、开裂、损坏或脱落，进出线状态良好。

(4)检查变压器箱体内部无变形、无老化、无褪色、无松动、无高压闪络现象、无缺陷、无损坏。

(5)检查并清洁变压器，变压器无损坏和变形，无灰尘和污垢。

(6)检查并清洁电抗器，无损坏和变形，无灰尘和污垢。

(7)检查所有固定螺母和螺栓螺母、插头无松动、无裂纹，打上防松线。

12. 拖车接地开关箱

(1)检查并清洁箱体和盖板盖板无损坏和变形，锁闭功能良好；密封胶条存在 2mm 裂纹时更换；插头或接线无腐蚀或污垢。

(2)检查接地开关箱外表及安装外表无腐蚀、变形，螺母无松动，支架无损伤，接地线良好。

(3)检查接线端子和电缆无开裂、损坏或脱落，无异味，紧固良好。

(4)检查刀开关，测量开关的操作力满足范围要求。

(5)清洁箱体外部以及内部确保无灰尘，严禁用湿布擦除接地开关箱(拖车)盖板上的污垢。

(6)检查所有固定螺母和螺栓螺母、插头无松动、无裂纹，画防松标记。

13. 扩展供电箱

(1)检查并清洁箱体盖板、安装支架和连接器盖板无损坏和变形，锁闭功能良好；密封胶条存在 2mm 裂纹时更换；插头或接线无腐蚀或污垢。

(2)检查箱盖以及门锁无损坏、锁闭正常、密封橡胶弹性正常。

(3)检查箱体内部电缆、接线、铜排、母排、绝缘材料、安装绝缘板无损坏、无褪色、无裂缝、无高压闪络、放电痕迹、安装良好、接线紧固。

(4)按压操作检查接触器机械动作性能良好。

(5)清洁箱体内部、外部无灰尘及污物。

(6)检查固定螺母和螺栓螺母、插头无松动、无裂纹，画防松标记。

14. 辅助隔离开关箱 IVS

(1)检查并清洁箱体和盖板，盖板无损坏和变形，锁闭功能良好；密封胶条存在 2mm 裂纹时更换；插头或接线无腐蚀或污垢。

(2)检查外表及安装，接线端子和电缆外表无腐蚀、变形，螺母无松动，支架无损伤，接地线良好，无开裂、损坏或脱落。

(3)操作刀开关检查接触面积，清除表面污垢触刀接触面积达到要求，表面无污垢。

(4)测量开关的操作力，适当调整螺钉和螺栓以满足要求。

(5)清洁箱体外部以及内部确保无灰尘。

(6)检查熔断器安装良好、保险正常。

(7)检查固定螺母和螺栓螺母、插头无松动、无裂纹，画防松标记。

15. 母线熔断器箱

(1)检查并清洁箱体和盖板盖板无损坏和变形，锁闭功能良好；密封胶条存在 2mm 裂纹时更换；插头或接线无腐蚀或污垢。

(2)检查箱体安装及接线外表无腐蚀、无裂纹，安装牢固，接线良好。

(3)清洁箱体外部和内部箱体干净、无灰尘及污物。

(4)检查熔断器，熔断器外观完好，无松动。

(5)检查固定螺母和螺栓螺母、插头无松动、无裂纹，画防松标记。

16. SPS 车间电源箱

(1)检查并清洁箱体和盖板，盖板无损坏和变形，锁闭功能良好；密封胶条存在 2mm 裂纹时更换；插头或接线无腐蚀或污垢。

(2)检查外表及安装，接线端子和电缆外表无腐蚀、变形，螺母无松动，支架无损伤，接地线良好，无开裂、损坏或脱落。

(3)操作刀开关检查接触面积，清除表面污垢触刀接触面积达到要求，表面无污垢。

(4)测量开关的操作力适当调整螺钉和螺栓以满足要求。

(5)用 1000V 兆欧表测量绝缘座绝缘电阻大于 30 MΩ。

(6)清洁箱体外部以及内部确保无灰尘。

(7)检查固定螺母和螺栓螺母、插头无松动、无裂纹，画防松标记。

17. 滤波电抗器

(1)检查电抗器安装、进出线和接地线接线无损伤、紧固良好盖板无裂纹、无堵塞、无异物。

(2)检查盖板和侧盖板无裂纹和碰撞损伤。

(3)打开盖板，检查并清洁箱体内部线圈清扫干净，线圈表面、绝缘子表面、底部端子表面无缺陷、无变色等异常。

18. VVVF 牵引逆变器

(1)检查 VVVF 箱体盖板和紧固件，盖板无损坏和变形，锁闭功能良好；密封胶条存在 2mm 裂纹时更换；插头或接线无腐蚀或污垢。

(2)检查逆变器箱外表、安装支架、接地线无腐蚀、无变形、无裂纹、安装正常、接线牢固。

(3)检查并清洁接线插头、电缆、散热片无松动、无积尘、进出线状态良好。

(4)清洁 VVVF 箱体外部表面清洁、无积尘、无变形、无油漆剥离。

(5)检查和清洁箱体内部螺栓无松动,紧固良好;无变形、褪色和开裂、损坏;无闪络、放电现象。

(6)检查并测量电阻(充电电阻(CHRe1,2)、放电电阻(DCHR)、支撑电阻 HB(Re01)),电阻无异常。

(7)检查并测量电容(滤波电容(FC1,2);电容(C1,2),电容无漏液。

(8)检查 VVVF 门控单元、连接器、电源单元线缆无异常、接线牢固,无异物和积尘。

(9)取下灭弧罩,清洁并检查灭弧罩无严重拉弧痕迹。

(10)检查 LB 接触器基座,更换 LB 触头基座无异物,力矩大小为 18N·m。

(11)检查并打磨 CHB 触点,操作动作灵活不要损伤触点表面铜制材料。

(12)检查电压电流传感器无损伤、褪色、开裂等现象、安装良好。

(13)检查固定螺母和螺栓螺母、插头无松动、无裂纹,打上防松线。

19. 本地单元和中央单元

(1)检查箱体外壳及紧固件盖板无损坏和变形,锁闭功能良好;密封胶条存在 2mm 裂纹时更换;插头或接线无腐蚀或污垢,清洁箱体无灰尘。

(2)检查并清洁印刷电路板安装正常、清洁无灰尘。

(3)检查固定螺母和螺栓螺母、插头无松动、无裂纹,打上防松线。

(4)更换存储器备用电池,确保电池安装正负极正确、牢固。

20. 牵引电机

(1)检查电机安装状态良好,各部安装螺栓牢固,外壳无异状,即无损坏、无变形、无裂纹,吊挂无变形、裂纹、损伤。

(2)检查三相引出线、速度传感器线无破损、过热变色,插头、插座无烧灼、变形,连接牢固。

(3)检查过滤器无损伤、变形、老化,滤网滤清器更新。

(4)电机无过热引起的外部油漆剥离、脱落、变色;绝缘状态良好,用 1000V 兆欧表测绝缘电阻(常温下)不低于 5MΩ。

(5)清扫、检查过滤器进气孔,应清洁、无异状。

(6)牵引电动机进行分解、吹扫,检查转子、定子各部位无损伤或异常。

(7)检查轴承无漏油,测量轴承筒和轴承箱装配位置的尺寸(滚珠轴承和滚柱轴承)。

(8)检查速度传感器电缆和插头连接器的连接部分无磨损、无开裂现象,电缆的外部绝缘被覆有无损伤。

(9)检查速度传感器的输出波形。

(10)牵引电机装配试验,确保轴承无旋转噪声、无漏油、轴承温升无异常,绝缘性能良好。

(11)空转试验时:无异常振动、异音、异味,轴承无异音。

(12)传感器输出波形无异常,两路输出波形相位关系 90°±40°。

21. 受流器

(1)受流器本体外观清洁、无异常,各部安装牢固,集电靴转动灵活。

(2)清洁绝缘板,无裂纹、灼伤、缺损,更换绝缘板安装螺栓、平垫、弹垫。

（3）扭簧（左、右）更新，接触压力符合标准 120±24N；转轴无明显变形，磨耗等异常。

（4）检查集电靴磨耗情况，必要时翻面或更新，更换集电靴安装螺栓、平垫、弹垫。

（5）软连线、安装螺栓、平垫、弹垫更新。

（6）大线固定螺栓、平垫、弹垫更新，限位螺钉、平垫、弹垫更新、弹簧及绝缘盖的密封垫更新。

（7）使用绝缘兆欧表测量熔断器的阻值应大于或等于 100 MΩ。

（8）起复装置外观清洁无异常，作用良好，动作灵活，安装牢固；检查碳滑靴安装螺栓无松动，磨耗到限时进行更换，测量碳滑靴的位置范围应安装正确。

11.4.3　制动系统

1. 供风单元检修

（1）分解空压机各部件，各部件吹扫清洗干净。

（2）清洗完成后，首先要对空压机的零部件进行目测检查，检查是否存在裂纹、变形或锈蚀等损伤。

（3）对于曲轴、活塞和活塞销等重要部件，还必须进行详细的检查和测量，并根据需要，进行修复或更换。

（4）对设备安装座的焊缝进行检查，如有裂纹，则应进行修复或更换。

（5）检查双活塞阀及加热器状态，各功能良好。

（6）更换重要部件的密封件及紧固件。

（7）空压机装配完成后，检验空气压缩机的功能是否正常；对空气压缩机单元的相关功能进行测试。

（8）检查双塔干燥器状态，检查是否有裂纹、变形或锈蚀等损伤，如果在排水阀的出口处有白色沉淀物或是干燥剂过饱和，必须检查干燥剂，如有必要则要更换。

（9）干燥过滤器组装完成后，对它的功能进行测试。主要检查干燥器是否有泄漏、排泄功能是否正常、消声器的工作效果等。经过干燥的压缩空气，其相对湿度应小于 35%。

（10）部件试验结束后，进行整体组装，组装完成后对外观进行检查，对需要补油漆的地方重新进行油漆找补。

2. 制动控制单元 BCU 检修

（1）清洁制动控制单元 BCU，检查其外观状态应良好。

（2）对 BCU 进行分解检修，拆卸电磁阀、压力传感器、紧急制动电磁阀、限压阀、中继阀及检测接口等部件。对阀类部件进行分解检修，应对已清洁的所有部件认真地进行一次目检。如果查出部件有裂纹、变形、腐蚀或螺纹变形等影响部件继续使用的损伤，则应予以更换。非金属环（如 O 形环）、垫圈和夹紧销等部件应更换。

（3）各类阀体及压力传感器检修完成后对其进行性能试验，确保功能正常。

（4）分解检修完成后，进行整体组装，检查各螺钉不得有松动。

（5）组装完成后进行综合性试验，确认功能是否正常，并且用塑料胶带等对控制单元进行防尘处理。

3. 气路控制箱检修

（1）清洁气路控制箱，检查其外观状态应良好。

（2）对气路控制箱进行分解检修，拆下气路控制板上截断塞门、双向阀、压力开关、停放制动电磁阀、检测接口、电力连接器、单向阀及过滤器等部件。对阀类及过滤器部件进行分解检修，应对已清洁的所有部件认真地进行一次目检。如果查出部件有裂纹、变形、腐蚀或螺纹变形等影响部件继续使用的损伤，则应予以更换。非金属环（如 O 形环）、垫圈和夹紧销等部件应更换。

（3）各类阀体及压力开关检修完成后对其进行性能试验，功能正常。

（4）分解检修完成后，进行整体组装，检查各螺钉不得有松动。

（5）组装完成后进行综合性试验，确认功能是否正常，并且用塑料胶带等对气路控制箱进行防尘处理。

4. 基础制动单元检修

（1）分解基础制动装置，进行部件清洗。

（2）在清洗完所有部件后，首先进行目测检查，如有裂纹、严重腐蚀或螺纹变形的部件则需进行更换。更换所有塑料、橡胶部件及其他必须更换的零部件。

（3）部件检修完成后进行组装。

（4）组装完成后，需要进行试验，主要的测试项目有：压力试验、泄漏试验、调节性能试验、制动力试验、紧急缓解试验，确认各项测试参数正常。

5. 防车轮滑行保护装置检修

（1）对速度传感器进行外观检查，检查外观状态良好。

（2）对速度传感器进行检测试验，确认精度参数正常。

（3）防滑阀进行分解、清洗和检修，如果查出部件有裂纹、变形、腐蚀或螺纹变形等影响部件继续使用的损伤，则应予以更换。所有橡胶部件和隔膜都需更换。

（4）防滑阀检修完成后对其进行性能试验，确认其功能和各项参数正常。

6. 悬挂系统（阀类部分）检修

（1）分解高度阀、均压阀，对内部部件进行清洗和检修，如果查出部件有裂纹、变形、腐蚀或螺纹变形等影响部件继续使用的损伤，则应予以更换。所有橡胶部件都需更换。

（2）检修完成后对其进行性能试验，确认其功能和各项参数正常。

7. 其他部件检修

（1）分解解钩电磁阀、安全阀、减压阀，对内部部件进行清洗和检修，如果查出部件有裂纹、变形、腐蚀或螺纹变形等影响部件继续使用的损伤，则应予以更换。所有橡胶部件都需更换。

（2）检修完成后对其进行性能试验，确认其功能和各项参数正常。

11.4.4　转向架

1. 整体落转向架

分离安装在中心销下端的开槽螺母，从下端拆开车体和转向架构架之间的安全钢索，拆卸设置在高度调整阀和转向架构架之间的调整杆，拆下连接车体和转向架的电线和空气软管，确认车体与转向架之间的连接完全拆卸之后分离车体和转向架。

2. 拆卸转向架

记录拆卸零部件的状态和数量，从转向架构架上拆下空气弹簧，拆卸连接牵引电机和传动装置之间的联轴节的半联轴节连接螺栓，从转向架构架上拆下牵引电机，在传动装置下面安设支承架，拆卸传动装置安全销，拆下传动装置吊杆上的螺栓，拆卸轴箱弹簧下部螺栓，调整单元制动缸的手动复原装置加大制动闸瓦和车轮间的间隙，吊起转向架构架，分离轮对，从已拆下的轮对上拆卸轴箱，从已拆下的轮对装置上拆下齿轮传动装置中的小齿轮，从已拆下的转向架构架上拆下基础制动装置和轴箱弹簧，拆下横向减振器，拆卸牵引梁，拆下横向挡，拆下制动配管。

3. 转向架构架

对转向架的划线部位进行抛光处理，转向架构架划线检查、考线，对转向架构上牵引电机吊座和基础制动单元的焊缝部位进行抛光处理，对牵引电机吊座和基础制动单元的焊缝部位进行磁粉探伤检查，构架附加空气室进行充气、保压试验。

4. 轮对修理

清除各部位的油漆及锈垢，轮对各部位须进行外观检查，并测量各部尺寸，车轮各部位须进行外观检查，并测量各部尺寸。

5. 滚动轴承及轴箱

轴箱、轴承分解，检查轴箱体装轴承的内表面，轴箱前盖安装钢丝，检查金属迷宫轴箱体及防尘挡圈沟槽、轴箱弹簧座、轴箱端盖、防尘挡圈，更换轴箱弹簧，滚动轴承及轴箱组装，轮对、轴承、轴箱组装后进行磨合试验，确保轮对和轴箱相对转动没有碰撞，没有异声、卡滞、发热等现象。

6. 弹性联轴节检修

拆除排油塞，排尽齿轮箱油，从驱动装置单元上拆下联轴节套筒并清洗套筒和小齿轮，除去润滑脂，将小齿轮从小齿轮轴上拆卸下来检查小齿轮和小齿轮轴无刮伤，更换密封圈、衬垫、一次性尼龙螺母，更换弹性联轴节润滑脂。

7. 小齿轮单元

拆除排油塞，排尽齿轮箱油，将小齿轮单元从齿轮箱上拆卸下来，检查小齿轮单元无刮伤，检查小齿轮是否有破坏性磨损，如有磨损进行更换，更换密封圈、轴承，组装小齿轮单元。

8. 大齿轮单元

拆卸齿轮箱盖，拉出齿轮箱盖，拆除排油塞，排尽齿轮箱油，拆卸接地碳刷箱，拆卸轴承端盖检查轴承端盖是否有裂纹，如有进行更换，更换密封圈，检查轴承是否有裂纹、点蚀、变色如有进行更换。

9. 齿轮箱箱体

拆卸齿轮箱盖，拉出齿轮箱盖，检查齿轮箱箱体及齿轮箱盖，如有裂纹或异常损伤进行更换，安装齿轮箱盖，在齿轮箱表面和齿轮箱盖接触部位涂抹平面密封胶。

10. 油位指示器

拆卸油位指示器，注意防止油面计安装座产生裂纹，检查油面计安装座、透明板和端盖是否有破裂或损伤，如有破裂或损伤进行更换，清除油位指示器内部污物，保证油位清晰可见，安装油位指示器按照净盘的尺寸安装，防止错位。

11. 减速齿轮箱组装

减速齿轮箱在齿轮箱盖和轴箱端盖处必须涂抹密封胶。

12. 减速齿轮箱跑和试验

检查齿轮箱是否漏油和温升。

13 悬吊装置

将齿轮箱的安全止挡提起，安全止挡如有损坏进行更换，从悬挂螺杆组件上拆卸开口销和槽形螺母，螺纹如有损坏进行更换，拆卸悬吊螺杆及其上的其他零件，调整垫片如有损坏进行更换，检查吊杆、开槽螺母及其他零件，如有裂纹或异常损伤进行更换，安装悬吊螺杆。

14. 牵引装置

检查中心销、牵引梁组成，如有裂纹或变形进行更换，更换牵引拉杆节点橡胶、复合弹簧，安装尺寸限度检查：中心销下端的下盖与牵引梁之间的间隙在 16~20mm，左、右横向挡与牵引梁间的间隙之和为 20mm，单侧的横向挡与牵引梁间的间隙为 10mm。

15. 一系悬挂装置

检查橡胶弹簧臭氧裂纹或者粘接裂纹深度超过 5mm 进行更换，空车时弹簧高度小于 200mm。

16. 二系悬挂装置

检查空簧上面板和车体的空簧安装座间是否密贴；肉眼观察空簧是否有划伤及物理变形确认是否需要更换空簧：气囊裂纹深度超过 1mm 不得使用，气囊磨损深度超过 1mm 不得使用，橡胶堆裂纹深度超过 1mm 不得使用，底座锈蚀超过 2mm 不得使用，局部表面的鼓包用针扎破鼓包部位，如不泄露可继续使用，橡胶堆的橡胶和金属件的粘接部裂纹超过 6mm 或橡胶裂纹圆周超过 30%、深度超过 6mm 时需要更换橡胶堆空簧的组装和调整在进行镟轮后使用调整垫的厚度要控制在 0～40mm；在插入调整垫的情况下，密封材料应当充满沟槽。

17. 零部件更换标准

当关节轴承与螺纹挡圈 3 的配合间隙大于 1.5mm 时，应更换螺纹挡圈，当配合间隙大于 2mm 时，应同时更换关节轴承和螺纹挡圈；

当挡圈 5 外径 $\phi28$ 尺寸小于 $\phi27$ 时，更换挡圈；

发现钢丝绳断丝或连接套锈蚀严重，更换安全钢索转向架按照以上各零部件标准执行转向架车体高度为 850±5mm，联轴节偏移量为 3.5±1mm。

18. 转向架整体安装

转向架车体高度为 850±5mm，联轴节偏移量为 3.5±1mm。

11.4.5　车钩

（1）对外观进行检查，有无变形，查找损伤痕迹和丢失件，检查有无机械钩变形、腐蚀或其他损伤的痕迹。

（2）用钩锁量隙规测量钩锁间隙。如超出允许间隙 1.8mm，需检查零件是否损坏和磨损，更换磨损零件。

（3）对卡环、钩板、钩舌以及钩舌销进行磁粉探伤和内表面磨损检查，应无严重磨损和裂纹，否则换新。

（4）各零件重新油漆。

(5)检查收缩管是否已破裂，更换已变形的管子。

(6)组装后重新调整车钩的水平位置和垂直高度。

(7)拆下并分解橡胶垫钩尾座(EFG)。检查橡胶弹簧有无裂纹。

(8)检查地线外观状态，应无锈蚀、断股。

(9)将全部组装好的全自动或半自动车钩安装在试验台上，进行车钩自动连挂和解钩的试验。连挂时要听其声音是否清脆，以判别机械钩头连接的质量。通过操纵手动解钩装置，检查手动解钩的性能是否正常。

(10)全部车钩进行气密性试验，在车钩处于连挂状态下，进行保压试验，用检漏剂喷在所有阀和管路接头处以检查气路是否泄漏。

11.4.6　系统

(1)基础部件(上、前、后压条；门槛组件；机构挂架；门框胶条等零件)检查；更换所有压条、门框胶条，检查门槛、机构挂架等，更换门框所有压条、检查门槛组件有无变形、机构挂架固定螺栓、螺母无损坏、无松动，并保证防松标记清晰。

(2)检查门扇部件上、下玻璃外观正常，锁钩动作良好，钩体粘接良好，若开胶则重新粘接。门板无明显掉漆、变形等异常现象。

参 考 文 献

褚延辉，康鹏. 2012. 城市轨道交通车辆结构与维修. 北京：机械工业出版社

董锡明. 1999a.高速列车的维修. 中国铁路，(5)：42-47

董锡明. 1999b. 高速列车的维修制度. 中国铁路，(7)：35-38

董锡明. 2002. 机车车辆运用可靠性工程. 北京：中国铁道出版社

董锡明. 2005. 机车车辆维修基本理论. 北京：中国铁道出版社

傅八路. 1998. 日本高速列车及检修基地综述. 国外铁道车辆，35(4)：41-45

傅世善. 2006. 闭塞与列控概论. 北京：中国铁道出版社

甘茂治，康建设，高崎. 2005. 军用装备维修工程学. 北京：国防工业出版社

郭世明. 2008. 动车组检测与故障维修技术. 成都：西南交通大学出版社

贺国芳. 1995. 可靠性数据的收集与分析. 北京：国防工业出版社

黄采伦，樊晓平，陈特放，等. 2006. 列车故障在线诊断技术及应用. 北京：国防工业出版社

焦风川，王斌杰. 2013. 机车车辆运用与维修. 北京：北京交通大学出版社

康锐，石荣德，等. 2006. FMECA 技术及其应用. 北京：国防工业出版社

孔庆春. 2003. 铁路行车事故救援知识读本. 北京：中国铁道出版社

李剑虹. 2000. 高速铁路动车段管理信息系统. 铁道标准设计，20(5)：43-44

李克臬. 1996. 京沪高速列车维修体制浅析. 铁道标准设计，(9)：39-42

李显川. 2012. 城市轨道交通车辆运用. 北京：电子工业出版社

李忠厚，王华胜. 2003. 高速列车维修的若干问题探讨. 铁道机车车辆，23(A02)：48-52

林建辉. 2010. 动车组检修技术与设备. 北京：中国铁道出版社

刘贵民. 2006. 无损检测技术. 北京：国防工业出版社

刘丽影，刘继刚. 2001. 我国高速动车组检修制度. 同济大学学报(自然科学版)，29(8)：1000-1003

陆廷孝，郑鹏洲. 2002. 可靠性设计与分析. 北京：国防工业出版社

殳企平. 2007. 城市轨道交通车辆维修工艺及设备. 北京：水利水电出版社

孙佩明. 2003. 高速旅客列车检修基地探讨. 工程建设与设计，(6)：61-62

田葆栓. 2004. 世界高速列车的发展模式与运用前景. 世界轨道交通，(10)：36-41

铁道部运输局. 2010. CRH 系列动车组实用技术教程. 北京：中国铁道出版社

铁道部运输局. 2011. CRH 系列动车组运营案例. 北京：中国铁道出版社

铁路职工岗位培训教材编审委员会. 2009a. CRH1 型动车组机械师. 北京：中国铁道出版社

铁路职工岗位培训教材编审委员会. 2009b. CRH2 型动车组机械师. 北京：中国铁道出版社

铁路职工岗位培训教材编审委员会. 2009c. CRH5 型动车组机械师. 北京：中国铁道出版社

佟立本. 2006. 铁道概论. 5 版. 北京：中国铁道出版社

王伯铭. 2011. 动车组运用与检修. 北京：中国铁道出版社

王长明. 2002. 铁路机车运用管理. 北京：中国铁道出版社

王长明. 2004. 铁路机车运用管理. 北京：中国铁道出版社

王连森，连苏宁. 2010. 动车组维护与检修. 成都：西南交通大学出版社

吴言. 2006. 电力机车运用与规章. 北京：中国铁道出版社

吴庄胜. 1997. 机车维修工程. 成都：西南交通大学出版社

徐智勇. 1998. 高速动车组运用检修基地若干问题探讨. 上海铁道大学学报，19(6)：67-71

杨浩. 2001. 铁路运输组织学. 北京：中国铁道出版社

杨其明. 2002. 德、法、意高速铁路的技术运用与维修. 中国铁路，(2)：47-50

臧其吉. 2003. 德国高速列车技术的发展. 机车电传动，(5)：10-14

张凤鸣，郑东良，吕振中. 2006. 航空装备科学维修导论. 北京：国防工业出版社

中华人民共和国铁道部. 2007a. 铁路动车组运用维修规程(暂行). 北京：中国铁道出版社

中华人民共和国铁道部. 2007b. 中华人民共和国铁路技术管理规程. 北京：中国铁道出版社

中华人民共和国铁道部. 2010a. CRH 系列动车组一级检修作业办法. 北京：中国铁道出版社

中华人民共和国铁道部. 2010b. CRH1 型动车组随车机械师应知必会手册. 北京：中国铁道出版社

中华人民共和国铁道部. 2010c. CRH2 型动车组随车机械师应知必会手册. 北京：中国铁道出版社

中华人民共和国铁道部. 2010d. CRH3 型动车组随车机械师应知必会手册. 北京：中国铁道出版社

中华人民共和国铁道部. 2010e. CRH5 型动车组随车机械师应知必会手册. 北京：中国铁道出版社

中华人民共和国铁道部. 2011a. CRH1 型动车组途中应急故障处理手册. 北京：中国铁道出版社

中华人民共和国铁道部. 2011b. CRH2 型动车组途中应急故障处理手册. 北京：中国铁道出版社

中华人民共和国铁道部. 2011c. CRH3 型动车组途中应急故障处理手册. 北京：中国铁道出版社

中华人民共和国铁道部. 2011d. CRH380A/380AL 型动车组途中应急故障处理手册. 北京：中国铁道出版社

中华人民共和国铁道部. 2011e. CRH380BL 型动车组途中应急故障处理手册. 北京：中国铁道出版社

中华人民共和国铁道部. 2011f. CRH5 型动车组途中应急故障处理手册. 北京：中国铁道出版社

Bauer G. 1995. ICE 高速列车的维修. 国外铁道车辆，(5)：33-38